企业架构与数字化转型
规划设计教程

郭树行　曾宗根　李红波◎主编

清华大学出版社

北京

内 容 简 介

在数字经济和实体经济融合发展的大趋势下，数据要素为企业发展注入了新动能，数字化转型已上升到企业发展战略高度。尽管企业纷纷拥抱数字化，但真正数字化转型的成功经验较少，企业仍处于数字化转型的攻坚克难期。本书基于团队多年企业数字化转型理论研究与实践经验，阐述了如何用企业架构顶层设计方法系统推进企业数字化转型，同时本书提供了大量的企业实践案例。

本书共9章，第1章为数字化转型导论，概述数字化转型的趋势，以及数字化转型企业架构设计的过程；第2～7章，遵循顶层设计方法论依次从业务架构、应用架构、数据架构、技术架构、产业架构、安全架构详细描述企业架构设计实施的原则方法以及具体设计过程；第8章、第9章的迁移规划、架构管控等内容，旨在建立数字化转型的架构实施与保障机制。

本书读者对象主要包括高等院校信息管理与电子商务专业学生，企业数字化转型规划管理人员和建设实施人员，产业数字化解决方案设计人员。

图书在版编目（CIP）数据

企业架构与数字化转型规划设计教程/郭树行，曾宗根，李红波主编. —北京：清华大学出版社，2022.7

ISBN 978-7-302-60504-1

Ⅰ．①企…　Ⅱ．①郭…　②曾…　③李…　Ⅲ．①企业信息化—教材　Ⅳ．① F272.7-39

中国版本图书馆 CIP 数据核字（2022）第 055896 号

责任编辑：邓　婷
封面设计：刘　超
版式设计：文森时代
责任校对：马军令
责任印制：朱雨萌

出版发行：清华大学出版社
   网　　　址：http://www.tup.com.cn，http://www.wqbook.com
   地　　　址：北京清华大学学研大厦 A 座　　　邮　　编：100084
   社 总 机：010-83470000　　　邮　　购：010-62786544
   投稿与读者服务：010-62776969，c-service@tup.tsinghua.edu.cn
   质量反馈：010-62772015，zhiliang@tup.tsinghua.edu.cn
印 装 者：北京鑫海金澳胶印有限公司
经　　销：全国新华书店
开　　本：185mm×260mm　　　印　　张：20.25　　　字　　数：464 千字
版　　次：2022 年 7 月第 1 版　　　印　　次：2022 年 7 月第 1 次印刷
定　　价：69.80 元

产品编号：089035-01

序 1 | Foreword

2020 年新型冠状病毒肺炎（以下简称新冠肺炎）疫情的全球大流行，对世界各国的社会运行秩序和运行效率产生了巨大的冲击。当世界各国因为疫情防控而受到停工、减产及延迟复工的重挫之时，中国在以习近平同志为核心的党中央的坚强领导下，统筹疫情防控和复工、复产，全国上下众志成城，通过医药医疗、疫苗研制、社区治理、数字科技等手段，成为全球主要经济体中唯一实现经济正增长的国家。我们与世界各国人民命运与共，共同战"疫"，为全球疫情防控和经济秩序的恢复做出了我们应有的贡献。

聚焦数字化创新、发展数字经济，是当前世界各国寄予希望的新兴领域。长期以来，中国的发展潜力来自不断创新完善的新经济体制，以及新一轮科技革命的助推力。这次百年不遇的新冠肺炎疫情，更加促进了整个社会对于"数字经济"的重视、探讨和实践，我们需要坚定不移地挖掘和发扬中国智慧，勇于担当，积极利用科技创新手段，重塑基于中国内需和投资贸易一体化的全球化战略体系。

2020 年 9 月，国务院国有资产监督管理委员会（以下简称国资委）发布了加强中央企业数字化转型的政策文件，鼓励中小企业"上云用数赋智"，鼓励大型企业从一把手开始着手思考"数字化转型"的落脚点，鼓励各级政府积极推进数字新基建。国家政策指引进一步激发和促进了全社会对于数字化转型的关注与应用，特别是由企业和政府端发起的"数字化转型"，将面向全社会释放"流量"红利，进一步盘活和提升现有经济中的"存量"积累。

企业推进数字化转型工作，需要有正确的顶层设计思路和方法，梳理现有企业发展过程中的关键业务及其运行，促进与新兴科技领域间的融合，找到更有效的模式，促进企业的数字化转型落地，促进企业的效能提升和价值创造。我们需要不断地进行论证，我国企业该如何有效地将数字化的理念渗透到每一个组织单元，并让数字化的生产要素和现实环境的生产力进行融合，实现数字化能力的提升。

郭树行博士及作者团队的这本《企业架构与数字化转型规划设计教程》，创新性地提出了企业数字架构框架（digital architecture framework of enterprise，DAFE）。该书分章节给出了数字经济时代的企业数字架构规划，包括业务架构、应用架构、数据架构、技术架构、产业架构、安全架构以及治理体系，恰恰是一个面向中国企业开展数字化转型的顶层设计且已被实践证明有效的解决方案。DAFE 框架系统地剖析了我国企业一般性的经营理念，从企业的责任定位和发展规律出发，总结国有资产统筹管控和企业多元业务运营的架构模式；进而，从数字化对企业统筹能力加强和运营效率提升的角度，构建企业面向时代主题的总体架构；进一步对大型企业打造产业数字化进行了论证分析，给出依托产业链数字化促进大型企业跨专业、跨板块、跨区域、跨组织的生态发展模式。

　　胜兵之道，必先取正合。DAFE 框架让我们从综合视角来认知企业的总体架构以及企业的业务运行支撑模式。明者远见于未萌，智者避危于未形。经历了挑战巨大的 2020—2021 年之后，企业将更加清醒地审视未来经济社会和科学环境，利用系统化方法规划企业的数字化专项发展路径，保障企业系统性、均衡性地开展数字化能力建设，促进企业的高质量发展，促进国家数字经济走向世界一流！

杨珊华

中国医药集团有限公司

序 2 | Foreword

当前，新一代科技革命和产业变革席卷全球，大数据、云计算、物联网、人工智能等新一代信息技术使实体经济加速深度融合，任何经济主体都无法置身事外。对于我国企业而言，如何适应数字化时代商业模式转型为以客户为中心的挑战、抓住机遇实现转型，将成为生存的关键。数字经济时代下，企业生产经营创新必须适应互联网思维，面向用户中心化的商业模式转型，面向生态模式的生产模式转型，面向数据驱动的经营模式转型，面向集约化的运营模式转型。这就要求企业必须开展数字化转型的顶层设计，以指导战略布局。全球化的顶层设计实践经验证明，企业数字化架构是必然选择。企业数字化架构可以帮助企业执行各业务主线数字化发展的总体战略并形成战略路径。

我国早在20世纪八九十年代就认识到信息技术对经济社会发展的驱动作用。比如，在推进信息化与工业化融合发展方面，党的十五大首次提出信息化并将其作为国家战略；十六大提出以信息化带动工业化，以工业化促进信息化，走新型工业化的道路；十七大正式提出大力推进信息化与工业化融合；十八大又提出推动信息化和工业化深度融合；十九大进一步明确提出推动互联网、大数据、人工智能和实体经济深度融合。这反映出我国对信息化与工业化关系的认识进一步深化，新时代党中央、国务院对信息化和工业化融合做出了更为具体的诠释和部署，是两化深度融合的升级版。

一般而言，我国企业普遍需要构建清晰的数字化转型战略。数字化转型战略是指筹划和指导数字化转型的方略，在高层次上面向未来，在方向性、全局性的重大决策问题上选择做什么、不做什么。数字化转型应该是企业长期的战略，也应该是企业总体战略的重要组成部分，以战略为指引开展数字化转型，将大大提高转型成功的概率。战略强调自上而下，重视顶层设计，从企业战略逐层解码，找到行动的目标、路径，指导具体的执行。本书提出了企业数字架构框架，分章节给出了数字经济时代的数字企业架构规划，包括业务架构、应用架构、数据架构、技术架构、产业架构、安全架构以及治理体系。

纵观国内外大型企业数字化转型发展道路与经验教训，我国企业数字化发展有其历史阶段性和发展必然性。结合现状，对标业界研究成果，借鉴业界成功实践，通过对企业数字化总体架构进行设计，即数字化架构设计（数字化战略层的顶层设计），是解决当前困惑，并高效、有序展开下一阶段数字化建设的必由之路。

　　企业数字化转型技术路径分为四个步骤：一是做好数字化综合评估，即结合企业的发展愿景、业务能力需求和数字化转型目标，识别需要构建的各项数字化能力，形成数字化架构设计的需求规约；二是围绕各数字化主题能力开展数字化顶层设计，用统一可视化的标准语言对企业数字化能力进行架构展现与表达，包括各主题能力主线的业务架构、数据架构、应用架构的规划设计以及统一数字技术架构设计；三是按各能力的演化关系逐步开展数字化变革迁移规划，明确阶段性数字化收益与滚动达成路径；四是全面推广逐步形成协同发展的数字化生态体系。

　　郭树行博士及作者团队多年深耕企业数字化转型研究，他们建议我国企业必须从战略层次考虑数字化转型的总体发展战略架构，形成统一愿景，科学引领各职能、各产业板块的数字化发展规划与建设工作。相信其研究成果能够成为企业发展战略布局的重要支撑，以及管理层架构数字化转型蓝图的重要依据。

孙克博士

中国信息通信研究院政策与经济研究所

序 3 | Foreword

2014 年起，世界各地的政府都在为数字经济的到来塑造各种有效的市场引导兼顾政府监管政策。2014 年，德国联邦政府出台了《数字议程（2014—2017）》，倡导社会经济广泛应用数字化创新。2015 年，英国政府出台了《数字经济战略（2015—2018）》，首次提出了国家级数字经济战略目标。2016 年，美国政府发布了《联邦大数据研究与开发战略计划》，要以大数据技术驱动国家创新潜能。2017 年，欧盟委员会发布了《构建欧盟数据经济》文件，提出了数字经济市场的一般性环境约束和监管框架。

2018 年，各国已经开始将"数字经济"作为重要的国家战略，更为密集地发布和推广一系列的配套政策。中国、美国、英国、法国、日本、韩国、俄罗斯、南非等都充分地结合前沿技术走势，重新定位了国与国之间的经济实力比对格局，将智能制造、智慧能源、智慧医疗、数字货币、共享经济等领域的创新经济发展模式作为国家级战略推进政策进行引导，倡导开放型、包容性、环保型和创新型的数字经济新理念，进一步刺激和带动了新兴技术在世界新经济秩序下的应用需求。

2019 年，《全球数字经济竞争力发展报告》指出，美国、新加坡、中国的数字经济排名已经位列全球前三。新加坡也在 2019 年 6 月由经济发展局、企业发展局和信息通信媒体发展局联合成立了新加坡数字产业发展司（digital industry Singapore，DISG），新加坡在 ICT 技术上的积累使其有足够底气开展产业的升级换代，通过连续性的发展政策，推进创新技术商业化，最终实现产业"数字化"。

2020 年，一场突如其来的新冠肺炎疫情，为全球经济和人类社会带来了前所未有的灾难性冲击。庆幸的是，中国政府借助数字技术精准地进行疫情防控和复工、复产，实现了占世界 1/5 人口大国的使命担当，为人类与疫情的斗争做出了杰出的贡献。我们不得不说，这也正是中国政府长期以来坚持数字经济战略，鼓励新兴技术发展的有效成果展现。

如今，在各国一系列的数字经济战略措施激励下，我们已经迎来了数字经济爆发式增长的时期，物联网、云计算、大数据、人工智能、区块链，以及 5G 等新兴技术被全世界范围的优秀企业广泛应用，越来越多的企业都在面向"数字企业"的品牌发展，培养一系列的市场服务能力。如今，全球拥有"数字经济企业"品牌的公司，其市值已经远远超越传统企业，结合平台模式的数字化技术形成的企业微观能力聚合和宏观跨产业价值链协同效应，已经为这些企业带来了前所未有的创变效应。

结合本书的理念，运用企业架构的思维开展企业的数字化转型是非常值得推崇的。企业是经济社会最为重要的承载主体，数字企业的快速发展同样会带动整个社会的数字经济发展效率提升。数字经济时代，我们更需要把企业作为重要的数据要素生产源和价值交换主体，进行关注和尝试创新。企业的数字化转型，更是数字经济发展的最基础的动力来源，由此带动的新经济发展实践理念和创新成果，也将更加有利于政府的数字产业政策与理念推广。

结合数字化转型的伟大目标，我们更加需要从企业架构的角度，考虑企业现有业务运营逻辑中的数据要素发现和管理，这将有助于我们结合企业的发展需要开展数据战略的部署和数据资产的管理工作。企业在新的商业模式和竞争空间里，考虑数据的标准化所需要的业务属性、管理属性和技术属性，并在数据标准化和数据集成的需求基础上，构建更加高质量的、可靠的、安全的数据资产，促进数据资产的更广泛的交易价值形成。于此同时，结合企业的数字化转型场景，为数据资产的运营模式，探索场景应用模型和可视化运营视图展现，让企业的管理者和业务执行主体，更加方便和直观地使用数据，让数据成为企业的生产要素，让传统的人力、系统和流程，充分地融合数据运营的需求，塑造综合的"数字化生产力"行为模式，让企业实现数字化转型的效能。

"数字化"的企业，自身蕴含的"孪生"价值交换体系，将面向企业现有的要素间价值交换和效率需求，叠加使用物联网、人工智能、区块链、5G 技术以促进业务运营效率的提升。数据资产——在"另一个世界"产生的微观生产要素，通过叠加的技术性生产力，塑造了多维空间的"数字化基础设施"，又为传统的商业主体延伸出创新性且富含能量的价值交换空间。而随着"数字基础设施"的不断完善优化，我们便可以在"数字孪生"的世界里，更有效地塑造政府与政府、政府与企业、企业和企业、企业和自然人之间的价值交换网络，进一步促进全球贸易的繁荣和发展。

我们有足够的信心去展望，当越来越多的企业开展数字化转型后，将激发更加丰富的价值交换空间。而这种高阶的价值交换体系所释放的巨大福利，将促进企业自身综合竞争力的增强，也将推动人类文明走向新的里程碑。

马欢

DAMA 中国

自 序 | Foreword

当今世界正在经历百年未有之大变局。需求重塑、技术突破、产业重构、政策升级等多重变革力量交织汇聚，共同推动数字化浪潮螺旋式上升，正对生活方式、生产模式、经济形态、国际格局等产生重大而深远的影响。习近平总书记指出，世界经济数字化转型是大势所趋。《中共中央关于制定国民经济和社会发展第十四个五年规划和二〇三五年远景目标的建议》提出，要加快数字化发展。全球主要国家、领军企业也在加快部署推进数字化转型。叠加新冠肺炎疫情的催化作用，全球数字化转型正步入加速发展轨道。

纵观国内外大型企业数字化发展转型道路与经验教训，我国企业数字化发展有其历史阶段性和必然性。结合现状，对标业界研究成果，借鉴业界成功实践，通过对企业数字化总体架构进行设计，即数字化架构设计（数字化战略层的顶层设计），是解决当前困惑，并高效、有序展开下一阶段数字化建设的必由之路。一般来说，企业数字化发展转型技术路径分为四个步骤：一是做好数字化综合评估，即结合企业的发展愿景、业务能力需求和数字化转型目标，识别需要构建的各项数字化能力，形成数字化架构设计的需求规约；二是围绕各数字化主题能力开展数字化顶层设计，用统一可视化的标准语言对企业数字化能力进行架构展现与表达，包括各主题能力主线的业务架构、数据架构、应用架构的规划设计及其统一数字技术架构设计；三是按各能力的演化关系逐步开展数字化变革迁移规划，明确阶段性数字化收益与滚动达成路径；四是全面推广、逐步形成协同发展的数字化生态体系。

本书基于上述指导思想进行撰写，由郭树行博士提出撰写要求，并由郭树行、曾宗根、李红波、李懿凌结合我国典型企业数字化转型与数字经济建设的发展需要共同拟定书稿框架。本书编写分工如下：第1章数字化转型导论由郭树行、王超贤编写；第2章数字化业务架构由李红波、马丽雅编写；第3章数字化应用架构由郭树行、苏均生编写；第4章数字化数据架构由郭树行编写；第5章数字化技术架构由郑金辉编写；第6章数字化产业架构由李懿凌、邱昱博、郭树行编写；第7章数字化安全架构由王俊编写；第8章数字化迁移规划由李红波编写；第9章数字化架构管控由郭树行编写。全书统稿由郭树行、王越华完成；书稿配图由郭树行、王越华、赵梦涵、孙舒颖完成。书中案例与素材主体由编写组相关研究成果汇集而成，案例来源得到了全体编写组的积极支持，在此对大家的辛苦工作和积极付出表示感谢。

　　另外，书中内容参考例证标注了参考来源。由于水平有限，书中难免有疏漏和不周之处，恳请读者包容理解，在此一并感谢。

作　者

目 录 | Contents

第1章 数字化转型导论

1.1 数字化转型国内外趋势

当今世界正在经历百年未有之大变局。需求重塑、技术突破、产业调整、政策升级等多重变革力量交织汇聚，共同推动数字化浪潮螺旋式上升，正对生活方式、生产模式、经济形态、国际格局等产生重大而深远的影响。习近平总书记指出，世界经济数字化转型是大势所趋。《中共中央关于制定国民经济和社会发展第十四个五年规划和二〇三五年远景目标的建议》提出，要加快数字化发展。全球主要国家、领军企业也在加快部署推进数字化转型。

1.1.1 需求加速重塑，数字化转型时不我待

当今时代，需求日益个性化，需求动态变化加快。消费需求的变化传递到供给端，带来的变革主要有三个。一是更小的生产批量。产品的生产批量从几十万、几万降低到几千、几百，极端的个性化需求可能将生产批量推到几十，甚至为一。二是更好的定制化体验服务。制造业要从以生产者和产品为中心转向以消费者为中心，要从关注产品的性价比、功能和耐用性等，转向关注用户的参与感、交付体验、分享与交流等感受体验。三是更短的产品生命周期或生产周期。手机等消费电子产品的换代周期从过去几年更新一代到如今每年迭代，汽车的换代周期从十年变为几年，甚至一年，互联网则让服装等快时尚行业的产品更迭周期从年、月变为周、天。

在外部需求同质化且稳定的时代，生产的规模决定成败，在需求个性化且多变的时代，速度决定成败。推动供给体系更快适应需求变化，关键在于推动过去刚性的、大规模生产体系加快向敏捷柔性的定制化生产体系转变，同时保持成本不变。这是一场系统性、全局性的生产方式大变革，产品变得日益复杂则加剧了这场转变的复杂性，这不仅是中国制造业面临的问题，也是全球制造业面临的共同难题。

如何构建这样一套新的生产体系？德国给出的答案是工业4.0。工业4.0的逻辑起点就是如何适应消费需求的快速变化，其基本路径就是通过信息通信技术与工业的全

面深度融合（表现为纵向集成、横向集成和端到端集成），推动构建一个大规模敏捷协作生产体系。在过去的五六十年里，流程驱动的自动化、信息化支撑了企业内部效率的巨大改善，但在实时响应、开放协同等方面仍然存在短板，解决这些问题成为当前数字化转型的核心战略任务。

1.1.2　技术群体突破，数字化转型柳暗花明

近年来，信息技术正加速群体突破，为制造业数字化转型提供了更丰富适用的工具、更低成本的解决方案，开辟了数字化转型新空间。

在连接方面，网络加速重构，夯实转型基础。"5G（第五代移动通信）+TSN（时间敏感网络）/工业以太网 +NB–IoT（窄带物联网）"等网络技术加速群体突破，网络的峰值速度可达 1TB/s，时延达到 0.1ms，OPC UA 等统一网络协议加快应用，可以满足工业海量实时、差异化连接需求，有力地促进了工业全要素全面连接、实时数据上传下达，推动基于海量实时数据的数字化应用场景得以快速涌现。比如，中国商用飞机有限责任公司与中国联通合作开发基于 5G 的 8K 超高清视频检测系统，利用 5G 实时传输 8K 镜头数据，进行缺陷智能识别分类和铆钉装配状态的识别比对等任务，检测速度比人眼目视检测提升 10 ～ 20 倍，将 2 ～ 3 天的验收时间减少至 3 ～ 4 小时。

在计算方面，能力持续升级，扩大转型空间。计算架构由冯氏架构向多架构综合发展，通用芯片稳步进步，神经元芯片加速发展，计算能力进入每秒万亿次时代，计算功耗大幅降低，将推动现场算力低成本规模化普及，使得计算智能可以从顶层大规模下沉到生产现场，为利用数字技术提升生产现场设备运行效率提供了可能。比如，西门子 MindSphere 操作系统在边缘控制器叠加计算芯片，可以安全地向设备就近提供先进的分析功能和运行智能，进行振动分析，实现设备预测性维护。

在分析方面，感知迈向认知，拓展转型边界。当前，以深度学习、知识图谱等为代表的新一代人工智能技术爆发式发展，正推动简单智能向多元复杂智能发展，可解决大量机理可知、不可知的复杂多维问题，从而将企业的分析决策水平提升到全新高度。Uptake 公司基于工业设备、故障、天气、交通等模型，通过自动、持续的数据学习、发现模式，实现多维综合集成优化，构建可验证的预测模型，从而实现对大型工业设备的故障预警。

在技术组合方面，协同发力，加速转型进程。信息通信技术正以新的方式组合起来，发挥协同作用，加速转型进程。一方面，感知、传输、计算、分析等多种技术组合，协同解决工业现实问题，加速转型进程。比如，工业互联网的基本机理是从感知物理世界，通过数字空间一系列建模分析，优化决策，再回到物理世界中去。在这样

一个复杂的过程中，信息技术，无论是传输、计算、处理、感知、交互，都在起作用。这个领域是一个专业技术的组合，现在的各种技术，包括 5G、人工智能、区块链、物联网，都会在其中起到作用，并与工业体系本身的模型、机理和知识相融合。以产品检测为例，大飞机、显示面板、电子产品、关键零部件等，传统上是靠人力来检验是否存在裂痕，耗时久且精度不够。现在的方法是用 4K 或 8K 高清摄像头，将数据利用 5G 回传到工厂的边缘计算节点或云计算节点，然后用人工智能进行训练，再把训练好的模型推在边缘层，用这个方法进行检验，速度、效率、精度都得到提高。这就是一种技术组合，组合了 5G、人工智能、大数据、边缘计算，还可以进一步结合增强现实、虚拟现实等。

另一方面，技术之间的组合架构正由过去的单体式技术架构向基于云边协同的新技术体系转变，可极大地降低转型壁垒，加速转型进程。与传统的单体式技术体系相比，这是一个更具灵活性，更加敏捷，可伸缩性和灵活性更强的技术体系，可以极大地降低转型成本和技术壁垒，为推动包括中小企业在内的工业企业集体快速迈入全面数字化转型时代提供了可能。

1.1.3　加快推动数字化转型已经成为各国共同的战略选择

加快推动数字化转型早已成为全球主要国家的共同战略选择。近年来，各国在不断适应技术产业的新变化，加速迭代数字化转型政策。

一是各国政策目标加速向构建全局性、系统性转型生态体系演进。德国致力于构建互联互通的数字化转型产业生态。2019 年，德国《国家工业战略 2030》将机器与互联网互联（工业 4.0）作为数字化发展的颠覆性创新技术加速推动，通过政府直接干预等手段确保国家掌握新技术，保证其在竞争中处于领先地位。2019 年 4 月，德国联邦经济能源部发布最新工业 4.0 战略前瞻性文件《2030 年德国工业 4.0 愿景》，明确将构建全球数字生态作为未来 10 年德国数字化转型的新愿景，并阐述了数字化转型的重点任务。美国以强化创新和技术成果转化为核心推动制造业转型升级。2017 年以来，美国在国家制造创新网络计划基础上，继续推动美国制造业计划，希望通过联邦政府与产业界、学术界及专家合作，建立各关键利益相关者的互利合作关系。美国制造业计划在原有包括美国数字制造与设计创新机构等研究中心的基础上，继续资助先进制造相关研究机构，力图打造一个以创新中心和研究院为核心的创新生态和成果转化生态，努力弥补技术研发和融合应用之间的巨大鸿沟。

二是各国加速推动数字化转型关键举措落地应用。一方面，加快推动底层技术产品研发。德国聚焦基础共性技术产品研发，开发工业 4.0 组件推动实现数字孪生，同时加强工业 4.0 平台基础性系统研发，如弗劳恩霍夫协会正在开发设备改装的解决方案，推出生产传感系统"INA sense",通过为传统机器设备装配新的部件,使其集成升级到工业 4.0 生产环境中。另一方面,创新数字化转型落地机制。各国纷纷推出"加速器""孵化器""弹射器"等数字化落地机制,投资创新中心和建立创新网络成为加速数字化的普遍方式。英国在其《英国数字化战略》中计划通过"数字化弹射器"项目共享最佳实践并提供商业培训"训练营",从而帮助英国早期数字化企业顺利发展。澳大利亚推出"工业 4.0 测试实验室"试点项目,为企业和研究人员提供空间共同试用工业 4.0 技术。德国发起"工业 4.0:从科研到企业落地"计划,并积极建设"中小企业 4.0 能力中心",为中小企业提供数字化、生产流程网络以及工业 4.0 应用方面的支持。美国、新加坡等均大力推动开放实验室建设,为数字化创新提供非竞争性的实验场所。

各国数字化转型投资稳步增长。根据国际数据公司(IDC)预测,随着企业在现有战略和投资的基础上发展成为规模化数字企业,2020 年,全球数字化转型技术和服务支出增长 10.4%,达到 1.3 万亿美元,虽明显低于 2019 年 17.9% 的增长,但在整体技术支出大幅减少的背景下,仍是一年中为数不多的亮点之一。预计到 2023 年,数字化转型支出在 ICT 总投资中的占比将从 2021 年的 36% 增至 50% 以上,增长最大的领域是数据智能与分析领域。

1.1.4　全球领军企业加快数字化转型以抢占竞争制高点

各国企业开展多样化探索,加快数字化转型创新步伐。全球领军企业从点、面、体三个维度全面调整布局,协同推进制造业数字化转型。

从单点看,领军企业正通过战略并购、建立联盟、推出新产品新服务等多种方式,在点上突破,以期把握新技术带来的红利,占领转型制高点。其中,数字孪生体系的建设和竞争尤为引人注目。例如,西门子在 2016 年分别花费 9.8 亿美元和 45 亿美元并购计算流体力学仿真企业 CD-Adapco 公司和 EDA 仿真巨头 Mentor Graphics 公司,并在 2017 年和 2018 年再次分别收购了汽车和自动驾驶仿真测试公司 TASS International、测试设备制造公司 Sarokal Test Systems 等。通过一系列的仿真软件并购与战略合作等多种方式,西门子建立了覆盖全生命周期的完整数字孪生模型体系,可将产品创新、制造效率提升至新的高度。

从表面看,领军企业一方面将多种数字化工具和能力进行整合,着力构建覆盖全价值链的数字化解决方案,提供全链条服务;另一方面,也不断将数字化解决方案拓展到更多行业领域,提供全行业服务。如 2019 年,西门子推动过去各种割裂的数字化解决方案大集成大融合,推出 Xcelerator 解决方案,率先实现了多种工业数字化解决方案的改善与整合。美国工业巨头通用电气公司(GE)通过将 Predix 工业互联网平台在内的数字部门独立出来,构建 GE 全资拥有、独立运营的公司,整合 GE 数字集团内部多种数字化工具、资产和能力，包括 Predix、资产绩效管理、自动化、制造执行系统、运营绩效管理等，制定了领先的工业互联网完整解决方案，可以为多个行业提供服务。SAP 公司推出涵盖边缘计算、大数据处理与应用开发功能的 Leonardo 物联网平台，横跨企业研发、生产、供应、销售、服务全价值链，连接产业链利益相关方，在物联网、数字孪生、企业资产管理、数字化实时工厂、机器学习、区块链透明交易六大领域，支持企业全方位的数字化转型。

从整体看，越来越多的领军企业开始搭建低门槛的数字化平台生态，将更多需求端的服务开发者和量大面广的中小企业纳入生态之中，从而跨越网络效应启动的临界点，实现平台生态的快速扩张。比如，西门子面向平台的供给端，花费 6 亿欧元并购低代码应用开发平台 Mendix，降低工业应用软件的开发难度，吸引更多应用开发者进入西门子的数字化生态当中。再比如，美国 PTC 公司则面向平台的需求端，通过并购软件即服务（SaaS）产品开发平台的创造者 Onshape 公司，推动整体解决方案云化迁移，并加快推动从原来的单次购买开始向订阅付费的商业模式转变，这一系列的变革让 PTC 公司可以为工业企业，特别是中小工业企业，提供弹性、按效果付费的服务，从而降低了工业企业数字化转型的成本，有利于更多中小企业加快进入其数字化平台生态之中。

1.1.5　我国推动数字化转型的政策力度不断加大

我国早在 20 世纪八九十年代就认识到信息通信技术对经济社会发展的带动作用。比如，在推进信息化与工业化融合发展方面，中国共产党第十五次全国代表大会首次写入了信息化并将其作为国家战略，十六大提出以信息化带动工业化、以工业化促进信息化，走新型工业化的道路，十七大正式提出大力推进信息化与工业化融合，十八大又提出推动信息化和工业化深度融合，十九大进一步明确提出推动互联网、大数据、人工智能和实体经济深度融合，这反映出我国对信息化与工业化关系的认识进一步深化，新时代党中央、国务院对信息化和工业化融合做出的更为具体的诠释和部署，是两化深度融合的升级版。

再比如，国家对电子商务的政策支持也体现了国家积极利用以互联网为代表的信息通信技术推动服务业创新发展的决心。非典之后，从 2004 年开始，我国电子商务政策法规和支撑产业的建设进入了一个新的阶段，为电子商务的发展提供了强力支撑。一是法规的配套完善，2004 年、2005 年《中华人民共和国电子签名法》《电子支付指引（第一号）》相继出台，规范了电子签名和电子支付业务，在一定程度上解决了可信问题。二是发展政策的配套完善。《国务院办公厅关于加快电子商务发展的若干意见》（国办发〔2005〕2 号）发布后，从物流、支付等多个维度提出了支持我国电子商务快速发展的政策安排，此后，又不断与时俱进，出台跨境电商、物流、直播电商等新的支持政策，也适时出台《中华人民共和国电子商务法》，推动电子商务持续健康发展。

又比如，在新的条件下，为推动信息技术与工业深度融合，工业与信息化部（以下简称工信部）会同国家发展和改革委员会（以下简称发改委）、财政部、科技部、中国工程院等制造强国建设领导小组成员单位，历时一年多编制完成《关于深化"互联网＋先进制造业"发展工业互联网的指导意见》。2017 年 10 月，国务院常务会议审议通过，并于 2017 年 11 月由国务院正式印发。在发展目标上，该意见提出"三步走"目标，到 2025 年，基本形成具备国际竞争力的基础设施和产业体系；到 2035 年，建成国际领先的工业互联网网络基础设施和平台，形成国际先进的技术与产业体系，工业互联网全面深度应用并在优势行业形成创新引领能力；到 21 世纪中叶，工业互联网全面支撑经济社会发展，综合实力进入世界前列。在推进方向上，该意见提出了夯实网络基础、打造平台体系、加强产业支撑、促进融合应用、完善生态体系、强化安全保障、推动开放合作七大战略任务。在实施路径上，该意见提出了基础设施升级改造、平台建设及推广、标准研制及试验验证、关键技术产业化、集成创新应用、区域创新示范建设、安全保障能力提升七项重大工程，作为推进战略落地实施的工作抓手。2020 年 3 月20 日，工信部印发《工业与信息化部办公厅关于推动工业互联网加快发展的通知》，要求各有关单位加快新型基础设施建设，加快拓展融合创新应用，加快健全安全保障体系，加快壮大创新发展动能，加快完善产业生态布局，加大政策支持力度，推动工业互联网在更广范围、更深程度、更高水平上融合创新，培植壮大经济发展新动能，支撑实现高质量发展。

此外，近年来，在国家顶层政策的指引下，各地因地制宜细化落实。绝大多数省市都出台了数字经济发展相关的指导意见或实施方案，在推动数字化产业生态集聚、融合创新发展、数字化技能人才培养等方面推出不少硬招实招，进一步激发了数字经济创新发展活力。浙江省全面实施数字经济"一号工程"，以数字经济为牵引，推动高质量跨越式发展，促进生产力整体跃升，争创国家数字经济示范省。广东省以工业互联网为抓手，发挥数据资源富集、产业基础雄厚、融合应用场景丰富的优势，率先布局制造业数字化转型。福建省制定《福建省人民政府办公厅关于加快全省工业数字经济创新发展的意见》，加快传统产业尤其是制造业的数字化、网络化、智能化发展，打造经济增长新动能，推动工业领域数字经济发展。

在新冠肺炎疫情期间，国家推进数字化转型的认识和决心不断强化，不断出台支持政策，数字化转型的发展环境不断优化。2020 年 3 月，工信部出台《中小企业数字化赋能专项行动方案》，助力中小企业疫情防控、复工复产和可持续发展。2020 年4 月，国家发改委、中央网信办联合印发《关于推进"上云用数赋智"行动培育新经济发展实施方案》通知，进一步加快产业数字化转型，培育新经济发展。2020 年 5 月，国家发改委、工信部等 17 个部门联合发起了"数字化转型伙伴行动"，加快各行业各领域数字化转型，帮扶中小微企业渡过难关。2020 年 7 月，国家发改委等 13 个部门发布《关于支持新业态新模式健康发展 激活消费市场带动扩大就业的意见》，把支持线上线下融合的新业态新模式作为经济转型和促进改革创新的重要突破口。2020 年 11 月，公布的《中共中央关于制定国民经济和社会发展第十四个五年规划和二〇三五年远景目标的建议》提出，要加快数字化发展。

1.1.6 新冠肺炎疫情加速全球数字化转型进程

新冠肺炎疫情在对经济增长、就业、全球贸易等造成重大负面冲击的同时，也从供给和需求两个方面加速了数字化转型。从需求端看，新冠肺炎疫情一方面激发广大企业和政府的数字化转型意愿，另一方面直接创造许多新的数字化转型需求。从供给端看，新冠肺炎疫情不仅促使数字基础设施加快建设改善，还助推数字化新工具的改进升级和市场推广，从而升级数字化转型供给端的支撑赋能能力。

企业"愿不愿意转"现象表面上看是主观认识问题，深层次看是一个权衡转型投入和收益的投资决策问题。在当前的技术经济条件下，数字化转型投入很大，而转型绩效又往往不好衡量且存在滞后效应。因此，对很多企业而言，数字化转型的投入产出比是"不划算"的，导致了企业"不愿意转"。这是数字化转型中"不愿转"痼疾长期存在的深层根源。新冠肺炎疫情是一场现实的数字化转型培训课，让企业可以直观地认识到数字化转型的价值，特别是认识到数字化转型在敏捷应对外部冲击和不确定性等方面的新价值。当这些好处和价值被纳入企业数字化转型的投资决策模型后，天平将倒向"加快转型"这一端，从而扭转企业转型意愿。这就是新冠肺炎疫情的转型意愿改善效应。

具体来看，新冠肺炎疫情充分彰显了数字化转型在提升企业韧性、弹性方面的巨大价值。2021 年以来，新冠肺炎疫情极大地冲击了产业链、供应链。比如，一些企业无法及时复工供货一度导致许多产业链、供应链的短暂中断，全球产业链、供应链面临中断风险，对外部产业链、供应链依赖比较大的企业面临巨大冲击。确保产业链、供应链的畅通稳定、快速从冲击中恢复正常生产秩序，一时间成为最核心的诉求。一些数字化转型得好的企业利用数字技术打破时空局限，以信息流为牵引，促进产业链、供应链中物流、资金流、商流的快速重组融合，迅速接链补链，受损较少。还有一些领军企业发挥优势打造平台，对外开放提供产业资源实时连接、高效匹配对接等服务，让大量接入的中小企业受惠。

经此一役，数字化在促使产业链、供应链更加畅通、更加灵活、更加敏捷、更具弹性和韧性等方面的价值开始深入人心。国际上，洛桑国际管理发展学院全球数字化业务转型中心做了一个调查，他们以企业对疫情冲击的系统化反应能力、控制危机影响的能力和超越直接竞争对手的表现这三个二级指标构建了一个指标，来反映企业在面对冲击时的绩效表现，结果发现数字化最好的企业，在新冠肺炎疫情期间，绩效受损不大，甚至略有上升。数字化次之的企业在初期受新冠肺炎疫情冲击略有下滑，但很快恢复到正常水平，而那些数字化水平较差的企业，则受到新冠肺炎疫情冲击下滑，且预计在短期内无法恢复，如图 1-1 所示。

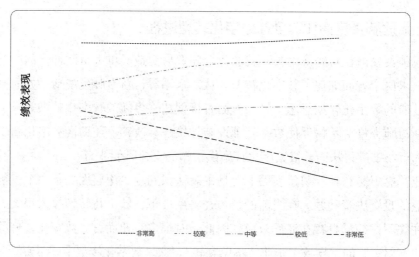

图 1-1 不同数字化水平企业的业绩表现

（数据来源：洛桑国际管理发展学院）

国内的调查也证实了这一点，根据中国中小商业企业协会的数据，在新冠肺炎疫情冲击下 3 个月内企业恢复的比例，数字化成熟度高的企业恢复比例高达 60%，而数字化成熟度低的企业恢复的比例只有 48%，如图 1-2 所示。

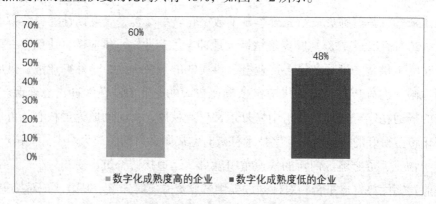

图 1-2 新冠肺炎疫情冲击下 3 个月内企业恢复的比例

（数据来源：中国中小商业企业协会）

新冠肺炎疫情改善了企业的转型意愿。根据洛桑国际管理学院全球数字化业务转型中心的统计数据，2020 年 3—6 月，数字化转型在企业中的优先顺序总体具有不断提升的趋势，如图 1-3 所示。

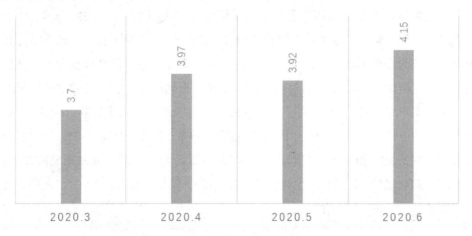

图 1-3　数字化转型在企业中的优先顺序

（数据来源：洛桑国际管理学院）

根据美国国际数据集团（IDG）调查统计，大多数接受调查的企业决策者认为，新冠肺炎疫情爆发将加快数字化转型的步伐，它对企业和数字行业的影响如图 1-4 所示。

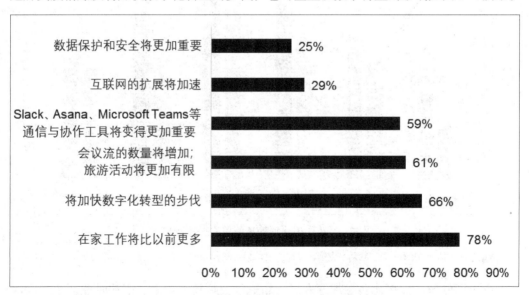

图 1-4　新冠肺炎疫情对企业和数字行业的影响

（数据来源：IDG）

转型需求快速扩张。解决业务发展中的问题和痛点，创造更多新价值，是企业数字化转型的根本出发点和核心需求。在常规情况下，数字化转型需求的培育、激发和实现是一个渐进的、梯次推进的长期过程。新冠肺炎疫情爆发以来，极端环境"制造"了许多"痛点"，客观上为数字化转型提供了"引爆点"，它们在极短时间内极大地激发了数字化新需求，推动数字化转型跨越式发展。

在生活领域，数字化应用爆发式增长。因新冠肺炎疫情防控需要，人们必须保持社交距离甚至完全隔离，这使得人们的消费习惯被迫改变，居家完成工作、教育、饮食、娱乐等活动成为必然要求。由此创造出来的需求诱使在线办公、在线教育、在线医疗、网络娱乐、生鲜电商等数字化新业态爆发式增长。根据第 46 次《中国互联网络发展状况统计报告》统计数据，在线教育、网络支付、网络直播、网络视频等数字化新模式 2020 年上半年的增幅相比 2019 年同期分别高出 48%、22%、21%、12%，成为带动新型消费的重要力量。新冠肺炎疫情期间，这类不需要物理接触、远程完成的经济活动新模式增长如此之快，以至于一些观察者以新经济形态为其命名，称之为"无接触经济"或者"宅经济"，如图 1-5 所示。

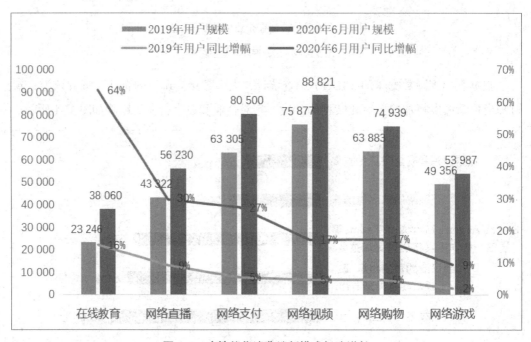

图 1-5   疫情催化消费端新模式加速增长

数据来源：第 46 次《中国互联网络发展状况统计报告》

在生产领域，数字化转型加速发展。新冠肺炎疫情冲击下，工业企业复工复产面临诸多难题。比如，产业链中断导致上下游产品交付困难、原材料供需矛盾日益突出、资金链压力较大、订单履行和延续存在难题，等等，由此产生了供需精准对接、产业链上下游高效协同、资金融通等迫切的现实需要。受这些需求激发，基于工业互联网、大数据等数字化手段的产业资源在线调配、协同生产、产能共享、远程协作等数字化生产新模式快速发展，极大地缓解了企业复工复产中的痛点和难题。

转型供给加快升级。丰富适用、广泛普及、成本低廉的数字化工具是数字化转型的基础和关键支撑。在常规情况下，数字化工具的改进升级和市场推广的速度都较慢。新冠肺炎疫情打破常规，为数字化产品服务的改进升级提供了"试验场"，为它们进入市场提供了"助推器"，从而加速了数字化工具的质量升级和普及推广，为经济社会数字化转型提供了更好的支撑。

一是新冠肺炎疫情促进数字化工具快速迭代升级，赋能转型的能力不断提升。在快速迭代中改进升级是数字化工具的重要特点。少数重大革命性创新创造新的数字化工具，大量渐进的迭代升级是使得新技术、新产品、新服务从出现到能用再到好用的重要途径。新冠肺炎疫情在短时间内创造了大量的应用需求，大量企业不得不采用新的数字化工具来实现远程沟通协同。同时，这些需求也在不断演进升级，从起初只需要人与人的沟通开始发展到人与业务、业务与业务的深度协同。前者打开了数字化工具创新和进入市场的通道，后者则倒逼数字化工具进行改进升级。总体上，在新冠肺炎疫情期间，数字化工具的质量得到了锻炼提升，市场得到了拓展，为未来赋能数字化转型深入发展打下了基础。

二是新冠肺炎疫情加速新型基础设施建设步伐，支撑转型的能力持续提升。新冠肺炎疫情给各国经济带来重大冲击，对冲短期经济下行压力、推进长期经济高质量发展、加快推动新型基础设施建设是各国的共同选择。2018 年的中央经济工作会议提出要加快 5G、人工智能、工业互联网等新型基础设施建设。2020 年 2 月，新冠肺炎疫情爆发以来，国家加快了新基建的推进步伐。5G、物联网、工业互联网、人工智能、云计算、数据中心、智能计算中心等新型数字基础设施的快速启动建设，将为数字化转型提供更多性能足够好、价格足够便宜、分布足够广泛的网络、计算、分析等数字化工具和资源，更好地支撑数据流、信息流的高效流转，赋能经济社会的数字化转型。事实上，数字化新模式新业态的激增，也对数字基础设施建设提出了切实的现实需求，从而拉动了带宽、网络设备、云计算等软硬件基础设施的投资增加。政府与市场的良性互动，共同推动数字基础设施的加速改善。

1.2　数字化架构设计的需求理解

纵观国内外大型企业数字化发展转型道路与经验教训，我国企业数字化发展有其历史阶段性和发展必然性。结合现状，对标业界研究成果，借鉴业界成功实践，通过对企业数字化总体架构进行设计即数字化架构设计（数字化战略层的顶层设计），是解决当前困惑，并高效、有序展开下一阶段数字化建设的必由之路。

正值全球受新冠肺炎疫情影响、经济下行压力加大的宏观背景下，传统产业链正在面临的内部管理环境和外部市场环境发生了深刻的变化，尤其进入产业互联网时代，客户行为与需求也正在发生变化，客户对个性化、一体化的产品加服务的高价值需求正逐步增加，挑战着我国企业的资源配置能力、战略布局能力和经营管控能力。我国企业的竞争模式从原本的传统价格竞争走向了更激烈的质量服务竞争以及运营方式和生产能力的竞争。传统产业如何升级技术供给，占领数字化转型新高地，为传统产业能力提升培育新供给、新动能，创造新需求、新模式、新业态，降低企业运营成本，打好供给侧结构改革攻坚战，推动行业持续健康发展，关乎国家各领域产业发展的命运与未来。

面对数字化浪潮和经济发展新常态带来的新一轮发展机遇，数字化转型、智能制造等正逐步被提上企业议事日程，数据资产作为核心战略生产要素越来越受到重视，正逐步渗透到企业经营管理与各业务板块生产制造的各个环节，对各业务领域产生新价值，诸如客户导向的数字化产品和服务、企业导向的运营效率提升以及经营决策等方面。

然而，面对如此巨大的数字化红利，如何强化创新引领作用，促进移动互联、大数据、云计算、物联网等广泛应用，改造提升传统动能，让企业效率进一步提升成为可能，使企业焕发新的生机和活力，是需要重点研究的新课题。作为研发、制造、物流分销、国际经营、金融投资等一体化的全产业链模式，我国企业必须借助本轮数字化浪潮，在供应链管理、智能制造、企业经营管理等业务领域不断孵化数字化能力，实现企业的高效运营与业务能力的提升。在内外部环境的综合影响下，如何借助数字化更高效地进行企业战略管控、经营管控与风险管理等核心能力数字化变革，是一项紧急而又迫切的任务。国内外先进企业数字化经验表明，在科学的架构指导下实现企业数字化转型是必由之路。

一般来说，企业数字化发展转型技术路径有四个步骤：一是做好数字化综合评估，即结合企业的发展愿景、业务能力需求和数字化转型目标，识别需要构建的各项数字化能力，形成数字化架构设计的需求规约；二是围绕各数字化主题能力开展数字化顶层设计，用统一可视化的标准语言对企业数字化能力进行架构展现与表达，包括各主题能力主线的业务架构、数据架构、应用架构的规划设计以及统一数字技术架构设计；三是按各能力的演化关系逐步开展数字化变革迁移规划，明确阶段性数字化收益与滚动达成路径；四是全面推广逐步形成协同发展的数字化生态体系。

因此，立足数字化转型的长远目标，唯有拥抱数字、拥抱变革、顺势而为，从战略的高度认知数据对于企业经营乃至企业生存的重要性，并遵循设计为先的原则，从数字化架构设计这一顶层设计入手逐步夯实各项数字化基础能力，才能逐步转换频道成为"数字型企业"。

立足数字化转型的高阶定位，企业数字化转型架构设计应致力于以新一代数字技术与新时期数据资产为双轮驱动，统筹规划企业数字化经营、生产管理与供应链管理等领域的流程化、数字化、网络化、平台化，这是一项复杂的变革推演与建设工程，需要一套基于能力的顶层设计工作框架。

纵观我国先进企业以及先进数字科技生态企业，它们普遍选择了企业架构 TOGAF 这个企业架构指导框架作为数字化发展的设计依据。企业架构作为多年实践的成熟性方法，在我国企业数字化转型过程中，能够提供一套数字化规划的总体架构，帮助企业检查与改进经营战略与业务架构之间的一致性，以及业务架构与信息架构之间的一致性。围绕我国企业数字化转型的需求和企业架构的总体框架，我国企业必须面向未来培养各项数字化主题业务能力，核心需求包括但不限于形成支撑战略布局的数字化决策依据、厘清业务本位的数字化发展需求、识别企业管理的数字化能力需求、分析相关能力的数字化目标蓝图、设计数字化的迁移路径与保障措施等方面。

1.2.1　形成支撑战略布局的数字化蓝图

当前我们已经发展到了以数字创新驱动的全面发展的新战略时期，深入推进体制改革也将推动行业的大发展，我国部署的数据驱动的创新、协同、绿色、开放、共享的发展模式，促使中央企业、地方国有企业必须从战略层次考虑数字化转型的总体发展战略架构，形成统一愿景，科学引领各职能、各产业板块的数字化发展规划与建设工作。数字化转型架构设计是企业发展战略布局的重要支撑，是企业领导层定夺、分析数字企业的内涵与蓝图及其实施路径，以及今后企业领导层决策数字化的重要依据。

1.2.2　厘清业务本位的数字化发展需求

从发展数字角度来看，数据资产作为企业各项业务的核心生产要素，是支撑企业未来发展不可或缺的新型能源。为推动数据资产与企业业务的深度融合，实现新旧动能转换与服务的高质量发展，必须围绕企业研发、制造、物流分销、国际经营、金融投资等业务板块进行数字化运营需求调研，具体包括以下三个方面：一是立足全局厘清上述各板块数据服务需求，厘清各板块数字化运营期望，建立企业整体数字化管控大脑；二是围绕各产业数字化发展，定位数据服务赋能的核心关键与定位；三是统筹各板块数据资产管理与运营的需求，完善数字化基础保障，识别全局构建数据资产管理与数据服务能力的机制与策略，使得数据使用过程更为人性、快捷、智能。

数字化业务需求框架示例如图 1-6 所示，建立企业数字化大脑，开展全面的经营决策、风险管控和资源优化；在各数字化产业板块实现研发、制造、物流分销、零售连锁等数字化产业，实现产业数字化发展；统筹各板块在数字化基建方面的需求，如统一的数据中心、云计算、信息安全等，形成智慧化赋能、服务化融合的向上总体支撑力。

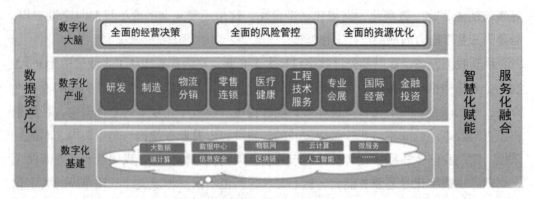

图 1-6　数字化业务需求框架示例

1.2.3　识别企业管理的数字化能力需求

我国企业总体经营立足战略管控机制，企业主要关注各板块业务组合的协调发展、投资业务的战略优化和协调，以及战略协同效应的培育，通过对成员企业的战略施加影响而达到管控目的，主要管控手段为财务控制、战略规划与控制、人力资源控制，以及部分重点业务的管理，是介于集权与分权之间的一种管控模式。在企业数字化转型中，从外部来看，企业运营管控能力面临的挑战可以分成企业外部环境挑战和企业内部管理挑战两个方面。

从外部环境来看，"一带一路"倡议下，企业要走出国门，参与国际市场竞争。中国企业的国际化进程使得融入全球价值网络、拓展国际新空间成为一个新的挑战。企业不得不直面两大挑战：一是如何适应现阶段"全球化"与"逆全球化"的并存环境，在全球数字化发展浪潮下，建立怎样的数字化能力，去适应和推动企业产业链战略布局；二是如何内部提升企业管控效能，通过数字化手段管控内部风险，如因机制、体制问题造成的合规经营、投资决策不规范，又如因管理层级多、管控不到位导致的经营风险、效率低下等。

横向看，我国企业数字化转型立足企业转型愿景，立足战略管控机制下的企业可持续高效运营，主要关注各板块业务组合的协调发展、投资业务的战略优化和协调，以及战略协同效应的培育，从而塑造企业能力框架，通过数字化方法支撑赋能企业能力实现的过程；纵向看，集团企业数字化发展涉及集团总部、各产业公司、基础单位等层次，集团总部通过对各成员企业的战略施加影响而达到管控目的，主要管控手段为财务控制、战略规划与控制、人力资源控制以及部分重点业务的管理，是介于集权与分权之间的一种管控模式。多元化企业运营管控解决方案通过构建企业统一数据标准，制定数据采集流程和制度，打破集团总部与各产业公司和基础单位的信息屏障，实现系统互联互通和信息共享。围绕着科研、制造、物流分销、国际经营、金融投资等业务板块战略管控、运营绩效、运营风险、运营监控、运营资源等领域构建企业数字化业务一致性运营管控能力体系，确保企业按照战略目标保持可持续运营和发展。数字化能力框架识别与定位示例如图1-7所示。

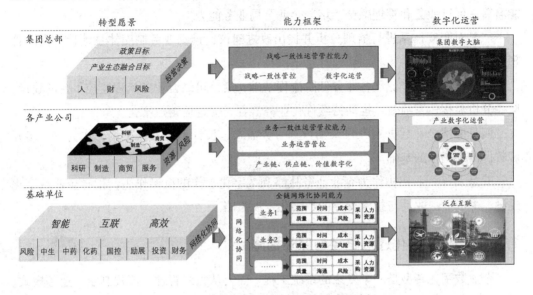

图 1-7　数字化能力框架识别与定位示例

1.2.4　分析相关能力的数字化目标蓝图

从数字化赋能角度，通过数字化建设可以有力推动业务协同与资产管控能力提升，借力数字化进一步实现企业平台化。发挥数字化生态系统的颠覆力量，制定数字化战略来塑造企业未来的新角色，开拓新的路径。企业应加强研发、制造、物流分销、国际经营、金融投资等业务板块协同管理，推动产业链数字化协同发展。

从数字化引领角度，带动和促进现代物流分销数字化运营能力规划与建设、产学研一体化科技创新数字化运营能力规划与建设、零售连锁数字化运营能力规划与建设、物流配送数字化运营能力规划与建设，构建一个以产业为核心竞争力的数据驱动创新型企业。

从数字化建设角度，构建强大的数据平台生态系统，依托由利益相关方组成的平台生态系统来创造与释放企业大数据价值，推进数字化转型。赋能各板块进一步利用云计算、大数据、物联网等技术从客户体验数字化、运营数字化、业务模式数字化三个方面推进数字化转型，建立企业大数据中心，实现智能决策、预测性分析等。

具体围绕数字化架构设计，坚持以业务为导向、以架构为指引的数字化发展规划工作模式。统筹分析企业数字化发展必须具备的核心业务能力相关范围，对各主题能力拉动业务主责按照职能分工协同规划设计，形成各业务能力主线的数字化发展蓝图。以业务为导向具有以下五个方面的意义。

一是按照端到端贯通的价值链思想梳理和分析业务流程，并将企业管理流程嵌入业务流程，形成纵横贯通的业务架构高阶全景视图，促进服务集约化，端对端跨越职能藩篱，促进业务和管理融合，培养企业全局业务能力。

二是对制度体系进行梳理分析并提出改进建议，推动业务制度体系建设，促进管理精细化。

三是作为进一步梳理各业务低阶流程基础，后续可结合业务流程监控平台的建设，监控分析流程运营绩效，推动持续优化业务流程，促进运营数字化。

四是厘清企业数据资产目录和数据服务需求，设计形成数据架构，作为下一步开展数据治理工作的基础。

五是发挥企业架构作为企业业务战略和数字化工作的桥梁作用，指导企业数字化建设，形成业务驱动与技术支撑的数字化发展策略。

1.2.5　设计数字化迁移路径与保障措施

企业数字化转型是一个复杂的系统工程，需要从组织管理、流程制定、业务模式、IT架构，甚至企业文化等方面入手，促进企业全方位管理优化、业务流程优化，甚至商业运作模式的重构。数字化新型基础设施重构大幕在2020年已经开启，我国企业整体正在进入新一轮的数字化解构与重组中，不变的是企业需要持续升级发展理念、战略思维、业务模式、管理模式、技术体系、组织文化和核心能力。纷繁复杂的数字化发展需求必须在"顶层设计和快速迭代"的节奏下有序推进转型升级，最终为企业的结构性增长注入数字时代的发展驱动力。

因此，围绕上述数字化愿景蓝图，必须开展数字化实施方案设计。从数字化目标出发，开展必要的投资分析，坚持先易后难、滚动增效，坚持自下而上创新，坚持自上而下变革；从能力基础出发，开展必要的阶段规划和路径设计，从推行难度与先后依赖性出发设计实施顺序，并建立必要的治理保障机制。

1.3　数字化转型架构设计过程

数字化转型架构设计是我国企业全业务板块、全产业链条、全产业生命周期运营，系统化拥抱数字经济的总体指引，主要包括以下三项工作。

第一，通过与专业机构联合进行内外部调研、对标，可以厘清我们面对的数字化转型内生动力与外部趋势，统计分析数字化转型对企业生产、销售流通、融资、物流交付等各个领域所带来的影响；统计分析数字化转型下适应当前数字化运营模式对企业经营管控带来的数字化影响。

第二，通过专业化、标准化的语言将数字化转型愿景进行可视化描述，形成企业数字化运营能力的总体蓝图，有利于形成开展数字化运营能力规划的模式、模板，是各职能、各产业企业形成数字化实施规划的标准指引与顶层设计。

第三，以数字化转型愿景为战略指引，围绕数字化转型规划战略实施路径，形成面向全系统的总部侧数字化实施路线，明确数字化转型建设的关键路径。

从以往企业数字化转型架构设计的工作经验来看，明确架构设计的工作原则与组织策略是做好数字化转型架构设计的前提与必然要求。工作原则层面，必须采取战略引领、技术支撑、业务驱动、分工协同的工作模式，强调由战略管理职能、信息化职能联合牵头，各部门视为己任进行数字化需求梳理和协同参与数字化蓝图设计。组织策略层面，要按照数字化能力主线形成联合工作组，开展数字化需求梳理并参与蓝图设计。

根据本书提出的企业数字化转型最佳实践 DAFE，架构设计实施计划分为四阶段、八步骤。四阶段如图 1-8 所示，依次为准备、综合评价、愿景设计和验收；八步骤具体包括项目启动与范围定义、数字化需求识别与外部对标、各能力主线业务架构梳理与设计、各能力主线数据架构梳理与设计、各能力主线应用架构梳理与设计、统一数字化技术架构梳理与设计、全局数字化转型迁移规划与治理体系设计、项目总结与验收，如表 1-1 所示。表 1-1 中，步骤 1 为第一阶段，步骤 2 为第二阶段，步骤 3 ～ 7 为第三阶段，步骤 8 为第四阶段。

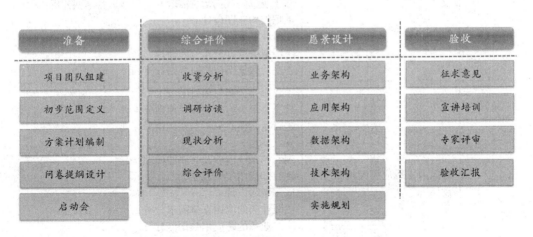

图 1-8　数字化转型架构设计工作过程框架示例

表 1-1   数字化转型架构设计实施计划

步　骤	模　块	实　施　内　容
1	项目启动与范围定义	明确数字化架构设计方法及各个阶段的设计成果 确立数字化架构设计的指导方法 确立数字化工作组织与分工 确立内外部顾问合作模式 召开启动会
2	数字化需求识别与外部对标	总体调研方案制定 总体对标方案制定 实施总部调研方案与总结分析 实施板块调研方案与总结分析 实施外部对标方案与总结分析 进行需求总结座谈与阶段汇报
3	各能力主线业务架构梳理与设计	项目工作分解与项目组分工 按主责牵头与相关配合原则分工 进行运营模式分析与架构梳理培训 运营模式分析 业务能力主线框架梳理 端到端业务运营模式分析 业务架构梳理与设计 端到端业务流程框架梳理 业务活动组件抽取与识别 端到端业务流程规划设计 各主线业务架构阶段总结评审
4	各能力主线数据架构梳理与设计	项目工作分解与项目组分工 按主责牵头与相关配合原则分工 进行运营模式分析与架构梳理培训 数据服务能力分析 主线业务数字化运营场景甄别 基于场景的数据运营需求开展数据运营模型分析 数据架构蓝图设计 主线业务数据资产梳理 主线业务数据分布流转梳理 各主线数据架构阶段总结评审
5	各能力主线应用架构梳理与设计	项目工作分解与项目组分工 按主责牵头与相关配合原则分工 进行运营模式分析与架构梳理培训 现状梳理 现有的系统清单及其属性梳理 现有的应用架构还原 应用架构设计 主线业务的应用支撑需求分析 主线业务的跨应用数据流分析 主线业务的数据流的运营分析 基于平台的应用数据集成设计 各主线应用架构阶段总结评审

步　　骤	模　　块	实　施　内　容
6	统一数字化技术架构梳理与设计	统一数字化技术模式研讨 数据流贯通与运营技术需求分析 统一平台架构设计研讨 全局数据湖架构设计研讨 分布式微服务架构设计研讨 统一数据中心云架构设计研讨 全局区块链架构设计研讨 各产业互联网技术架构设计研讨 技术总体框架设计 技术架构支撑需求探讨 公共技术支撑框架设计 现有的技术架构还原 技术架构组件设计 公共服务支撑组件识别 新一代数字化技术架构总结评审
7	全局数字化转型迁移规划与治理体系设计	企业业务能力数字化依赖分析 企业端到端业务流程优化分析 企业数据资产建设与治理分析 企业应用系统建设与重构分析 企业数字化技术平台建设分析 对数字化建设任务进行阶段分解，明确能力达成里程碑计划 对阶段计划进行投资分析与进度规划 对数字化发展规划进行保障设计，形成治理体系 数字化迁移规划实施与保障方案总结评审
8	项目总结与验收	整理汇总项目交付物 成果发布、汇报、研讨 领导层汇报与后期建议

1.3.1　项目启动与范围定义

1. 阶段目标

本阶段的主要目标是组建企业面向参与本项目的架构师团队，并明确本项目的实施范围和目标，确立必要的任务分工和配合机制。

2. 阶段收益

本阶段的工作可以明确架构师人员分工和项目实施计划，并选择以 DAFE 为总体实施方法。

3. 主要内容

（1）架构团队选取。项目早期阶段，需要确立架构设计工作的目标，甄选企业架构师团队的候选人，候选人要对企业的业务运营和数字化运营有较强的认知，具备多年的工作经验。业务架构组人员可以来自业务部门也可以来自数字化部门，需要具备一定的企业商业环境认知和业务运营模式认知能力；数据架构师要具备一定的业务需求分析、数据分析与管理、软件开发经验；应用架构师要具备一定的业务需求分析、软件开发和系统设计经验；技术架构师要具备一定的系统分析、技术方案设计、系统运维经验。

（2）架构设计方法。企业的顾问团队将基于数据驱动和业务驱动的新一代架构设计方案，从全局的角度审视与当前企业业务域相关的业务架构、应用架构、数据架构和技术架构设计需求，以及现有架构设计困局。基于 DAFE 设计工作框架，如图 1-9 所示，从企业战略发展需求、当前的痛点全面把控架构设计需求，从业务流程布局到数据能力布局的设计策略，共归纳 10 个设计步骤，该方法已经在诸多企业相关数字化咨询规划项目中得到实际应用，并取得了较好成效。

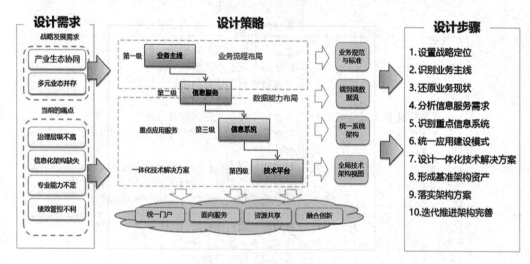

图 1-9   数字化架构设计方法

4．主要成果

（1）企业架构团队分工。

（2）企业架构设计方法。

1.3.2 数字化需求识别与外部对标

1．阶段目标

本阶段的主要目标是识别未来企业的数字化发展需求，整个架构设计工作将围绕此进行。

2．阶段收益

通过内部调研和外部对标，达成对企业数字化发展需求的统一共识，为后续架构设计形成需求基线。

3. 主要内容

基于上述情况，通过梳理评估企业当前数字化现状，分析数据系统应用情况，对比国内外先进企业数字化建设经验，找出我国企业数字化当前的不足与面临的困局，提出未来数字化建设的提升思路和解决之道，进而展开对数字化的顶层设计，以实现数据资源整合、互联互通、集成融合、数据共享，充分发挥和提升总部机关各部门及所属各单位在数字化建设方面的积极性，作为数字化建设的总体架构指导下一步数字化建设。

综合评估工作是后期数字化架构设计的重要输入，是我国企业数字化从保障企业战略实现这一要求出发的，数字化综合评价目标框架如图 1-10 所示，通过对数字化现状情况的充分调研与分析，并对标国内先进的数字化建设经验找准我国企业的定位，整合总部各业务部门与各分支机构的相关业务数字化需求，找出目前存在的问题，找出与先进水平的差距，确定解决问题的思路，最终形成数字化评估咨询报告。

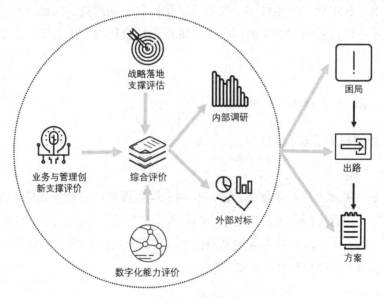

图 1-10　数字化综合评价目标框架

数字化总体衡量维度包括统一规划、数据应用能力、数据技术与组织建设、数字化基础设施建设等。通过与部分代表性中央企业、先进性互联网公司等沟通，以中国铁建股份有限公司（以下简称中国铁建）、欣思博（北京）科技有限公司（以下简称欣思博）、中国银联、京东科技集团、国家电网有限公司（以下简称国家电网）等公司为例，数字化建设从弱到强地呈现出递进规律，分析相关数字化建设成效的本质保障机制和核心建设策略，做到为我所用。

立足于此，结合上述需求理解，数字化综合评估工作包括以下几个目标。

第一，从战略落地支撑角度，评估数字化能力水平。针对数字化支撑企业战略落地所发挥的作用，需要围绕战略管控能力、风险管控能力、集约化管理能力、面向业务数据服务运营支撑能力等维度做出评估，找出其中的优势与不足，为新一轮战略做好准备。

第二，从业务与管理创新支撑角度，评估数字化能力水平。从管理创新、业务创新、产业创新、服务创新和流程创新等维度进行创新性评估。

第三，从数字化能力即核心要素构成角度，评估数字化能力水平，主要包括业务、应用系统、数据、基础设施、数据安全、新技术应用、数字化人才队伍、IT治理等维度。从评估方式上，用同一套指标体系分别进行内部综合评价和外部对标评价。在针对外维度进行内外部评价的基础上，再对企业数字化总体水平进行评价，找到现阶段数字化所处的位置，明确将来的改进方向，找到数字化总体差距，寻求解决之道。

第四，综合以上内容，给出企业数字化能力提升建议。基于数字化综合评估分析（包括数字化总体水平评估、数字化各维度水平评估和数字化对标分析），综合列出数字化的主要困局和难点，运用科学手段对数字化需要迫切解决的问题进行初步评估与排序，针对数字化需要迫切解决的问题，系统提出解决思路，作为新一轮数字化战略的重要输入。

4. 主要成果

我国企业数字化发展现状与调研报告。

1.3.3 业务架构梳理与设计

1. 阶段目标

本阶段主要明确本项目业务架构的定位和主线梳理范围。业务架构方面，形成适应于企业业务架构的规划方法、各业务线的业务组件化识别方法，形成整体指导策略；确定企业数字化建设的统一业务架构规划，明确数字化建设各职能之间的边界与协同，促进数字化能力建设的权责关系清晰划分。

2. 阶段收益

通过研讨和分析，让内外部架构师团队达成对企业，尤其是企业业务的总体运营架构和业务定位的认知。

通过业务架构规划，让企业业务架构团队掌握基本的业务运营知识，建立业务运营架构的常见设计方案认知。

开展业务架构梳理的主要素材选取与裁剪，形成初步的业务架构设计模板。

3. 主要内容

（1）业务范围和运营模式分析。综合调研我国企业当前业务领域的基本业务范围和产业运营状态，识别当前的组织单元结构、核心产业布局、市场定位和业务运营规则，还原当前组织的核心业务运营价值链，具体可分为能力主线级、全域业务级、企业级价值链三个层级，如图 1-11 所示。

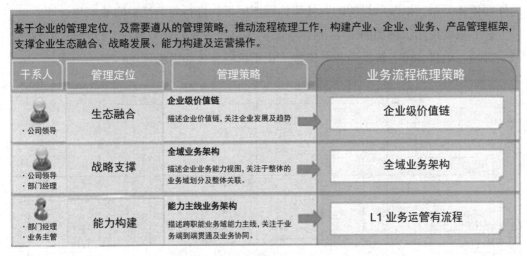

图 1-11　业务策略识别与分析

企业级价值链，从公司领导视角构建企业生态融合发展的价值链。

全域业务架构，从公司领导及部门经理视角，实现企业业务能力的构建，实现生态融合的战略支撑。

能力主线业务架构，从各业务板块视角，构建各业务能力主线，注重业务协同。

（2）主线识别与业务流程架构梳理。甄选核心产业，业务主线框架梳理与端到端业务运营流程框架分析，并基于产业运营的基本支撑要素，进行适当的业务流程优化和数据流分析，如图 1-12 所示。

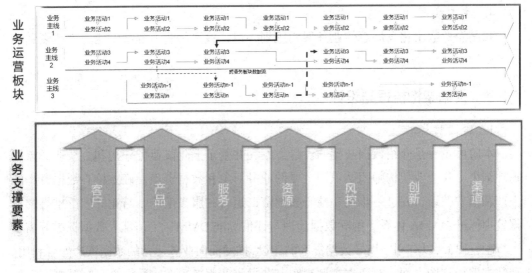

图 1-12　业务主线梳理过程示例

（3）业务能力组件识别与业务架构的构建。基于主线业务的端到端业务运营流程结构分析成果，提炼各主线的业务能力组件，结合当前组织结构、治理机制、监管要求、内外部依赖关系，以及欣思博的业务架构视图模板，进行业务架构的抽象与设计。

业务架框视图示例如图 1-13 所示，横向围绕企业核心业务流程，设计贯彻企业总部、区域、项目公司三级纵向业务流程，识别核心业务能力组件。

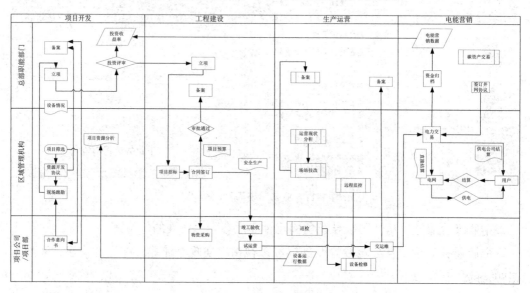

图 1-13   业务架构视图示例

注意：可基于管理和创新需求，以及数据系统的上层逻辑呈现需求，设计不同的业务架构视图模式。例如，将业务与业务主线、业务与管理主线的关系进行呈现，也是企业架构视图裁剪的原则之一。

4. 主要成果

我国企业数字化发展总体业务架构规划，包含数字化能力框架、能力主线端到端业务架构。

1.3.4　数据架构梳理与设计

1. 阶段目标

本阶段主要是介绍数据架构的设计方案，并基于上阶段业务架构和主线业务流程梳理结果，让企业架构师团队识别主要的业务对象和数据资产，确立核心数据资产的生产和消费关系，并进一步构建核心数据资产运行和服务架构。与业界广泛推行的数据管理标准 DAMA 体系、国际数据治理与评估标准 DMM、工信部大数据标准等需要进行融合提升，以有利于指导数据资产的建设，推动面向业务运营的数据资产融合利用。在数据架构视图方面，对数据主题视图、数据资产服务视图、数据分布流转视图等进行统一的方法定义和模板定义。

2．阶段收益

通过研讨和分析，让内外部架构师团队对数字化数据架构形成统一认知，尤其是对我国企业当前数据领域的数据主线架构设计过程形成统一认知。

识别主要的业务对象和数据资产，确立核心数据资产的生产和消费关系，以及数据架构的设计方法。

开展数据架构梳理的主要素材选取与裁剪，形成数据架构设计成果。

3．主要内容

（1）数据主题目录梳理与确定。一方面围绕核心业务主线，确立主要数据主题需求，必要时进一步开展主责业务部门的数据运营报告和数据洞察需求调研。另一方面基于企业的数字化战略，开展重点数字化转型业务域的数字化绩效分析。再基于数据运营模型框架，开展数据运营主题的梳理与确定。

数据主题框架示例如图 1-14 所示，将企业数据主体目录分为战略管控层，人　力、财务、物流保障层和生产、设备、质量的业务运营层。

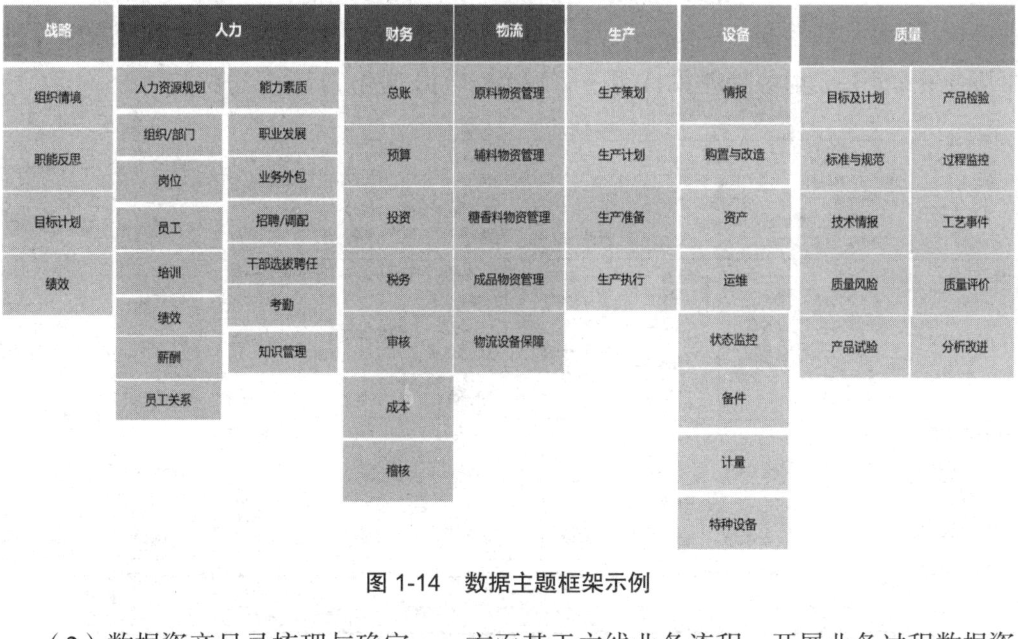

图 1-14　数据主题框架示例

（2）数据资产目录梳理与确定。一方面基于主线业务流程，开展业务过程数据资产的识别；另一方面基于业务数据模型，开展业务数据对象的识别。最终，综合归纳和抽取与业务架构相匹配的业务数据资产清单。基于端到端的业务主线，梳理业务活动输入输出所匹配的业务对象。在图 1-15 示例中，将某企业业务活动阶段分为市场开发阶段、投标报价阶段、启动规划阶段、项目实施阶段、项目收尾阶段，识别各业务活动产生的业务信息/数据，并基于主数据、维度数据、指标数据开展数据资产梳理。

图 1-15   基于业务主线流程梳理数据资产清单示例

在图 1-16 示例中，根据基于业务主线流程梳理数据资产的结果，按照战略管理、业务核心活动（包括服务定义、供应、销售、交付和客户经营）以及管理保障层面（包括服务资源管理、财务管理和 IT 服务管理）对数据架构进行分层分级归纳。

图 1-16   数据架构视图示例

（3）数据分布流转梳理与确定。将数据资产的生产和消费关系、数据资产的关联关系、数据资产的生命周期管理支撑架构进行相应的还原优化。图 1-17 为某电网企业的数据分布流转图，描述企业人力资源、账务资产、设备管理、设计、采办、施工、市场开发、合同法务、项目管理、经营计划和 QHSE 管理等信息沿不同域的消费流转过程。

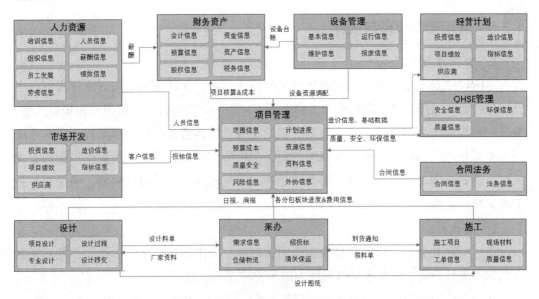

图 1-17　数据分布流转视图示例

（4）数据资产价值链运营设计。围绕数据资产价值链全生命周期运营设计适应企业的数据资产生产、采集、聚合、存储、分析、加工、服务与应用的周期机制，以及梳理企业需要开展的数据治理保障工作框架。图 1-18 描述了数据从数据源层到数据中台加工处理、数据前台业务利用的过程，即数据聚、存、管、出、用的全过程的数据价值链生命周期运营过程。

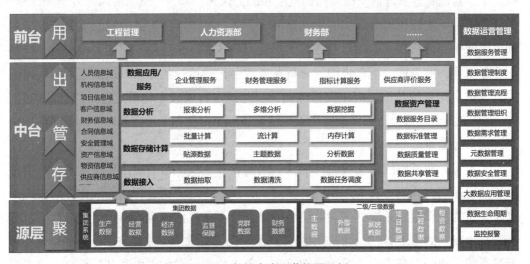

图 1-18　数据资产运营视图示例

4. 主要成果

我国企业数字化发展总体数据架构规划，包含数据主题目录、数据资产服务规划、数据分布流转规划、数据资产运营规划。

1.3.5　应用架构梳理与设计

1. 阶段目标

本阶段主要是基于业务架构和数据架构梳理结果，开展应用架构的设计规划。企业架构师团队通过识别信息系统的主要业务支撑需求，确立核心应用组件和集成关系，并进一步构建应用组件对于当前业务领域的主线业务运营规则的支撑架构，厘清系统与业务架构之间的映射关系。在视图方面，包括应用视图、应用模块视图、应用集成视图，达到从厘清信息系统资产与支撑分布式数据流转到进行设计规划，确保与业务架构保持一致性。

2. 阶段收益

通过研讨和分析，让内外部架构师团队对统一应用架构形成统一认知，尤其是企业当前业务领域的主线业务运营规则的应用支撑需求认知。

让企业应用架构团队掌握基本的业务支撑应用组件和公共服务应用组件识别策略，以及应用架构的设计方法。

开展应用架构梳理的主要素材选取与裁剪，形成应用架构设计成果。

3. 主要内容

（1）企业当前应用架构调研。针对当前业务领域的主线业务运营支撑系统进行识别，建立应用组件清单和属性描述。获取现有的数字化服务存在问题和业务部门诉求，以期建立对现有业务运营支撑架构的范围和能力认知。

（2）基于主线梳理结果的应用支撑需求分析。基于当前业务领域的主线业务架构和数据架构，分析现有应用对业务的支撑能力和水平，在应用支撑能力梳理时，应基于业务架构的业务能力组件视图，分析业务数字化的运行状态，以识别应用的支撑能力，包括应用支撑范围、应用支撑强弱，以此找出将来数字化重点需要提升的内容。图1-19是某企业人力资源管理应用支撑情况梳理，白色和未覆盖领域反映了当前的组织应用支撑偏差。

（3）主线业务的应用支撑组件识别。当前业务主线运营的应用支撑需求，开展进一步的应用组件识别。在应用视图的基础上，进一步对应用进行功能细化，形成应用模块，作为后续应用系统详细功能设计的重要参考。评估现有的应用组件选取、整合和淘汰策略。如图1-20所示的应用组件视图示例，将管理支撑类应用分为一体化集中管控系统、电子商务平台、采购管理系统、电子招投标平台、协同办公系统、档案管理系统、知识管理系统、新闻宣传信息化管理、科技管理系统、IT治理系统、数据治理系统、综合管理系统和法务等。

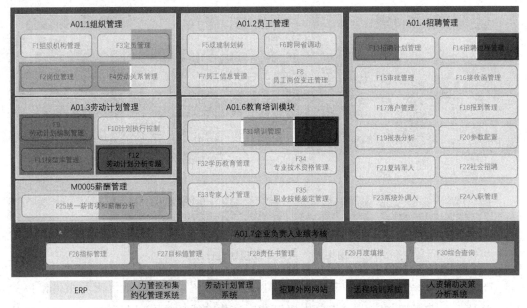

图 1-19　人力资源管理应用支撑情况梳理示例

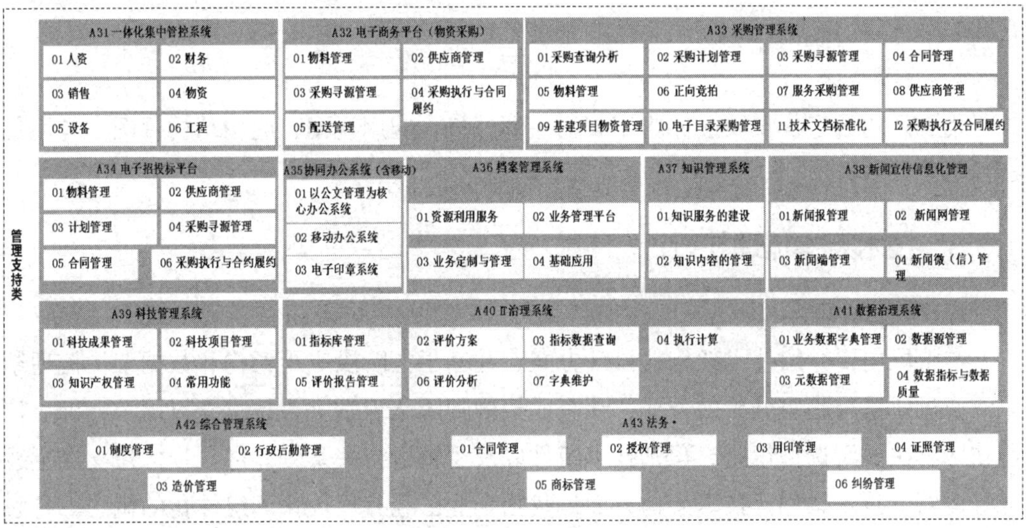

图 1-20　应用组件视图（示例）

（4）主线业务的应用集成需求分析。基于业务架构中对业务组件之间关系的分析、数据架构中数据的传递关系，并结合上述应用的组件功能划分，进一步对应用之间的交互关系进行梳理，形成应用组件集成视图，作为后续应用系统选取和集成的重要参考。图 1-21 是企业核心业务应用域项目开发域、工程建设域、生产运营域、电能营销域相关系统的集成交互情况。

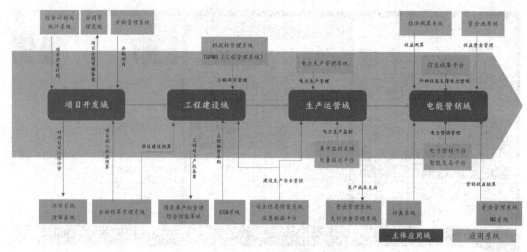

图 1-21   应用集成规划设计示例

注意，可结合业务流程和数据运营需求，分析应用系统的集成需求和组件接口关系，有利于在技术架构中进一步分析接口的标准化方式，也可以基于组织的企业化分工、业务多元化分工、企业治理模式和典型用户视角，设计不同方式的应用架构集成视图。

4. 主要成果

我国企业数字化发展总体应用架构规划，包含应用视图、应用结构视图、应用集成视图规划。

1.3.6   技术架构梳理与设计

1. 阶段目标

本阶段主要介绍技术架构的设计方案，并基于上阶段应用架构和数据架构梳理结果，通过研讨与趋势分析的方式，让企业架构师团队识别主要技术支撑需求，确立核心技术解决方案选型策略，识别技术组件以及逻辑运行关系，并进一步构建支撑主线业务运营的技术架构。技术架构方面，我国企业已经有模块化、组件化的概念，有必要通过技术规划引领企业数字化技术朝着平台化和服务进行转型。

在数据流贯通与运营技术需求分析、统一平台架构设计研讨、全局数据湖架构设计研讨、分布式微服务架构设计研讨、统一数据中心云架构设计研讨、全局区块链架构设计研讨、各产业互联网技术架构设计研讨等公共技术框架方面需要进行梳理定义。通过技术架构规划工作，统一技术平台范畴，明确公共技术平台的主要类别以及典型服务组件，以便形成技术标准，面向今后数字化开发项目和系统采用。

2. 阶段收益

通过研讨和分析，让内外部架构师团队达成对企业，尤其是企业当前业务领域的技术架构定位认知和方案选型策略。

开展新一代数字化技术愿景梳理的主要素材选取与裁剪，形成企业数字化技术架构设计。

3. 主要内容

（1）企业当前技术支撑能力调研。针对当前业务运营支撑系统的运营能力需求进行分析，从数据流贯通与运营技术需求分析、统一平台架构设计研讨、数据湖架构设计研讨、分布式微服务架构设计研讨、统一数据中心云架构设计研讨、全局区块链架构设计研讨、各产业互联网技术架构设计研讨等公共技术框架方面需要进行梳理定义。

（2）开展技术架构优化设计。结合企业现有技术框架，面向典型业务场景的服务支撑能力需求，分析现有技术框架升级优化需求，开展技术架构视图设计，展现企业全局的公共技术能力，统一设计技术架构层次。如图 1-22 所示示例中，基于 IaaS（基础即服务）、DaaS（数据即服务）、PaaS（平台即服务）以及前台门户层，同时体现统一研发、统一运营的全局性业务管控的技术架构框架。

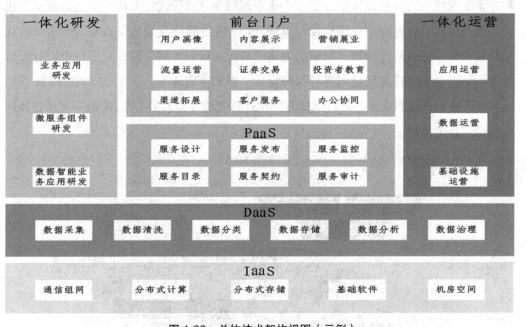

图 1-22　总体技术架构视图（示例）

注意：可结合业务主线的分类和运营特征，开展业务专项的技术架构方案选型，也可以基于技术专项领域（数据运营架构、网络架构、技术平台架构、物理环境等）开展更具体的技术架构设计。

4. 主要成果

我国企业数字化发展总体技术架构规划，包含技术框架视图、技术组建视图、基础架构视图规划。

1.3.7 迁移规划与治理设计

1. 阶段目标

围绕上述数字化愿景蓝图，必须开展数字化实施方案设计。从数字化目标出发，开展必要实施规划和投入产出分析；坚持先易后难、滚动实施；从能力基础出发，开展必要的阶段规划和路径设计；从推行难度与先后依赖性出发设计实施顺序，并建立必要的治理保障机制设计。

2. 阶段收益

通过研讨和分析，让内外部架构师团队达成对迁移规划和治理设计的统一认知，尤其是企业数字化能力建设实现的阶段化规划与治理保障机制必要性认知。

形成企业数字化发展迁移规划与治理体系。

3. 主要内容

企业业务能力数字化依赖分析、企业端到端业务流程优化分析、企业数据资产建设与治理分析、企业应用系统建设与重构分析、企业数字化技术平台建设分析、对数字化建设任务进行阶段分解，明确能力达成里程碑计划，对阶段计划进行投资分析与进度规划，对数字化发展规划进行保障设计，形成治理体系。图 1-23 和图 1-24 分别从不同维度设计规划未来一段时间的数字化迁移实施方案，图 1-25 是数字化迁移规划实施组织保障治理设计。

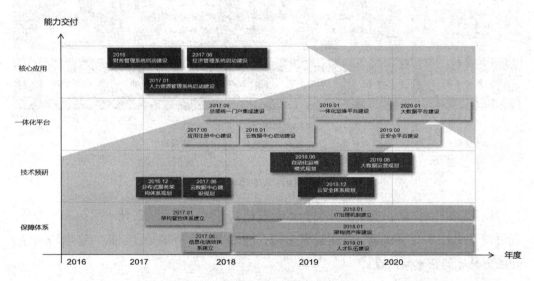

图 1-23　数字化发展迁移规划示例 1

夯基础
1. 完成信息化制度和标准体系落地
2. 明确IT架构管控机制
3. 全面推进核心项目群建设，实现人力、财务、经济管理三大核心业务信息化支撑

领创新
1. 建立基于Web/APP的移动办公门户
2. 创新分布式架构与云计算
3. 推进全面绩效管理
4. 深入优化三大核心项目群建设，实现"以人为本、经济高效、资产透明"，打造企业级核心ERP体系
5. 完善IT运营和服务管理机制
6. 完成一体化技术平台支撑

构体系
1. 推动IT治理体系落地
2. 明确IT治理架构
3. 制定战略目标及演进路线
4. 建立IT治理委员会
5. 建设企业门户，通过统一身份实现业务大集中
6. 完善网络基础设施和信息安全建设，提供分布式云服务资源池

强核心
1. 建立人力共享中心，挖掘人才潜力，建立企业级人力资源地图
2. 建立财务共享中心，实现财务核算中心到财务管控中心的转变
3. 深度挖掘经营潜力，提升企业盈利能力

掘数据
1. 建立企业级大数据分析平台
2. 深度挖掘企业经营管理数据，提供决策支持
3. 建立企业级管理驾驶舱，搭建管理层实时监控平台

图 1-24　数字化发展迁移规划示例 2

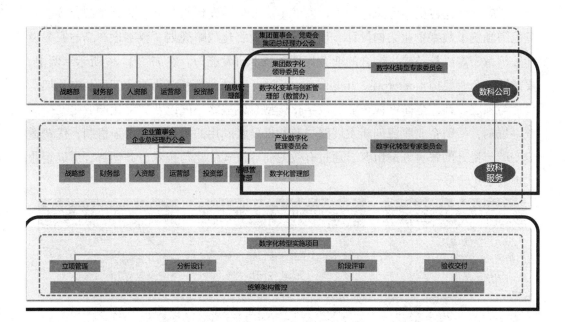

图 1-25　数字化发展建设组织保障示例

4. 主要成果

（1）我国企业数字化发展建设迁移规划。

（2）我国企业数字化发展建设保障体系。

1.3.8　项目总结与验收汇报

1.　阶段目标

本阶段主要是总结数字化现状调研报告、数字化架构设计、数字化迁移实施计划与治理保障体系，组织面向党委会进行汇报。

2.　阶段收益

交付数字化现状调研报告、数字化架构设计、数字化迁移实施计划与治理保障体系。

3.　主要内容

（1）本阶段主要由外部咨询顾问开展数字化架构设计和范围回顾。

（2）编制数字企业数字化转型架构设计报告汇报材料。

（3）按照各条线由主责部门进行数字化架构设计汇报。

（4）面向党委会进行汇报交流，形成数字化发展战略。

1.4　数字化转型架构设计能力需求

适应数字化转型架构设计能力，以"企业架构"设计与迁移服务为基础，核心业务范围涵盖了数字企业架构设计、顶层设计、数字化战略规划、数字化产品与服务设计等领域，需要具备较为综合的业务规划和技术研发能力。在如图 1-26 所示示例中，要能够以企业架构（enterprise architecture，EA）方法为依托，为企业开展数字化架构设计与顶层设计，全面审视企业的数字化转型总体战略协同以及数字化产业生态全面统筹规划，帮助企业厘清创新发展路径及数据要素利用的数据运营加强机制，优选适应变革与提升的解决方案组合，通过有效的商业模式优化与技术服务创新，促进企业实现数字化转型。

总体战略协同	全面统筹规划	数据运营加强
• 服从总体战略 • 捕获高阶需求 • 协同模式变革 • 企业利益最大化	• 提升内外部的环境认知 • 建立生态化的业务运营架构 • 强化端到端的业务运营支撑 • 提升全面的风险控制能力 • 识别完整的信息化服务愿景 • 配置适应发展的信息化资源 • 切实实现科技引领业务发展	• 改善业务运营模式 • 提升业务运营效率 • 建立数字企业愿景 • 提升科学决策机制 • 提升风险防控能力 • 防止企业资产流失 • 提升综合竞争能力

图 1-26　企业数字化转型能力需求框架示例

1.4.1　数字化战略规划能力

结合国家资产监督管理委员会国有资产监管要求和国家科技强国战略，开展周期性的中大型企业信息化与数字化战略规划、顶层设计与架构迁移工作，帮助企业分析数字化转型机遇，实现战略型架构愿景构建和落地服务。

习近平总书记在 2017 年 12 月 8 日中共中央政治局第二次集体学习时强调，要坚持以供给侧结构性改革为主线，加快发展数字经济，推动实体经济和数字经济融合发展，推动互联网、大数据、人工智能同实体经济深度融合。各行各业要积极发挥数据的基础资源作用和创新引擎作用，加快形成以创新为主要引领和支撑的数字经济。

我国正在步入数字经济时代，伴随着物联网、云计算、大数据、人工智能等新技术的普及应用，人类正在重建外部世界信息感知、传播、获取、利用新体系，重构分工协作的基础设施、生产资料、生产工具和资源协作模式。企业的商业模式和运营生态正在被重新定义，信息在组织内部的管理、监督、决策作用更为明显，信息在跨组织交易、协作中的流通需求更加迫切，信息资产甚至可直接为企业提供商业价值。

企业的数字化转型势在必行，数字化战略规划能力帮助企业有预见性地融入数字生态发展趋势，基于新兴技术优势塑造业务变革和创新模式，勾勒符合自身发展占位的数字化转型愿景，从市场引领、资源整合、生态重塑、产品创新、运营优化等角度确立数字化转型的驱动力和目标。

1.4.2　数字化综合评估能力

越来越多的企业发现，造成企业数字化进程缓慢、数字化服务不佳的主要原因，已经不仅仅是数字化自身的问题。数字化部门需要及时跟进和认知企业新时期的战略布局和发展愿景，全面而客观地认知各方领导对于新时期数字化能力提升的要求，找到数字化面向发展的实施路径，进一步将顺业务与业务、业务与管理、业务与数字化之间的矛盾和关系。可以从以下几个维度综合评估影响信息科技能力提升的主要因素。

（1）业务与管理的关系——管控维度，包括业务与管理必须融合创新，协同发展；业务标准化与管理标准化建设协同提升；在一定范围内实现管理的高度集约化。

（2）业务与业务的关系——协同纬度，包括应以客户为中心，构建统一的协同环境；应以流程为驱动，构建端到端贯通的业务流程。

（3）业务与数字化的关系——系统维度，包括业务能力建设和管理制度体系建设是信息系统建设两个重要的前提条件；统一的需求衡量尺度与需求管理机制是提升系统建设效率的重要前提；以关键用户为中心的数字化建设才能真正提升用户体验，解决关键需求。

（4）数据能力与数据需求的关系——数据维度，包括统一的数据模型和数据标准是数据服务的基础；数据运营能力是满足数据服务需求的重要保障；统一的数据治理机制是保证数据能力持续提升的重要手段。

（5）数字化建设与公司治理的关系——治理维度，包括新时期必须形成以业务架构为主导的数字化顶层设计；数字化顶层设计与治理是保证数字化与公司战略一致性的前提与手段;以业务为驱动，打造业务与数字化协同建设机制是提升效果的重要保障。

数字化综合评估将从企业战略、业务运营、企业架构、IT 治理、IT 运营、创新管理、业务架构等维度综合评估企业数字化和数字化发展的主要需求和客观矛盾，为企业各方提供如下的数字化能力提升收益：帮助各方统一认知企业信息科技的发展方向和服务定位；帮助各方有效达成企业数字化愿景；帮助企业管理层认知 IT 治理与数据治理的重点提升方向；帮助业务部门客观认知数字化与数字化运营能力建设的协同需求；帮助企业数字化部门认知当前数字化架构与企业发展战略、业务运营需求和服务创新等领域的主要差距。

1.4.3 数字化顶层设计能力

大型企业面临着业务增长和市场竞争的压力，其商业模式和服务结构也在不断地更新演进，企业需要培养全局性、结构化的规划能力，有效布局和配置各方资源，动态地适应企业变更发展战略。在此基础上，借助顶层架构设计方法，可帮助企业识别和优化现有运营困局，构建跨业务、跨层级、跨组织的服务运营架构，结合信息科学技术，合理布局企业自身全链条的数据服务和数据运营能力。

越来越多的企业将基于顶层架构，采用梳理和构建自身的战略演进策略。顶层架构设计方法，更容易向管理层和业务主导部门从高阶的逻辑推理模式上，厘清新时期产业生态系统的价值链演进趋势，呈现出现有企业业务架构（As_Is 架构）的产业价值链融合逻辑，便于从管理视角识别业务运营模式的改进机会，并基于企业的发展策略和先进领域的数字化应用模式，绘制企业自身的数字化运营蓝图（To_Be 架构），自上而下，站在综合全局的角度，确立企业的数字化变革策略。

数字化企业顶层设计以顶层架构的承接方式，形成全局性的业务价值链、数字化运营架构视图、数字化支撑视图和技术解决方案视图，并指导企业基于此开展运营模式变革和资源结构调整，帮助企业构建适应竞争和变革的综合性解决方案 。

1.4.4 数字化业务构建能力

企业数字化转型的一个策略就是开展业务数字化设计和孵化，在独立的环境中开展新商业模式的尝试和探索，在经历了组织环境的适应和市场环境的考虑之后，就可以破茧而出、策划变革了。

新的数字化业务，涉及对现有的组织环境、优势资源、市场需求和目标客户群体的分析，通过商业模式创新的方式，设计相应的业务形态和技术支撑模式。在完成数字化产品的"形态"设计后，争取必要的政策和资金支持，在一定的试错容忍度范围内，开展数字化服务与产品的推广，最终力图获取目标市场的接受度并产生一定的商业收益。

1.4.5　数字化平台设计能力

企业数字化平台是一个相对抽象的概念，它抽象了数字化产品的生产、加工、应用和运维工作集成方案，是在原业务运行支撑的基础上延伸的针对业务运营的过程数据以及数字化产品的综合服务中心。也就是说，这个中心既有从各种业务用户的过程行为数据角度开展的运营管理工作，也有针对各种商业化数据产品的运营管理工作。数字化平台规划提供工业互联网和产业互联网时代供给侧改革的总体设计服务，包括数字化组织平台设计、数字化业务平台设计、数字化数据平台设计、数字化技术平台设计等一体化平台设计内容。

企业数字化平台已经不再是传统 IDC 机房运维层面针对笼统的数据存储和保护层面的概念，而是为了便于企业内外部业务用户更好地使用数据而建立的"数据工厂"服务。在其中，针对各方用户的数据应用需求，开展数据的全生命周期管理工作和数据运营架构的维护工作。在未来，企业数据营运中心将成为并行于传统 IT 部门（系统开发、测试和运维部门）一样的独立性服务单元。企业数字化平台同样也存在数据类服务的战略规划、需求管理、架构设计、服务开发、服务测试、服务运营等组件单元，具备相关的管理运行制度和配套的资源技能结构。

企业数字化平台解决方案，将基于企业的数字化愿景和数据资产评估基础上，开展数据资产全生命周期运营机制设计，帮助企业将顺数据资产的端到端管理运行策略、能力组件、数据管理体系、组织单元和资源架构，并识别和设计出企业数字化平台与传统 IT 服务中心的交互依赖关系。

1.4.6　数字化架构管控能力

企业数字化转型的一个策略是对现有的业务运营方式、经营管理模式、成本管控模式和资源保障方式进行迭代的优化，在现有的基础上优选转型需求明显、业务模式有成型案例参照的领域进行优化。

这种模式的数字化转型，是在对组织的现有文化体制约束、变革驱动力和发展愿景进行综合评估的基础上开展的，需要与企业管理层在构建面向发展的数字化运营架构上达成较高程度的一致性，同时结合数字化服务的试点运行工作而展开。由高阶的业务架构优化愿景驱动了数字化转型，有针对性地选取当前的业务转型领域进行运营模式优化，具体体现在对现有岗位和职责的重新定义，数字化业务的运行模式的尝试和标准化、技术平台的选型和供应商采购、数字化业务开展所需的成本结构的设计和控制、数字化业务的绩效激励模式试点等。最终通过试点和持续管理层论证，固化业务流程和运营模型，实现业务的规模化运营和阶段性跃迁。

数字化业务运营架构优化工作，是基于组织高阶管理层的变革与创新发展诉求，开展业务运营价值链分析工作，是在此基础上开展的业务架构重塑和业务运营模式的优化工作。通过数字化运营场景匹配和业务数据模型的构建，实现业务流程和资源结构的变革，进一步根据上层业务支撑需求，开展技术支撑方案的选型与适配。

第2章　数字化业务架构

2.1　新时期的企业顶层设计的内涵

2.1.1　现代企业发展观的变革与演进

很多年前，我们一直在讲求刻画和塑造企业画像的正确方法，通过各种推理严谨的企业战略级运营视图，均衡各方的利益分工和协作规则，以求得经营决策层最大程度的战略协同共识。我们拿着商学院学到的企业经营管理知识，以及传统的咨询公司里针对多元化和集团化企业的经营管理模型，去嵌套中国的大型企业的业务架构画像，希望把最科学的经营管理理念和组织行为方式，通过一张张漂亮的、结构化表达的PPT刻画出来，它们代表的是世界上曾经最成功的商业公司管理实践和运营模式。这样的一张张图片确实成就了很多世界巨头企业的发展变革愿景，它所罗列的以地缘市场和规模化运营需要的经营策略，也确实是很多雄心勃勃的企业主们需要的"企业版图"。这样一种完全站在战略支撑角度的业务运营愿景视图，能给企业经营管理层带来未来商业帝国的实施策略，把企业当前凌乱甚至有些分散的组织资源组合得更好，就更加容易获得绝大多数员工和股东的一致认同，就可以让自己的商业版图离目标更近一些。

近十年来，互联网商业的崛起，给了很多传统经营管理思维的人足够的冲击，也为今天企业的运营模式带来了变化。大家对这种看似缺乏系统逻辑和运营结构的商业模式，先是进行批判式的论证，而后又开始走向赞许式的推崇，如今中台模式和平台生态的理念已经深入人心。互联网公司的经营管理者们，也逐步从所谓"野蛮人"，转变成为引领创新之路的"商界大佬"形象。这无疑是时间对于现代商业的运营模式重塑的结果，让人们更加理性地认知到，现在企业发展的依存环境和战略抱负已经发生了巨大的变化。企业业务架构的塑造，也更富有战略的博弈性和市场的试错性，企业所需要平衡和打造的格局更为多样化，日新月异的技术创新，为企业带来更加惊人的效率和无限的创新空间。新的市场拓展需求也不再简单地定位于地缘经济的规模化发展需求，可规模化和高效化已经成为一个基本的企业生存要求，要想在各种夹杂着多元文化和技术元素的社会经济形态中获得永生，就要塑造一种更加柔性和灵活的运营模式。在试错中前进和裂变，让自己的能力不断地复制和升级，如同野性的细胞一样，在任何残酷和优化的环境中，都可以迅速找到适应的培养器皿和繁衍方式。

如今的社会分工和资源结构相比百年前，已经发生了天翻地覆的变化，任何企业的发展格局和运作能力，在社会环境的推动下，都相比以往更为科技化和体系化。企业的规模和管理领域也相比过往更加多维度和复杂化，老的问题还没有解决，新的挑战每天都会出现，企业需要不断地在创新中寻找持续性的动力引擎和规避风险的解药。

今天，当我们再次谈及企业架构，尤其是业务架构时，上述的发展性需求和规律是不可忽视的。企业的业务架构已经不仅仅是企业战略愿景的支撑策略表达，将更进一步反映企业的生存逻辑和基因序列。这就要求业务架构的表达形式更加具有丰富性，业务架构的内涵呈现更加具有综合性，业务架构的价值呈现更加具有时代性。

2.1.2　基于架构开展顶层设计的优势

国内专业服务机构如欣思博等每年都在跟进政策环境和重点企业的发展动向，每一次的国家五年规划节点，都是企业跟进国家战略，做出中长期发展规划的一个重要时间节点。每个历史时期，都会有发展和改革的命题，每个命题的节点，发展和改革的内涵都是不一样的。

2003 年，我们发现了"企业架构"（EA）的方法，可以作为一种先进的顶层设计方法，帮助捋清企业的运营架构，以及适应发展所需的科技手段和高阶解决方案结构。基于企业架构方法的业务架构梳理，可以把企业从单一业务模式走向多元化发展的经营模式客观和清晰地展现出来，基于此匹配上信息技术的手段来实现规模化、多元化和协同化的发展愿景，可以让信息科技发挥更加显性的业务支撑作用。

如今的企业看待顶层设计，更多的是一种结构化的思维模式，仍然可以结合企业架构的专业切分维度，先从架构愿景出发，绘制业务架构，之后再去匹配与之相适应的其他架构维度。而这种思维模式，需要站在合适的位置去理解企业的内忧外困，去从全局的角度审视现状问题本源，又从系统化的角度考虑发展和矛盾的双重解药。

在中国，几乎每个企业主都已经对平台生态和中台模式耳熟能详。我们仍然可以应用业务架构设计方法，通过架构推荐的几十种视图的逻辑，呈现出企业站在内外部不同视角，让最大范围的经营管理干系人，看待自己的企业前行的环境，系统地论证企业继续适用性发展所需的能力组合是哪些。中国的优秀企业也逐步培养出了自己的业务架构师，如同传统企业中的总工一样，综合分析企业内忧外患，统筹规划企业的各种实体或虚拟的服务资源，与业务和科技团队一起，将传统的管理手段与思想与现代科技服务模式相结合，塑造企业适应社会和国家政策的有效战略发展路径。

2.1.3 新时期企业架构设计的必要性

我们不难想象一百多年前的企业远没有今天的企业这样庞大和复杂，社会化分工也没有今天这样的专业和丰富，社会化资源更没有今天的各种非自然且高智能的门类充斥其中，企业主和工人们也远没有今天这样有见识、有想法。如今的社会，国与国之间的较量几乎统一在经济指标评判要素，显然，对于"企业"这种特殊社会经济要素的依赖性更强，也更加期许了。

这里反复提及的"新时期"这个概念，主要还是意味着中国产业发展环境和政策战略推进周期，从国家发展战略的角度，通常用五年一个战略发展周期来推进一个方向的变革和发展主题。

很显然，自 2020 年起，各国都因为新冠肺炎疫情的原因，将未来贸易格局和市场竞争策略进行了重新的思考和定位。中国也面向数字新基建、数字化转型、双循环提出了一系列的战略方针。未来 5 ～ 10 年，中国企业的责任方向和使命担当，也会一如既往地紧密围绕国家战略进行布局。

我们经历了 2020 年的新冠肺炎疫情，又恰逢国家"十四五"战略元年，也进一步加深了对上述战略方针的举措的理解。新时期应用企业架构方法来梳理业务架构的必要性可以总括为以下几个方面。

1. 超大规模的企业需要战略级业务架构统筹和部署

有数据统计，经历过去 25 年的快速发展，如今的世界 500 强企业已经有 133 家是中国企业了。这也意味着，中国企业需要从方方面面塑造自己的国际竞争力和品牌形象了。那么中国的大企业们首先需要把大企业所需要的"方方面面"比较清晰地展现出来，并进行持续分析和管理，而且要基于相对科学的方法分析和管理。这就需要用企业架构的方法，结构化地展现和梳理企业的总体产业生态体系、核心业务运营模式、可复用的业务能力组合，以及有效的业务流程结构，不同视角的"企业画像"被绘制出来，才会让企业的经营决策层更加清晰地基于市场和政策环境，配置最优的资源组合策略，甚至对比先进同行的经营模式，找到自己的短板和不足，快速识别和适应市场竞争需求，赢得相对持续的综合发展。

2. 现代企业需要更加科学地加强运营管控

如今的企业，无论大小，无论行业，无论部门，都或多或少的会有信息系统应用和数据资产积累。企业的业务运营模式，已经和信息科技领域，尤其是云计算、大数据、物联网、移动互联网和人工智能的技术应用场景密不可分，越来越多的企业采用直接应用信息科技的附加业务模式，进行企业业务价值链和生态的整合。企业需要定期结合逻辑推理的方式，将信息科技与传统经营管理的模式，也就是虚拟世界和现实世界业务的结合现实状态还原和管理起来，让企业更加科学地进行运营管理和风险控制。

3. 敏态试错是为了稳态和持久的全局架构运营

之前我们已经分析过，规模化和高效化已经成为企业生存的一个基本要求，要想在各种夹杂着多元文化和技术元素的社会经济形态中获得永生，就要塑造一种更加柔性和灵活的运营模式。在试错中前进和裂变，让自己的能力不断地复制和升级，再进一步嫁接到企业长期依赖塑造的稳态架构之中，塑造永生的动力模式。各个局部和小范围试错的成果，最终会被集成和应用到企业核心业务架构之上，并基于企业的综合业务能力组合，形成迭代持续的竞争力。

4. 立足协同视角的生态共存法则让企业的业务无边界化

现代企业发展已经进入了多维空间的竞争合作格局，传统的地缘经济、种族经济和文化经济等的边界正在模糊化。新的技术创新、政策引导、资本运营等手段都会激发产业格局发生巨大的变化，让企业随时在新的专业领域、数字空间和产业空间进行竞合，也会促使企业架构师用各种更加丰富的方式展现企业的业务价值空间和运营形态，帮助企业及其生态合作方用统一的标准和视图，展现和刻画常规商业空间无法勾勒和协同的业务运营画像，以及产业协同愿景。

2.2 管理统筹架构的设计与创新

2.2.1 战略管控、财务管控和运营管控的区别

战略管控、财务管控和运营管控三个词，是非常具有中国特色的词，在很多的政策文件指引里也多次提及。从企业主的角度看，企业的经营管控范围应该不仅仅涉及这三个维度。从关键国家战略推进的角度看，需要给出国有资产统一管控的重点维度和层面，这个管控的背后蕴含着整个大的国家系统的关键风险控制和经济运营牵引策略。

盘活市场机制、扩大开放力度、促进等价交换、发挥创新引领、实现公平公正等美好愿景，仍然需要立足现状，构建可控和透明的治理机制，才能实现市场的良好运行。先构建可控的治理机制，再做改革和创新，这是有效的战略推进策略。大型企业治理的侧重性是从战略管控、财务管控和运营管控三个层面重点发力的。

1. 战略管控是大企业实现总体协同效率的关键

战略管控的背景，要以国家开放性经济总体战略为推进依据，以国际历史舞台的

科技强国、工业强国、创新强国、经济强国、品牌强国等综合需求为责任要素，在国有资产盘活和可控的基础上，运用综合的金融服务工具、专业的技术研发能力、有效的领域专业积累，以及丰富的资源储备等要素进行改革创新，逐步提升企业的国际市场影响力和市场化的经营绩效。从而贴合和跟进国际宏观经济调整政策，从供给面、需求面、政策面、价格面、景气面、市场面等方面，促进整体国民经济的发展平衡。战略管控在企业中的开展，往往是基于综合主题性的要求，在企业总部管理和企业涵盖的产业板块逐级渗透。常见的战略主题包含了产业结构提升、产业板块协同、经营绩效提升、绿色健康发展、科技创新引领以及降本增效等。图 2-1 从管理决策和集团业务运营两个层级开展企业战略管控主题指标体系设计，实现战略管控的量化运营。

图 2-1 战略管控主题指标分解

长期以来，我国的中大型企业的管控和被管控模式，非常依赖于组织架构和事业部的构建模式进行战略执行推进。企业需要基于这些主题进行各层级责任主体的战略管控的指标分解和任务承接。图 2-2 为典型的基于组织架构的战略管控架构。在此基础上，对各级资产进行各级单位的专业职能之间的横向联动化业务协同。从某种意义上来讲，这种传统的模式势必会折损一定的业务执行效率，但从整个大型企业的角度看，则是促进整体执行效率的提高。

2. 财务管控是一个企业最根本的治理要求

企业经营的最基本目的是实现财务回报。对于财务管控，从常规的角度财务管理包含预算管理、账务管理、资金管理、资产管理、投融资管理、绩效管理等维度，从企业的行业属性、股权结构、组织架构、发展规模、业务规范度、业务运营能力等角度进行评估，这些维度实现财务管控的推进策略都是不同的。随着财务管控要求的明确，很多企业这些年把"财务共享中心"这个概念推向了前端，但是也发现了很多企业"财务共享中心"解决方案始终还是围绕总部部门的职能而开展，很多停留在基本的报账和票据处理层面，如图2-3所示，财务共享服务面向业务和面向发展，提供流程共享、人员共享、信息共享以及平台共享服务，企业不仅实现了资金账户的统一管理和财务资产的创新业务开拓，更是面向业财一体化高质量发展核心定位。

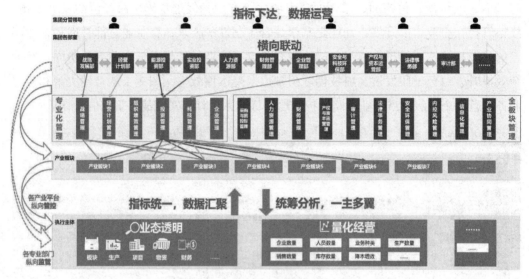

图 2-2   集团化企业战略管控架构

图 2-3   财务共享业务的定位

    财务管控从市场化企业运营角度看，是一个"业务驱动"在前、"财务服务"为主的定位，业务结构和运营模式决定了企业的总体财务绩效，以及资金配置规则和有效的投融资策略，甚至需要通过有效的创新和新旧业务组合实现财务管控的长期稳定运行。越来越多的企业CFO也在强调业务透明、业财融合的诉求，如图2-4所示，对于中大型企业，也只有实现战略决策、资产管理、投融资、资金收支、财务创新等业务标准化和量化协同运营，才能为专业财务管理层提供依据，实现有效的业务创新、资源配置和决策规划。

战略决策分析	资产管理分析	投融资分析	资金收支分析	财富创新分析
• 业务营收分析 • 运营策略分析 • 业务组合分析 • 盈利模式分析 • ……	• 资金构成分析 • 账户资产预测 • 资金配置预测 • 资产回报分析 • ……	• 资金配置分析 • 资金回收分析 • 投资收益分析 • 偿债能力分析 • ……	• 入账预测分析 • 出账预测分析 • 收支平衡分析 • 回款效率分析 • ……	• 资管模式分析 • 理财模式分析 • 资信风险评估 • 金融服务赋能 • ……

图 2-4　财务管控的业财融合愿景

3. 运营管控是加强对不确定性风险的防控能力

运营本质是一个"供"和"需"平衡的过程（见图 2-5），是企业面向市场需求，进行产品和服务创新的供需平衡过程；是企业面向客户中心化，加强用户体验和客户服务能力的过程；是企业面对开放市场环境，组合内外部资源加强综合竞争力的过程；是企业面向订单和合作进行承诺兑现的过程；是企业面向改革发展需求，淘汰和升级落后产能的过程；是企业面向规模化市场推进，实现业务标准化和成本控制的过程；是企业实现创新引领，盘活机制塑造标杆的过程；是企业基于财务绩效目标达成，构建有效的市场定价和合理成本结构控制体系的过程。

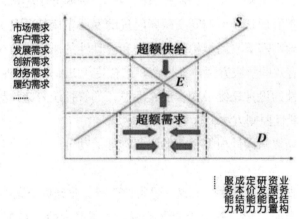

图 2-5　运营的"供""需"关系维度

传统的运营管控策略需要构建的是承接不同战略主题、不同财务绩效目标的各种流程和指标体系。而在数字化转型的时代，可视化的运营风控场景和绩效看板是在传统运营方式上的一个升级。很显然，大而全的流程架构和指标体系，会为运营管控的效率和成本带来更多的掣肘，基于发展主题和风控场景的运营模式是当前企业亟须构建的运营架构。图 2-6 展示了企业流程架构和指标体系的数字化运营管控的工作内容，如消除、合并、自动化、集中、转移、协调等。

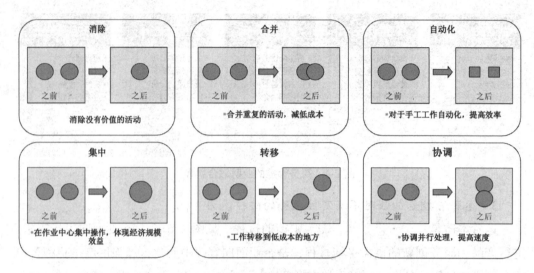

图 2-6　企业运营管控的典型场景

2.2.2　兼容多种企业管理主题的架构梳理策略

前面我们介绍了超大规模的企业需要战略级业务架构统筹和部署。超大规模的企业，组织结构复杂、市场格局宽泛、业务条线多样、资源分工丰富，导致了发展主题多样、管理困局重重的现状。他们既要跟紧时代的发展主旋律，又要扬长避短地拥抱改革和创新举措，确实需要采用结构化的方法和设计性的思维来解决复杂组织体的核心矛盾所在，辨识有效的解决方案体系。需要结合传统 EA 体系的业务视图绘制方法，以及更具逻辑推理性的设计思维模式开展企业总体的管控统筹架构设计。关于业务架构和设计思维的一般性原则方法，这里不再赘述。

企业常规的管理架构设计根据企业的经营管理活动分工，分为若干个专业域和管理主题视图。

（1）专业域一般划分为经营决策域、职能管理域、业务板块域等，有的企业把人、财、物再专门划分出来，形成一个资源保障域，为了确保企业规模化和跨域发展时，形成更高的资源协同效率和成本优势。按照专业域划分的业务架构描述方式的好处就是基于企业的业务架构和战略主题，找到不同管控对象的管理渗透责任和目标主体，便于实现全局的战略部署，如图 2-7 所示。

（2）管理主题域一般划分为战略管控主题、业务管理主题（包括产业管理、经营管理和运营管理）、集约管理主题、综合支撑主题等，如图 2-8 所示。

此外，企业也会基于被管控单元（一般是股份公司或产业单位）的能力，采取不同的策略，面向综合运营风险和战略推进效率进行"策略"部署架构的规划，如图 2-9 所示。

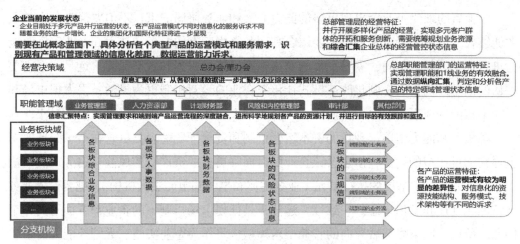

图 2-7　业务管理导向的管控架构模型

图 2-8　发展主题导向的管控架构模型

图 2-9　策略部署导向的管控架构模型

中大型的现代企业会出现更多的能力交叉和业务协同需求，不但要保障独立的业务能够较为健康地运营发展，也要综合利用和复用已有的财务、技术和专业等资源能力进行改革创新。其间，需要平衡的要素很多，能力积累和效率保障永远是一个需要平衡的话题，现代股份制化改革模式让传统企业的运营机制更为灵活，去占据市场和树立丰富的创新生态壁垒，从而实现大企业与大企业综合实力的较量。但相对于保守的资源培养和能力塑造，现在的资本运营机制和资源配置理念，尽管在市场配置效率上存在无可比拟的优势，但也会让企业随时面临更多的资产管控风险、财务风险、法律风险，尤其对于基层的执行单元（业务主体和事业部单元法人机构），越要保障业务运营的合规性和意识形态的一致性，这几乎是任何市场机制下的企业都要面对的一个问题。所以，以策略部署导向的管控架构模型也将作为企业实施三大管控能力的重要落实策略。

2.2.3　数字化转型主题的业管融合模式的思考

伴随着多种管理主题、"国有资产管控"和"股改机制"的推进，业管融合的命题也已经成为大型企业的一个重点关注领域，下面总结了四个方面的管理融合创新成果。

1. 业管融合

开放的市场运营机会更多地关注"市场划分""业务结构""客户需求""竞争力""创新引领"等主题，围绕这些主题构建的每类业务的业务目标和端到端的业务运营体系，都会与管理要求进行结合。如图 2-10 所示的电力行业业务运营架构，从电网规划计划、建设施工、运行检查、检修保障和营销与客服管理的角度，构建了本地化的分布式能源电力服务的业务运行架构，这是一家企业"十三五"期间针对原有的购售电业务的重大变革，借助物联网、大数据等创新技术，可以帮助企业实现新的业务布局和资源协同生态。在重构业务模式之前，就要策划和找准核心的业务主线所需要的统一资源调度和配置策略，以综合节约大面基建投资带来的成本浪费和运行效益风险。我们可以比较清晰地看到，这个业务架构图，从人、财、物的角度，有针对性地选择建设、运行、检修、营销与客服管理四个电力业务板块的创新领域主控条线，和人、财、物三个管理条线的核心工作节点进行了有效的搭接，形成了业务运营过程中的融合管控标准。

通常，一个企业的业务结构有一定的市场和业务专业性的聚焦，管理的角度要保障企业发展主题的统一性和资源的统筹性，以达到最大程度的"系统"一致性，从而实现企业全局总体的统筹管控效益。但随着企业发展规模的提升，交叉领域越来越多，企业不同板块产品与服务门类众多，其业务特点和运营模式的差异性，也需要管理体系及时和动态地进行协同性的适应（注意，不仅是单项领域的管理主题和多业务领域的融合），及时发现偏差并做出适应性的响应措施。所以，这些年来，"业管融合"的主题也成了中大型企业面临的一个实际性问题域，而我们经常听到的"纵向穿透""横向联动"，也正是政府和很多企业在主推业管融合的一些具体策略性管控需求。如图 2-11 展示了业管融合促进综合管理效能提升的循环过程。

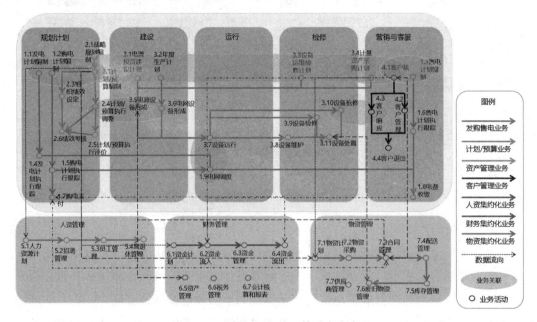

图 2-10　单一业务的业管融合方案

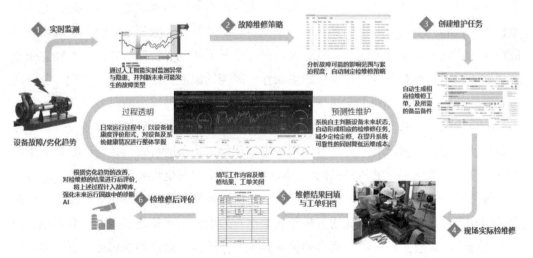

图 2-11　业管融合促进综合管理效能的提升

2. 业财融合

"业管融合"最早提出的领域是财务领域，因为不同的行业账目类型、核算机制、报表合并规则，其实有较大的差异性，这都进一步影响了财务筹划的适用性和准确率。

通过端到端的业务运营架构梳理，找到业务运行全生命周期中财务管理领域的业务管控场景和管控对象，如图 2-12 所示为基于各项业务的财务活动、控制场景、控制对象的业财融合运营架构场景识别。

	市场调研	产品设计	展业	承保	保后	理赔追偿
• 财务活动	• 会计管理-费用核算 • 参与计划审批	• 会计管理-费用核算 • 参与计划或方案审批	• 经营计划-产品经营计划 • 资金管理-准备金 • 资金管理-资金调度 • 会计管理-费用核算 • 参与计划审批	• 资金管理-收入 • 会计核算-收入核算	• 会计核算-费用核算	• 资金管理-支出 • 会计核算-费用核算
• 控制场景	• 计划审批 • 费用支付	• 方案审批 • 计划审批 • 费用支付	• 计划审批 • 费用支付	• 保费收入	• 客服支出	• 赔款支付 • 费用分摊
• 控制对象	• 市场研究计划 • 市场研究费用支付凭证	• 产品研发方案 • 产品经营计划 • 产品开发费用支付凭证	• 市场开发计划 • 年度经营计划 • 资金计划 • 市场开发费用支付凭证	• 保单	• 保单	• 准备金 • 赔付通知书 • 理赔费用分摊书

图 2-12　业财融合的端到端场景识别

3. 专业管理协同

近年来，企业在投资、人资、采购、风控、科研、信息化等管理领域呈现出越来越多的业管融合的需求。投资领域需要了解现有体系生态的各种资源优势和量化裂变能力，通过有深度地进行成员单位生产运营能力监测才能准确地开展企业自身的产融服务创新；人资领域需要基于人力资本需求进行现有人员的实时技能评估和量化的人力资源配置，也进一步实现企业内部相对宏观的人力资源结构配置，以屏蔽企业在产业机构升级和改革创新过程中存在的"跟不上"的风险；采购领域需要了解国内外不同市场的产业链资源供给能力和核心采购资源中长期的成本价格指数，从而确立企业实现财务成本管控和市场定价策略的主动性；风控领域需要结合战略、管理、业务的分解管控策略，进行管理主题的场景卡扣，同时也需要通过综合的业务运营指标体系进行的风险预测，降低不必要的风险发生成本和应对成本；科研领域需要及时对比和评估科研成果在一线已有业务环节应用的场景和价值，塑造科研任务与已有业务生态的融合能力，消化和分解科研前的成本风险；信息化领域也需要结合不同的业务特征进行端到端的数据治理和业务流程集成，从而保证数据和流程能够完整地反应和呈现业务的动态演进过程，为其他的管理领域提供有效的监测和策略依据。综合来说，企业业管融合不仅仅是一个单一管理领域对某项业务运营生命周期的管控，更是多种管理主题和多元业务场景进行融合协同的过程。我们更加需要通过一个系统性的业务架构和管理架构作为"地图"，帮助实现精益化的管控模式推进。

如图 2-13 所示，某金融企业结合核心管理主体场景，实现风险环节买方风险管理、反欺诈管理，与承保、索赔等业务活动实现业财融合管控。

图 2-13　通过业管融合与协同实现精益化的业务风险控制

4. 管理服务运营

企业规模化发展的过程中，随着业务规模的扩展，人员规模和组织结构层级都会逐步深入，这为企业的管理标准和透明化带来了一定的难度，总部从管理职能的角度，开始设立基于管理融合定位的业务运营公司。它们以业务主体的运作方式，与参控股公司并行开展业务运营，通过管理服务的创新，代表总部的管理条线开展与受控单元和产业生态伙伴的业务合作，促进业管融合。

2.3　业务运营架构的设计与创新

2.3.1　组织架构与业务架构的异同性

这个问题如果是在金融、互联网、通信类的企业也许比较容易分开，但是处于股改过程中的中大型传统行业的企业，则难于分清，很多业务或多或少地遗留着计划统筹的痕迹。根据新的市场和业务领域组建班子，设定业务分支，是比较常规的做法。毕竟大型体系存在体制惯性，那么对于创新和发展，比较直接的方式就是单独划分一个组织机构进行新的使命承接。我们不必评估合理性的问题，之前已分析论证，世界 500 强企业的战略以竞争战略为主，获取超额利润和最大化的股东回报，是优质企业的标志，那么对于我国的优质企业，是以人员规模、市场规模、营收规模、产业范围、资源优势等综合实力进行确立的，而且这也并不影响其自身的创新和业绩增长，而且它们还承担了非常巨大的社会和政治责任。从业务架构的特征来，说超大型集团企业一般分为以下两类。

1. 多元化业态

这种类型业务运营的全链条几乎被一个二级控股公司所掌控，好的企业一个二级控股公司自然是一个产业板块，往下细分就是具体的业务分支。这种情况的企业规模一般不会很大，地方性的重大集团企业更容易形成这样的管理格局，如图 2-14 所示。

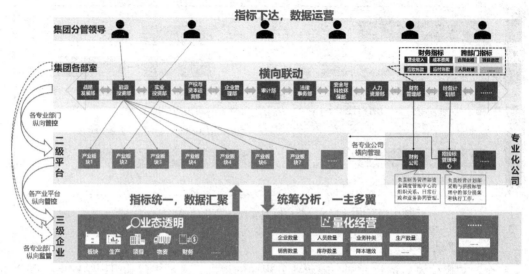

图 2-14　多元化业务架构的典型企业

2．集团化业态

一般这种企业类型的体量规模比较大，而且体制运行负担比较重的企业是二级控股公司，直接存在一些竞争关系。二级控股公司下自主构建了很多产业板块，形成了母公司、二级控股公司（一般是按照区域市场进行划分的市场服务主体）、产业板块（一般是围绕某一核心业务主体的业务集群）、业务运营机构（一般是具体的某类专业的产品和服务实施机构）的基础业务结构。当然有的机构可能并没有形成比较完整的产业链条，就会通过并购和股权融资的方式，形成参股公司的产业生态互补关系，如图 2-15 所示。

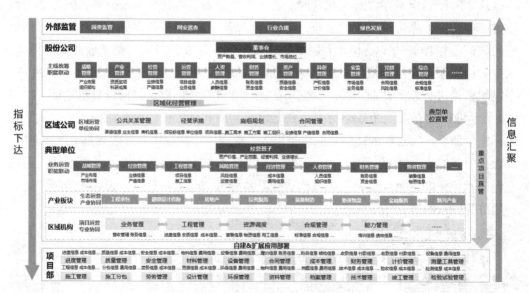

图 2-15　集团化业务架构的典型企业

一般处于中间状态的企业还是较多的，这是因为不同区域产业经济结构、资源结构和竞争力也存在较大的差异性，企业的发展要随着市场需求的变化不断地布局和发展。

2.3.2　结构化的业务运营架构优势

完全市场化运营机制的公司，是不会放过任何的成本结构和资源结构优化机会的，因为企业的发展主题就是最大化的股东财务回报。从适应环境和业绩增长要求的角度，通过一系列跨机构的业务价值链整合和业务能力优化，促使企业各方面的业务能力能够跟上业务增长需要，同时将业务价值链的公共能力最大化地共享，从而使得企业的成本结构和资源结构达到当期最优，最终可以简洁、完整和结构化地呈现组织的各个的业务单元能力是如何支持企业战略的解决方案的，这便是一般性的企业架构理论所需要表达的业务架构理念。

这样的业务架构，一般有几种不同的视图维度设计战略支撑的解决方案，但核心主旨，或最优业务价值分析维度，是围绕市场价值导向的，先辨识业务价值链和能力需求，再整合和优化管理单元能力。我们分别对其中常见的业务架构视图进行解释说明。

1．基于运营主线的架构视图模式

这种视图是针对关键集团业务的专业领域进行运营能力主线优先级排序和关联性分析的成果，是一种面向端到端运营管理机制构建的架构设计成果，帮助管理人员抓住核心问题和解决方案，便于形成直接的运营管控任务和绩效考量指标。通过这种视图，可以完整地看到业务板块的全生命周期跨专业的基本运营网络干线，也是便于企业开展信息化和数字化组件的支撑方案，促进企业形成关键运营能力的数字化管控场景识别和数字化业务运行能力塑造。

2．基于骨干服务流程的架构视图模式

相对于上面的运营流程业务架构视图，服务流程业务架构视图是站在外部视角来看待企业的端到端运营能力的，它抓住了某类核心业务的内外部市场的典型客户和业务干系人，从客户角度接触企业的核心，完整地识别企业为客户提供服务价值并进行服务变现的完整流程架构。基于此架构模式，企业可以有针对性地完善和整合内外部资源，形成财务价值导向的服务目录和服务规格，更有利于统一服务标准和业务规范，还可以通过比价精准的数字化运营监控，持续地保障用户体验和业务连续性。图 2-16 是基于服务流程的物资管理业务主线流程示例。

3．基于产业价值链的架构视图模式

同时，企业也可以基于一个完整的产业板块，开展供应链导向的架构视图梳理，如图 2-17 所示。这种架构视图能更加抽象和完整地辨识相对于行业标杆供应链上下游的互补元素，也可以高屋建瓴地找到供应链中导致企业资源分散和业务集中度下降的冗余元素，进而帮助企业理性地开展基于供应链的内部资源结构的优化和组织协同。

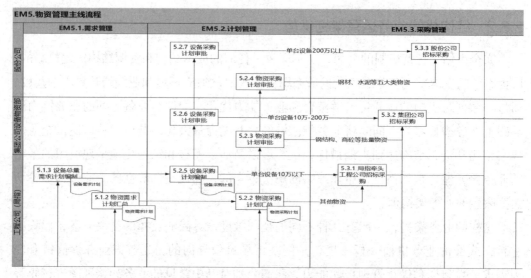

图 2-16　基于服务流程框架的业务架构视图

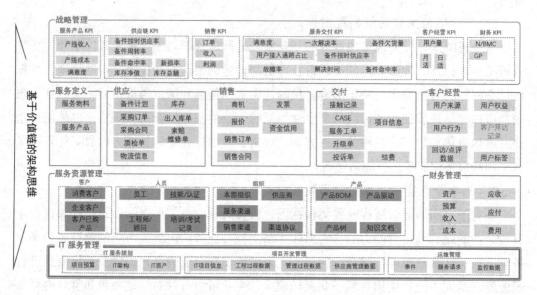

图 2-17　基于产业价值链的业务架构视图

4. 基于业务能力的组合

这种业务架构视图，将各种管理价值链和业务价值链进行层层的分解，以期找到更加适合独立运营的业务能力单元组合，每个组合提供在组织内独特的且可共享的能力，可以进一步分解，也可以进行灵活的组合配置。基于此，可以实现组织能力在任何业务线、产业板块、物理区域、专业角度的共享的复用，通过不断融合优化，最终形成类似 BU 的业务单元运营能力,以市场化的机制,实现任何业务单元能力的效用价值,如图 2-18 所示。这种模式的业务能力,也将是一种复合化的服务能力,将最小业务单元的业务流程、数据标准和应用体系进行标准和组合。

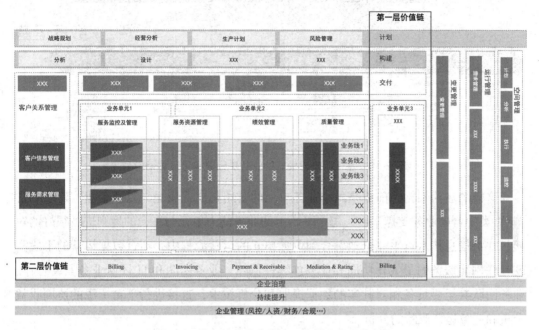

图 2-18　基于业务能力单元组合的业务架构视图

图 2-18 的架构视图,是站在业务驱动的角度,将业务能力和管理要素进行融合的业务架构表达。但这里还是建议,面向不同的企业业务架构视图的绘制方式有所区分,对于超大型的国有企业还是有必要将管理统筹架构和业务运营架构进行区分看待,分开识别管理的侧重性和架构价值主张。

2.3.3　阿米巴模式的业务能力塑造

完全市场化机制下的商业企业,的确有很多发展成为以最小业务能力单元为基本运营管控对象的状态,例如我们熟知的海尔、华为,以及我们熟悉的各种互联网企业。那么在这样的"大一统"环境下,任何新的市场产品和服务的退出,已经可以开展类似乐高一样的拼接方式,把新的业务迅速推向市场进行快速迭代的生态体系构建。结合上面介绍的"基于业务能力单元组合的业务架构视图"梳理方式,大型企业也是可以开展阿米巴经营模式的创新的,同时,也可以结合最小业务单元的运营管控机制,进一步促进"中台"模式的构建。

从最小业务单元的角度,我们提炼和总结了相对完整的业务和数据运营符合化的运营框架,图 2-19 是基于阿米巴模式的业务数字化能力塑造过程。

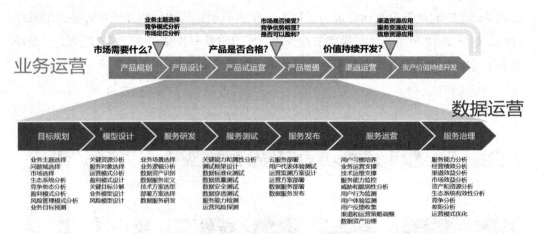

图 2-19 基于阿米巴模式的业务单元数字化运营架构

这样的运营架构，前提是最小业务单元的复用化模式成立，以及企业构建了非常"宽"类中台的业务支撑平台，每个平台上的业务能力单元与平台的规则进行很好的对接，并将信息技术近乎完全地融合到业务单元的运营流程中，通过数据运营的手段实现互联网化服务的最大化协同和业务连续性保障，业务团队和 IT 团队业务紧密合作，业务团队甚至要具备相对扎实的数据提取和分析技术，直接进行平台资源的协同收益分析和业务运营风险的分析。

2.4 平台模式的探讨和架构视图勾勒

2.4.1 平台战略和常见的平台模式

平台经济（platform economics）是一种基于数字技术，由数据驱动、平台支撑、网络协同的经济活动单元所构成的新经济系统，是基于数字平台的各种经济关系的总称。而互联网所特有的开放和生态协同的平台化服务，"消费者"和"生产者"都将是平台用户，平台可拓展性强，统一且开放的接口标准，可以集成各种渠道、产品和运营规则，有些平台组件集还可以支持让业务与平台深度捆绑，这些特征都可以让平台实现规模化运营支持的能力（想深入了解平台模式的建议阅读《平台战略》）。最终，技术服务团队要走向前端，和业务人员一起工作。在这种合作模式下，基于平台模式，将传统业务模式下的各种产品和服务的业务运营流程进行综合分析，将公共业务场景和服务组件进行解耦，以实现最大化的业务运营能力集成。与此同时，各种业务场景下的运营目标和模式，也会形成量化的运营指标集，各种面向指标数据采集、聚合和展现的组件，也被专业化的数据运营团队构建和维护起来，在业务运营的同时，开展数据运营工作，帮助各个层面和专业业务人员判定业务目标实现的风险，以便他们及时对运营策略进行调整以实现业务目标，形成从规划运营目标、选取运营对象、制定运营策略的平台运营价值链，如图 2-20 所示。

图 2-20　平台运营的价值链

随着运营目标的增长，平台提供的服务内容、服务规则和激励策略也会发生变化，这便是用数据运营引导用户行为，形成正向的业务运营流程。更重要的是，互联网的运营思维下，往往还会伴随着"逆向"运营的策略，也就是说，在假定的运营目标下，还会把各种影响目标实现的"失败"记录下来，通过数据运营不断地淘汰和优化业务规则。

从传统企业来说，重视信息技术对业务创新的支撑和贡献，适应开放型经济模式，提升自身数字化运营能力是当务之急。总体来说，传统企业参与平台模式变革，可以总结为如下几个方面的平台模式价值。

1. 从流程运营到能力组合运营

华为前二十年的移动通信服务的研发、制造和业务运营能力，被最大化地复用、延伸和支撑了如今世界瞩目的通信服务商业版图之中；富士康超级工厂理论上是"想造什么就造什么"的能力组合框架，让它在近期的疫情战役中很自信地开展口罩生产的切换；而滴滴的强大资本运作能力，也让它把移动出行领域各种共享模式几乎都试了一遍。有什么能力就先拿什么出来证明，在开放和数字化市场的验证下，通过试错积累经验，固化流程和规则，再一步步地整合延伸商业模式中的各种资源。

2. 从渠道运营到流量运营

传统的理念为了走进市场，而为产品搭建了一条信息沟通渠道，把分销和直销渠道一层层打通，再基于渠道能力预测业务绩效，然后把实物的产品从各个渠道流转分销出去。基于目标导向的流量运营模型，可以帮助企业通过各种融媒体和应用的线上流量运营策略，直接把产品和服务以内容的形式推送给最终的消费者，实现看得见的消费者行为和采购。

3. 从供应链运营到平台生态运营

传统的供应链整合上下游资源，形成了实物化生产供销方式，而平台化生态则更加丰富了产品和服务的形态，促进了多方交易价值网络的实现，让平台参与者有更多的选择和创新实现既定的业务目标。

4. 从 IT 服务到 IT 运营

以业务支撑为目的的 IT 服务，配合业务部门日常工作需要，进行信息系统功能点的开发和运维，业务部门的规范化程度和运营能力，决定了信息化的强弱。平台化模式下，有价值的能力组件都被松耦合的业务单元所运营，而业务单元也呈现出高度的集成化，业务策划人员、业务执行人员、数据分析人员和 IT 技术团队，一起紧密合作，甚至有可能是 IT 工作再引导业务规则的创新运转，形成了一个对外呈现的业务单元。每个业务单元和平台有效地交互和协作，实现价值网络动态的演进和发展。

5. 从预算管理到资产运营

传统模式下，每个战略投资的业务线，需要基于投资汇报分析，执行严密的经营预算和结算管理机制，来开展业务产品的生产和销售活动。平台化模式下，更为丰富的数据沉淀和积累，促进了生态体系成员单位的资产可视化，企业可以动态地参与市场结算和供应链金融服务，金融服务机构甚至面向消费和客户的精准投资激励模式，最终使得企业更具综合服务能力和市场竞争力，只有经历了商业模式和市场接受度考验的业务才有资格被纳入经营管理。

6. 从人力资源网的协同运营到物联网的协同运营

传统的业务流程是业务部门和某些特定岗位之间业务活动的衔接互动，形成了供应链的衔接和经营活动的开展。平台化的模式，让人类和非人类的各种生产资料都可以产生互动和交流，形成了人与人、人与物、物与物之间的运营化工作，推进了业务能力的构架和优化，再形成内外部业务能力的组合，最终形成了业务目标。

7. 从经验模式到数据运营

再优秀的业务专家，如果不具备数字化的业务运营视角，也无法向企业证明他的更大潜力，平台企业更看重生态体系整合的效率和效益，业务专家不能长期依赖一种类型的技能支撑平台生态的协同发展，他需要适应市场需要来转变和升级自己的能力，能够应用计算机系统和基本的数据采集分析技能，为企业持续地创造价值。

总之，技术进步被用来改善人类经验和运营效率，并开发对产品和服务保持持续忠诚的客户群体。然而，随着开放型平台型组织模式的兴起，企业也会引发更多的担心：我们究竟要在哪些领域打造核心的数字化运营能力？我的核心能力会不会被更强的平台型组织集成走了？同质化的企业本来就很多，平台优选模式，会不会让我们把市场拱手相让？

如图 2-21 所示的平台生态体系，未来只有三种模式的企业，一个是超大型的平台化独角兽企业，一个是小企业，一个是专业化企业。有能力有远见的企业（大家不难想象，如今这种企业不仅仅指的是企业家的个人远见了，而是掌控市场数据并会洞察数据的企业），会从产业生态角度去布局多元化的业务，并行开展业务能力的塑造与集成。它比较大，或者很大，还比较有实力，还挺愿意向数字化业务投资，还经常逼着业务主管和业务部门去学习数字化的应用场景。它从基本的产业运行环境和发展趋势角度，早早地做了布局，有市场、有数据、有平台、有复合型人才，而小企业则是这些大平台里的随从者或延伸端，从小处弥补和融进自己的业务能力，形成共生。专业化的企业会对大平台间的创新和独特竞争力塑造起到至关重要的作用，会成为各处的香饽饽。

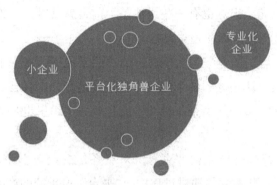

图 2-21 平台生态体系

当然，国内平台经济发展也会受到国家政策方针变革的影响，总之，这个发展趋势会让市场变得更加透明和开放，以平台型经济为中心，所有的企业都在数字化业务运营能力的基础上进行集成与和谐共生。

2.4.2 传统企业构建中台的原因分析

1. "中台" 化业务运营模式源于传统服务业

早期接触 "中台" 的理念，是因为银行业开展的一系列改革，因为要加入 WTO，要走向第一阵列，中国的金融体系首先面对的是 "开放" 性的挑战和公平 "竞争" 的挑战，流程银行、客户中心化银行等概念在那个时期悄然兴起。前台、中台和后台，在2010 年以前就被定义出来了。

欣思博团队认为，这种划分方法主要是用一种市场化方式重新强调企业运营的策略。一方面是比对早期中国的企业是垂直管控模式的，比如，我国企业垂直化管控从来都是叫作 "上级单位" "下级单位"，完全是基于上级管理下级的方式派发任务，而不是 "母公司" "子公司" 这样的叫法来开展 "资产化" 运营；另一方面则是比对传统的公司生产运营模式，比如，传统商学院总是交给职业经理人，公司的核心价值链 "产供销、人发财"，完全是基于一种 "由内而外" 的产品供给视角来考虑企业的运营策略，可如今的公司，产品结构已经相对复杂了很多，而且产品还会捆绑各种服务，而服务还会基于客户需求进行各种组合甚至是定制。

这样一来，前台、中台和后台其实就是一种"由外而内"的运营视角来组织企业的内外部供需关系的策略。传统模式下，前台就是可以接触客户（或者渠道）的各种职能与工具，银行的柜台、电话中心也是前台的组成部分；中台则是产品与服务的研发与集成环节，为前台提供专业的管理和支持，包括渠道管理、方案设计、产品开发、风险管理、计划财务和人力资源等，后台则是更为公共的一些企业职能，如业务和交易的处理和支持以及共享服务，包括清算、结算、IT 支持等，集中处理贷款审批的中心也可以纳入后台范畴。当然也有一些说法是，前台就是客户和渠道触点，中台是业务处理环节，后台是资源保障和公共服务。

这种"前、中、后"的业务运营概念，简单明了地把"客户中心化"的市场运营模式搭出了一个框架，让企业的各个部门非常直接地区分出自己的职责与实际业务运营的匹配关系。这在大型的集团企业里和多元化业务组织里也是非常必要的一个运营视角。

2. 消费互联网时代的数字化"中台"对服务运营效率全面促进提升

在互联网时代平台化模式的演进过程中，"平台"所承载的产品和服务更加多样丰富，如图 2-22 所示，"平台"的弹性和包容性，除了集成了"产品和服务"，也集成了企业内外部运营组件，加速了企业运营、改良、创新的服务运营质效优化。

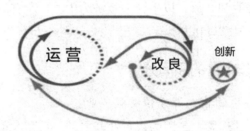

图 2-22   互联网时代加速了企业的服务运营转型

消费互联网的"平台"如同一个虚拟的世界一般，把这个"世界"里所能容纳的数字化的产品和服务，向现实世界里进行了最大化的渗透和传播。如图 2-23 所示，平台一般从前、中、后台建设业务能力单元，其中各种用来吸引、接触和产生互动的客户服务工具、内容组件构成了它的"前台"，如产品服务、渠道服务、客户服务、交易服务、物流服务、库存服务等，而各种为了最大化地促进交易效率提升的数字化运营管理组件则构成了业务"中台"，如账户服务、流量监测、内容运营、接口服务、数据分析等。而基于各种消费互联网的平台，消费者和业务用户之间要保持良好的互动和体验，来促进平台之上的各种数字化内容产品的高效交易，就需要各种所谓的"后台"服务进行保障和支持，如交易结算、信用登记、批量分发、决策分析、商机挖掘等。

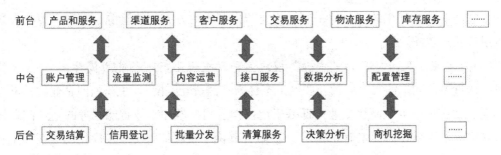

图 2-23　前、中、后台的业务能力单元分解示例

很显然，有了平台这个大的"容器载体"，一切的业务运营活动都是挂靠在此之上的。客户需要在平台上筛选产品和感受服务，业务人员则需要基于平台提供的客户画像和行为数据来开展各种运营工作，结算和战略部门则基于平台提供的各种运营数据开展业务，中台模式实现了以业务运营为中心的共享和赋能，如图 2-24 所示是清算中心、经营决策中心、财务共享中心向各业务单元的共享运营枢纽。

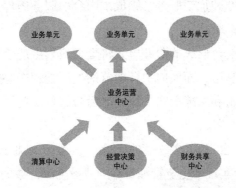

图 2-24　中台模式加强了量化运营能力的共享和赋能

很显然，嫁接在互联网平台服务之上的业务运营工作，更加聚焦业务运营的价值与效率，也基于各种 IT 和数字化技术让消费和业务单元的互动更为直接。而以往躲在业务部门之后的 IT 部门，随着业务领域和单元的划分，形成更为结构化的分工，已经与业务部门形成了同样的战线，随时紧密与业务部门进行配合，一边构建服务一边运营服务，确保业务的连续性和可用性。通过更加公共化、共享化和服务化的中台组件运营，形成了最大化的业务运营组件支撑，让来自不同地域、专业、品类的业务单元活动能够实时连续地开展，让各种市场刺激手段与活动有策略地开展，总之是面向目标来实现最大化的前台服务与交易支撑。

这种模式下，很显然，企业的一切业务活动将以"业务单元"为基础开展，而各种"业务单元"又是基于平台所提供的相对标准化的数字化运营规则开展工作，随着市场环境和客户行为模式变化，"业务单元"呈现出更为动态的适应性。而"业务运营中心"则是基于平台构建规则、维持秩序和对接资源的一个综合管理组织，最大化地挖掘和适应外界环境的变化，采用结构化和强逻辑的方式配置资源，实现企业与市场的最佳状态匹配。

3. 工业互联网时代的"中台"模式促进规模化生产服务能力提升

最近专家们把前二十年的互联网生态称为"消费互联网"，主要面向企业的外部市场交互和客户服务。而将企业内部基于泛在物联网技术和工业智能服务的生产制造领域网络服务平台称为"工业互联网"。工业互联网平台将使得传统工序化的生产加工制造流程，被解构和随机的组合化，使得每一个工业单元都可以成为一种生产服务，与内外部环境进行通信和组合，在开放和共享的环境中，基于数据驱动和对象服务的运营模式转型，实现智能化、高质量和规模化的组件生产运营。

在工业互联网平台之上，传统的岗位和组织单元面向工序的流程化活动承接方式，也将发生转变，生产价值链（或者供应链）上每个环节的主要运营对象（订单、生产计划、供货单、采购计划等）被识别和管理起来，构成了前台的服务组件，而支撑和管理这些运营对象的生产和加工服务，则成了中台的服务组件。后台则是对生产资料和库存实现的统一集中管理。

这种模式下，面向前台形成的业务单元将更加聚焦生产价值链（或者供应链）上各个主营对象的场景化状态，而面向中台运营的生产管理中心则关心来自各个运营场景下运营对象的具体要求和保障策略，最终的后台管理部门统一保障最大集约化的生产资料配置和成本结构平衡。

传统企业接纳"中台"模式是一种必然，一般分为业务中台和数据中台，如图 2-25 所示，业务中台实现了企业管理目标的业务下沉，数据中台实现了数据上移的统筹管控，即实现了一切业务数据化、一切数据业务化的中台模式效用价值。

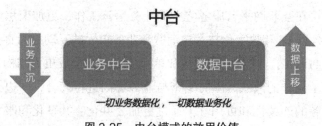

图 2-25　中台模式的效用价值

"中台"的目的是"提高企业能够快速低成本创新的能力"，中台模式来源于传统企业，经历互联网科技的洗礼和磨砺，通过"方法＋工具＋模式创新"，从而帮助传统企业认知和连接内外部环境中有利于实现运营效益最大化的服务组件，实现企业生态化运营能力的集成和对抗超级组合体竞争风险的能力。

"中台"层面数字化的运营目标和运营规则的设计，也有利于企业基于商业目标，开展有针对性的运营策略部署和优化，实现最大化的企业资源整合和配置，实现运营效益最大化。

"中台"模式，也更加有利于化解现代企业的复杂的产品结构体系和繁杂的组织层级间的各种矛盾冲突，借助科技手段和互联网运营模式，让企业运营管理工作能够化繁为简，提升整体企业的运转效率。

"中台"结构，也是一种必然的客户中心化和服务中心化的发展趋势，能够加速我国传统企业市场化转型，各种新兴技术的有效应用和集成，以及数字化运营手段的提升，也有助于企业内部和供应链上下游企业，形成主动性的服务创新和能力提升机制，最终促进产业结构的转型升级。

2.4.3　基于能力的业务中台能力塑造

我们提出"业务能力"这个概念，一方面是因为从企业架构理论的角度看，构成业务架构最核心的要素就是业务能力，"业务能力"代表的是一种开展业务的特定能力。通过梳理识别端到端业务运营所需的业务能力，最终可以让企业绘制完成一个总体的业务运行架构视图框架。另一方面，基于平台化运营的互联网企业，也需要认清自身在当前状态的业务能力范围，才能基于既有的平台优势，延伸和整合有利于其"生态"发展的业务版图范围。

我们先来看看国际开放群组 OpenGroup 对业务能力的阐述，再基于这个阐述通过典型的例子探讨什么是业务能力。

定义业务能力和能力模型是达到目的的手段。业务领导者和规划人员需要业务能力作为做出更好业务决策的基础。通过将业务功能映射到不同的业务视角和视点，可以获得更好的决策。这种映射可以使业务更加连贯一致。

——The OpenGroup

在市场化导向的业务运营模式下，我们更多层面上理解的业务能力，是为了完成业务目标和实现交易的一组专业的业务活动和功能的组合。这样的业务能力是有价值的，更加被业务主管、经营管理者关注和重视。举个例子，一个人受过良好的基础训练，使得他的口才突出，可以旁征博引，可以引古论今，也可以能言善辩。但是这不是我们想说的业务能力，当他是一个律师或者谈判官，可以帮助企业开展法律纠纷的诉讼辩护，或者能够和一个强势的合作伙伴进行谈判而帮助被委托的企业争取一个划算的议价时，这个口才特质就成为一种业务能力。但这个"业务能力"需要被附加谈判场景所需要的各种业务知识和目标实现的策略。同样的，一个企业的业务部门，比如采购部门，在实现采购能力时，也同样的要基于"集中采购""大宗采购""特定方案采购"等场景，构建与其他部门联动的采购能力，认知采购需求的差异性，并基于采购需求开展采购方案的策划，最终才能实现不同场景下的采购业务目标。因此，"业务能力"

是一系列有价值的专业能力的组合，一般不是由一个单一的部门和单一的专业能够完成的，它更多的是基于目标的一组专业能力。图 2-26 是基于价值链的产品采购、产品运输、产品仓储、产品销售、产品售后的业务能力识别过程。

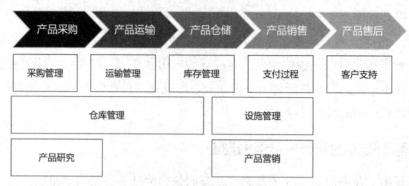

图 2-26　基于价值链的业务能力识别

　　传统的企业架构总是强调通过不同的颜色，标记已有的、待建的和将来的业务能力组合（业务架构的热力图），企业通过这些"能力组合视图"完成一个 To-Be 状态的业务架构蓝图。那么在互联网企业，也同样需要通过绘制这样类似的业务架构蓝图，来分析和策划需要的生态组成，这也是"企业架构"方法为现代企业运营管理起到核心作用所在。传统的商学院介绍的各种战略规划方法和运营管理方法，很显然是面向几十年前相对单一的业务规模化战略而言的，市场的拓展方式和竞争理念的分析比较基础。今天的企业的业务结构和运营方法可能会更加复杂，场景组合和专业交叉性更强，企业开展组合式的市场开发和竞争方案更加丰富，这就需要用"企业架构"的结构化的业务能力分析方法来开展分析。

　　相当长一段时间，我们谈到对企业的业务理解和呈现，都是基于业务流程架构的呈现方式，"流程化"也是传统企业基于一个个专业的业务单元开展工序式、协同式的合作方式的一种运营模式，流程化促进了企业最大化的产品标准化和规模化效益。但事实是，今天的企业已经在面向一种"开放化"和"服务化"的市场竞合式的生存逻辑。毋庸置疑，未来的企业将基于一个"能力"与"业务"迭代交错的模式进行业务的演进和创新！环境变化之快，所有的企业都希望自己是一个"松耦合化"和"组合式能力"的加工工厂。在某个特定时期和市场细分空间里，某种优势的业务获取高速的增长之后，迅速地提炼这个业务所沉淀的"能力组合"，将这些能力"固化"到某类平台机制上，进一步地基于环境（场景）的业务能力识别，如图 2-27 所示，来孵化和塑造新的能力组合，从而实现其持续的生存和增长，于是"生态"化这一概念也应运而生。这就是人们对互联网企业形成"无套路""搅局者"的印象的根本原因所在，它们已经不只简单地基于领域市场（所谓的垂直行业和关联产业）进行市场拓展，而是以"能力"为基础，以数据为依据，开展更加科学的市场挖掘和竞争策略分析。

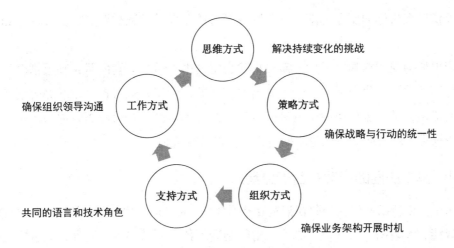

图 2-27　基于场景的业务能力识别

被论证和接受的能力，会进行流程化和模式化的定义。也就是说，当试错成功的运营模式，会被反向还原为一种流程组合和业务单元组合，而这种组合，往往不是基于单纯的"工序"，它们被强势地"捆绑"到了"平台"之上，平台和人、组织、数据、应用等对象交互环节，形成了一个个片段化的能力支撑流程，这种流程是基于各种服务于能力的对象（可以是现实世界里的角色和虚拟化世界里的 IT 服务组件，如应用程序、数据表、网络组件等）参与性的流程。注意：基于创新业务领域的尝试，也是需要先构思业务运营的模式，也就是概要的价值流框架，才能识别创新的能力构建范围。所以，流程和能力具备一定的迭代并行机制。

构建业务架构视图，可以分为以下几个步骤。

（1）一个完整业务的运营架构，由一系列的平台能力组件和可被集成的开放式"业务能力"组件组合构成。

（2）一组并行开展业务的运营架构，由一系列典型业务（经过市场验证的、有典型代表型的）的"能力"组件进行集成之后，抽取为公共的和专项的业务能力组合构成。

（3）优化和固化"平台"的业务能力组合，形成对业务运行的支撑定位的平台能力。

（4）从业务运行角度，将业务能力进行域化分类，把业务运行能力、平台支撑能力、技术服务能力三类能力进行划分，它们之间以数据流和业务流程进行交互的逻辑要进行识别。继续补充三类业务能力的综合管控能力，一般是面向集中化资源配置和经营决策的能力组合。

（5）形成企业大一统的"前、中、后"台的能力架构视图。前台提供有价值的流量，中台提供实现目标的服务方案，后台则提供有助于发展的数据资产、资金保障和决策方向。

能力架构视图构建完成后，需要构建稳定的中、后台运营团队，和松耦合式的合作伙伴团队。把现代企业人与物、物与物互联的运营流程进行提炼，补充合规审计和风控的措施，基于流程监控工具进行流程运行管理。设计开放性的数据采集标准和应用集成标准，部署接口集成策略并向合伙伙伴进行培训。

2.4.4 基于协同的产业中台能力塑造

未来的创新已不仅仅局限在消费互联网领域，而是向生物医药、生命科学、新能源、人工智能、大数据、云计算、芯片、精密制造等各种领域渗透。而且，随着这些领域创新的产业化落地，传统产业与新技术融合加速，内部效率和对外服务能力大大提升，一场可以统称为"产业互联网"变革的大幕正徐徐拉开。产业互联网将进一步深刻地改变整个世界，尤其是行业和企业的经营模式。那些率先完成数字化转型和融合的企业，有望在这个新时代站立潮头。

数字化赋能型企业，将成为企业数字化转型背后不可或缺的力量。在产业互联网时代真正到来之前，很多企业已经开始了数字化转型。以汽车行业为例，用户买车的决策周期最长，所以车企都希望能够做针对消费者购车决策全周期、立体化的持续营销。以客户为中心，通过数据洞察各类用户的行为偏好，对人群进行预测分类，将用户分别贴上汽车、美妆、母婴等标签，这种用技术和数据进行预测甚至赋能决策的手段，不仅能够大规模提升营销效果和转换，更是潜移默化地提升着企业每天的经营效率和效益，这其实才是产业互联网时代企业经营管理的常态。

在消费互联网转向产业互联网的过程中，互联网企业有很大的机会跟各行各业结合，助力传统产业实现数字化。这样才会积累大量的有效数据，进而推动人工智能在传统产业落地。

数字化转型与不断变化的产业互联网直接相关，因为在产业互联网环境下，基于技术的支持，个人、企业乃至整个社会都实现了实时互联，正在改变商业本质。

我国中大型制造业在过去几十年的发展过程中成长迅猛，对数字化的需求越来越旺盛，随着公司规模的不断扩展，中大型企业的数字化转型需求同样势不可挡。不过，中大型企业整体在人才、资金、技术与管理等方面并不乐观，它们仍然缺乏相对科学的转型升级体系方法论，不能相对精准地把握数字化转型的核心要素和战略取舍。

如图 2-28 所示，基于产业中台模式的业务能力架构，成为连接产业供给侧与产业需求侧的桥梁，通过产业互联网中台达到塑造供应链新渠道、构建新网络、挖掘新价值、赋能新生态的战略价值。

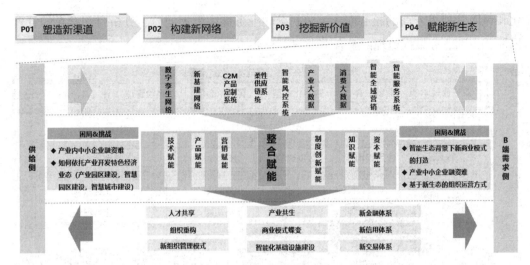

图 2-28　基于产业中台模式的业务能力架构

数字时代的到来，已是社会经济发展中不可逆转的一种趋势。所以，企业需要参与到产业互联网的平台生态之中，通过产业平台的模式运营理念革新管理业务架构，进一步指导管理理念、运营手段与资源结构的创新发展，进一步推动可持续发展，实现数字化转型升级。

2.5　业务架构的建模方法

2.5.1　业务架构的方法依据

在上面的管理和业务架构设计策略的介绍中，我们强调了以塑造业务能力承接战略为价值定位的架构思路，本节则是从业务能力落地运营角度进行方法探讨，以企业架构方法、ARIS 方法、APQC 流程分类框架，以及其他国际化标准方法作为指导，形成综合性的架构方法落地框架。

立足公司全局业务战略，从公司战略发展需求和业务运营需求入手，找到公司需求原点，再以企业架构作为牵引，对高阶需求进行落地转换与对齐，形成以高阶业务架构为基准的架构体系；基于此，融合 ARIS 方法对业务流程进行重点梳理，作为整个方法体系的核心要素。综合上述定位，按照自上往下的顶层设计理念，整个方法体系分为战略层、架构层和流程层。其中，从战略层找定位、找需求，以架构层对需求进行转换和对齐，以流程层对架构进一步落地，如图 2-29 所示。

1. 企业战略分析

企业战略分析是通过分析企业内外部市场环境、公司发展战略和总体业务布局、业务运营形态和管理模式，识别公司在政策合规、业管融合、数字化转型、客户中心化和风险管控等方面的核心需求，分析公司业务能力发展定位，分析目前存在的管理困局，识别业务架构梳理的融合需求与提升点。

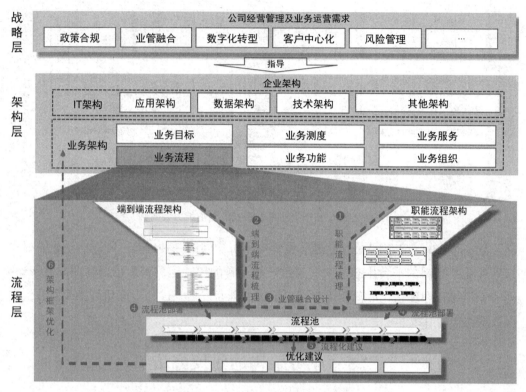

图 2-29　业务架构设计与实施策略

2．企业架构分析

立足公司战略全局，以企业架构方法作为依据，对识别的核心需求进行转换，从业务架构与 IT 架构的对齐角度进行思考，重点对高阶业务架构进行梳理，以此作为架构基准形成架构管控办法，为企业架构的持续优化和迭代增效打下坚实的基础。

业务架构是企业架构的核心部分，是其他架构形成的基础。业务架构是业务的基本组织形式，包含组织结构、业务目标、业务功能、业务服务、业务流程、业务角色等内容。一般来说，业务架构的形成包括以下步骤。

（1）基于企业价值链和运营框架厘清业务目标和业务动机。

（2）识别所包含的业务服务和绩效测量标准。

（3）围绕业务服务目标，结合价值链和行业标准识别和整理业务域。

（4）基于业务域细分业务能力组件，对组件的接口进行识别，明确其资源结构及关键活动。

（5）根据业务组件的业务含义区分决策、控制和执行等层级。

（6）结合组件化模型和企业运营框架细化业务流程，厘清业务协同与分工的关系。

（7）业务流程代入组件化模型检验。

基于业务架构梳理，分别从流程化与组件化厘清业务协同与分工模式，有利于识别关键业务需求，是应用架构、数据架构开展的基础，为应用架构提供可定义的信息化范围，明确能力支撑方向，为数据架构提供辅助识别数据资产结构和数据流转路径依据。

3. 流程体系梳理

作为业务架构的核心部分，业务流程体系梳理是非常有价值的，为企业面向客户中心化的服务和合规性管控奠定了基础。流程体系的梳理主要基于 APQC 保险行业流程分类框架，以及 ARIS 方法为核心的房式结构与 Y 式结构。房式结构强调以流程活动为中心融合管理体系各要素，即将绩效、风险、制度、职责、标准等各类管理要素整合到流程中。Y 式结构强调在流程建设过程中的端到端流程和职能流程两个维度，从职能角度理顺流程分工，从端到端流程角度打造业务协同。业务流程梳理包括以下几个步骤。

（1）职能流程梳理。基于高阶业务架构识别关键职能域，将职能域对应业务部门，通过部门调研细化职能流程，再对各部门职能流程进行归集，最终形成整体职能流程架构。

（2）端到端流程梳理。基于高阶业务架构和 APQC 分类框架（PCF）识别端到端流程一级目标，再基于层级化结构自上往下细化，结合职能流程末级流程自下往上整合，最终形成整体端到端流程架构。

（3）业管融合设计。围绕管理要素结构化和一体化的目标，以流程为中心进行管理要素整合，重点是对业务运营维度和业务管理维度进行要素整合。

（4）流程池部署。在职能流程和端到端流程梳理的基础上，以 ARIS 工具为支撑进行流程落地和流程绘制。

（5）优化建议。根据流程梳理过程中发现的问题和改进点，从制度和流程等方面提出优化建议。

（6）架构框架优化。基于业务架构的逐层细化梳理结果，指导企业架构迭代优化。

2.5.2　业务架构的能力定位

业务架构及流程建模，需要从管理和应用视角构建流程能力，体现业务架构及流程设计在客户中心化、业务运营效率等方面的架构能力。

1. 客户中心化

业务流程设计需以客户服务为中心，满足客户需求，提供客户服务，以呈现客户服务价值、提升客户服务体验为目标。

（1）业务流程各环节需体现客户中心化价值链，流程中融入客户需求链，及与之对应的客户服务链，并体现需求链与服务链的交融。

（2）业务流程各环节需明确客户服务对象，厘清客户服务上下游关系，包括内部上下游客户，及与外部关联的客户。

（3）业务流程各环节需明确客户服务内容，包括客户服务的业务类型、服务方式、数据对象、服务规则等。

2. 业务运营效率

业务流程设计需完整还原真实业务现状，识别流程融合与组织协作、技术创新点等业务运营效率提升点，业务流程以高效支撑业务运营为目标。

（1）需有效识别业务流程跨职能、跨组织各环节，提高组织内部职能间，以及与上下级组织、外部组织的协同效率。

（2）需有效识别业务流程中业务环节与管理环节的融合点，支撑业务与管理融合，提升业务运营效率。

（3）需有效识别业务流程薄弱、缺失环节，优化形成目标改进流程，从而打通端到端业务流程，提升业务运营效率。

（4）需有效识别业务流程各环节的管理创新点，利用新技术等手段提升业务处理、数据流转效率，提升业务运营效率。

3. 数据运营驱动

业务产生数据，数据驱动运营，数据化运营是实现业务运营精细化的基础，以识别业务流程中数据资产，为构建数据架构、数据化运营为目标。

（1）需有效识别业务流程各环节数据对象，为数据架构设计、数据标准化设计、数据资产化管理与运营提供必要基础。

（2）需有效识别业务流程各环节关联的数据来源、数据聚合、数据分析、数据应用等环节，为数据资产构建、数据分析与利用提供必要基础。

4. 管理标准化

通过业务流程实现管理标准化，在流程中需坚持管理标准一致、业务标准一致、数据标准一致等原则，管理标准化支撑企业管理精细化。

（1）规范业务流程中业务板块、业务职能、业务活动、产品及服务等名称和编码，统一业务语言的内涵和外延，实现统一管理分散使用。

（2）业务流程各环节需体现与管理制度的关联性、一致性，体现制度实施、执行考核等环节，实现管理制度的流程化，以管理流程化促进管理标准化。

2.5.3　业务架构的建模原则

在流程梳理过程中，流程识别与切分除了参照生命周期外，还需参照其他原则。归纳起来，在管理实践中，流程的识别与划分依据通常参照生命周期、领域学科、业界方法论（如 PDCA、APQC 等）、最佳实践、结合实际等原则。

（1）生命周期原则。基于业务运营全生命周期原则识别流程，例如，采购管理通常从采购需求开始，到收到货物终止。价值链方法就是基于全生命周期识别的。在以上业务架构中，组件都是按照一定生命周期划分的，可以作为后续流程划分的依据之一。

（2）领域学科原则。在管理咨询中，常依据管理学科的常规定义和框架，开展流程域或流程的识别与划分。

（3）业界方法论原则。按照业务通用方法论开展流程识别工作，诸如价值链模型、APQC 可作为流程识别参考，对于相对模糊的流程可以先按 PDCA 方法划分，再逐步迭代求精。

（4）最佳实践原则。按照业界最佳实践识别与划分流程，如人力资源分为人力资源的六大模块几乎是业界共识，在此基础上再结合实际裁减即可。

（5）结合实际原则。以利于企业实际业务运营为导向，在对各职能及各业务充分调研的基础上进行流程域或流程的识别与划分。

2.5.4　业务架构的建模过程

根据业务架构建模方法论，业务架构建模归纳为三个过程，具体包括高阶业务架构建模、职能流程建模和端到端流程建模，即先厘清高阶业务架构还原公司完整的业务运营过程，在此基础上进一步细化梳理公司业务流程（职能流程和端到端流程，见图 2-30）。

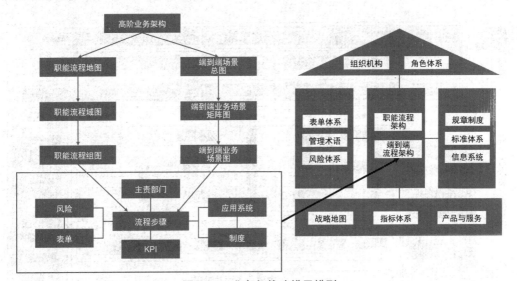

图 2-30　业务架构建模元模型

1. 高阶业务架构

高阶业务架构分别呈现了流程化和组件化两种维度，所谓流程化就是在业务架构中，每一类业务下的组件都是按照生命周期的顺序来呈现的，反映了按价值链的协作过程；所谓组件化就是每个相对独立的业务能力单元，都可以按照组件化的形式呈现，可作为职能域划分的重要依据。

按照流程化的维度，可将高阶业务架构中的 1 ~ 2 级价值流抽取出来，结合APQC 流程分类框架进行整合裁剪后，形成高阶业务流程框架，作为端到端流程的1 ~ 2 级分类参照。基于此可形成完整的端到端流程清单，再逐步分层细化即可形成相对成体系的端到端流程架构体系。

按照组件化的维度，可将高阶业务架构中的 1 ~ 2 级业务组件识别为完整的职能域，再结合相关组件模型做相应的裁剪和定制即可形成职能流程框架，在此基础上再逐步按照流程地图、流程域、流程组的顺序细化即可形成职能流程架构体系。

在职能流程体系梳理到流程步骤级别时，按照房式结构的方法，在此基础上关联相应的主责部门、风险、表单、应用系统、规章制度、KPI 指标，从而梳理得出《业务流程度量指标清单》《数据资产清单》《应用支撑需求》《业务服务清单》等输出物。

高阶业务架构框架是总体指导性框架，是在企业架构思想的指导下形成的，能从总体上反映当前企业运营的形态，从业务条线角度反映业务的运作过程，从管理条线角度反映管理过程，从综合角度反映业务和管理融合内容。图 2-31 中的示例，从企业战略、运营、业务条线、管理等维度，展示了战略与管控、客户需求与产品管理、主要业务活动过程以及保障类内容的总体指导性框架，高阶业务架构可指导后续流程架构建模。

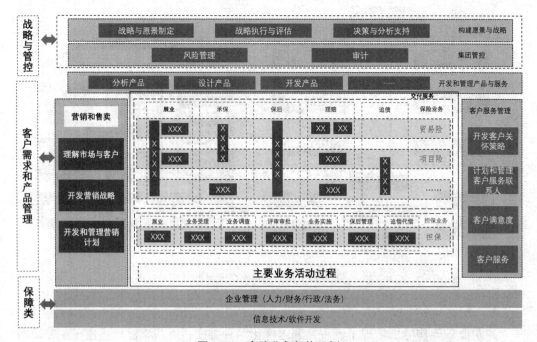

图 2-31　高阶业务架构示例

业务架构是基于多维度调研对各业务条线及其典型产品的核心价值链抽取后的结构化呈现。通过高阶业务架构可呈现以下内容。

（1）反映公司整体的业务脉络与运营框架。通过整体运营框架反映公司的业务管理结构，以及业务条线和管理条线的协作关系。

（2）多个业务条线和管理条线的组件结构化呈现。组件化的呈现方式有利于界定业务范围，因为每个业务组件都应是相对独立的运作单元，有各自的目标定位和资源结构，有相对明确的绩效考核目录，对其他组件形成支撑。基于结构化能力组件，可以划分业务域，并将业务域与职能部门进行映射，有利于识别重点职能和下一步职能流程梳理。

（3）反映业务能力组件的结构层次。通过层次化的呈现方式反映业务组件颗粒度，也从全生命周期运作的视角反映流程化的关系，有利于端到端业务流程梳理，指导端到端业务流程地图的形成。

2. 职能流程架构

职能流程架构是基于职能域（即职能分类）分主题、分层级梳理后得到的架构体系，其主要目的一方面是从业务职能的完整性角度审视企业的管理是否有职能缺失，另一方面是从职能分工角度审视企业运营过程与运营机制。高阶流程架构是职能流程梳理的指导框架，为职能域的划分提供了重要依据。

基于职能流程建模规范，职能流程设计包含职能域划分、识别重点职能域、定义业务组织视图、匹配职能域到职能部门、职能流程梳理五个过程。

1）职能域划分

职能域是业务职能的重要分类，是将业务按主题进行归集，是组织结构划分的重要依据，基于职能的协作是现代管理基本方式。

职能域的划分可依据上述高阶业务架构组件进行划分。通常情况下，职能域的划分有以下三个类别。

（1）管理类职能。管理类职能涉及企业经营管理与业务管理层面的内容，如企业战略管理、企业风险管理、政策环境管理、投资者关系管理、对外合作管理、业务绩效管理、业务风险管理、客户关系管理、操作合规管理等职能。

（2）支撑类职能。支撑类职能是指公司的公共性支撑职能，如人力资源管理、财务管理、行政管理、采购管理等。

（3）核心类职能。核心类职能是围绕业务运营过程基于协作模式划分的职能域，如展业、承保、理赔、追偿等职能。

2）识别重点职能域

职能流程梳理首先需要识别本次重点梳理的职能域，其次将职能域对应到相应职能部门进行流程调研与梳理，再基于此进行职能流程归集与梳理，如图 2-32 所示。

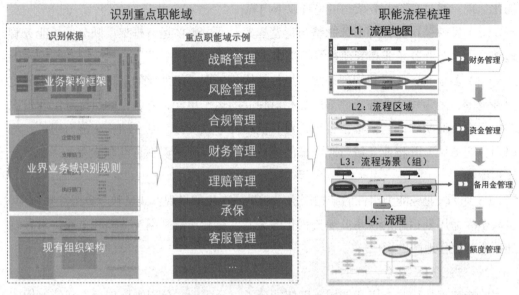

图 2-32　职能流程梳理过程

重点职能域的识别以三类信息为依据，一是前期开发的业务架构框架，作为指导业务流程梳理的宏观架构；二是业界通用的业务域识别规则；三是现有组织结构。以业务架构框架为基础，遵循业务通用业务域识别规则，结合现有组织架构，识别本次项目重点梳理的职能域，如战略管理、风险管理、合规管理、财务管理、理赔管理、承保、客服管理等。

3）定义业务组织视图

依据现有公司组织结构及责任分配体系，结合本次业务架构建模规则，绘制支撑业务流程责任分配的组织视图，如图 2-33 所示。

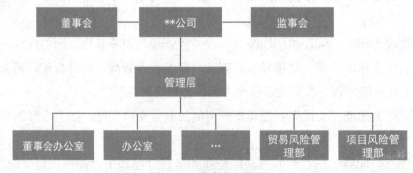

图 2-33　业务组织视图

4）匹配职能域到职能部门

每个职能域可以涉及一个或多个职能部门，在实际业务流程梳理过程中，需将职能域匹配到职能部门（基于上述组织视图匹配），针对每个职能部门进行信息采集与梳理；基于此对各部门业务流程进行归集。

5）职能流程梳理

从层级角度，职能流程包括企业地图、流程区域、流程场景（组）三个层级，如图 2-34 所示。

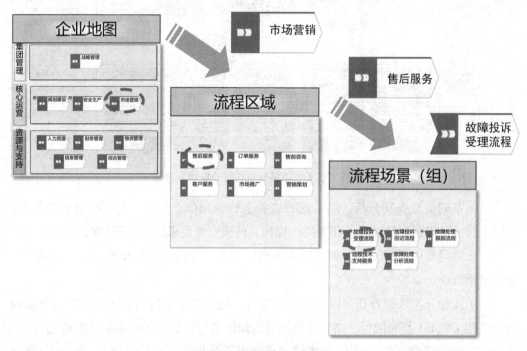

图 2-34　职能流程层级

（1）L1：企业地图，包含多个流程区域，如人力资源、财务管理等。

（2）L2：流程区域，涉及多个流程场景（组），如售后服务、订单服务等。

（3）L3：流程场景（组），流程场景（组）主要是一系列流程清单，如故障投诉受理流程等。

3. 端到端流程架构

端到端流程是从需求开始到需求关闭的全过程。端到端流程围绕"客户中心化"的原则反映完整的服务运营过程。端到端流程的梳理主要基于价值链思想自顶向下进行。

高阶业务架构和高阶流程架构是总体型框架，为端到端流程的梳理提供了重要依据。

端到端流程设计包含基于价值链分析构建业务场景总图、基于业务场景总图逐层细化、关联相关结构化管理要素三个过程。

1）基于价值链分析构建业务场景总图

这个过程主要分为四个步骤，如图 2-35 所示。

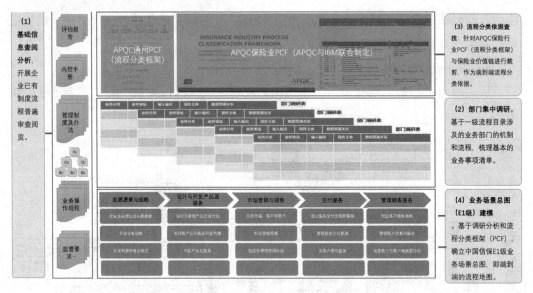

图 2-35　基于价值链分析构建业务场景总图

（1）基础信息查阅分析。结合现有资料进行基础信息分析，包括综合评估报告、内控手册、管理制度及办法、业务操作规程、外围监管要求以及公司组织结构等。

（2）部门集中调研。结合相关调研策略调研业务部门的机制和流程，梳理基本的业务事项清单。

（3）流程分类依据查找。以高阶业务架构、高阶流程架构和 APQC 保险行业流程分类框架（PCF）作为依据，结合保险行业价值链进行裁剪，形成流程分类框架。

（4）业务场景总图（E1 级）建模。基于调研分析和流程分类框架（PCF），确立 E1 级业务场景总图，即端到端的流程地图。

在此过程中，立足 E1 级端到端流程，可识别业务流程度量指标，整理指标清单。端到端流程是基本总体价值链形成的，是立足有明确输出价值的流程，因而应有相应的业务流程度量指标来考察。因此，在此过程中需整理业务流程度量指标。当然，度量指标的整理是迭代的过程，要在职能流程梳理阶段总结归纳，也要在端到端流程梳理阶段不断提炼、梳理和相互印证，如表 2-1 所示。

表 2-1　业务流程度量指标

流 程 名 称	业务流程度量指标	说　　明
为客户提供服务	客户满意度	
运营能力评估	流程效率、用户满意度	
…	…	…

2）基于业务场景总图逐层细化

在业务场景总图（E1 级）的基础上逐层细化形成业务场景矩阵图（E2 级）和端

到端业务场景图（E3 级），如图 2-36 示例，基于核心价值链单元 E1 级，细化 E2 级各业务模块产品与服务内容，以及 E3 级产品端到端服务过程的业务和管理过程。

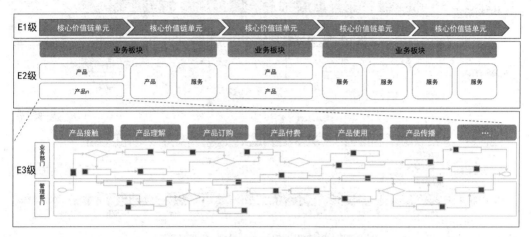

图 2-36　基于业务场景总图逐层细化

业务场景总图（E1 级），立足整个企业运营的视角，围绕 APQC 流程分类框架和价值链，将公司经营过程分解为多个价值链单元，形成企业端到端流程一级目录，如市场到商机、商机到客户、需求到部署、交付到售后等。

业务场景矩阵图（E2 级），在业务场景总图的基础上，基于流程消费者对流程进行分析，若针对不同消费者流程差异较大，则切分为不同的端到端流程。

端到端业务场景图（E3 级），根据业务场景矩阵图，针对每一类场景形成端到端场景图。

3）关联相关结构化管理要素

以流程活动为中心，将相关结构化管理要素做关联。流程需要进行要素化，以便后期基于流程梳理结果，导入 ARIS 工具并定义其属性，进一步为流程用户查询和使用。一般基于如图 2-37 中的 11 个要素进行定义和建模。

（1）编码规范。为了更好地规范和管理流程及制度文件，特制定此编码规定。

编码格式：AB.CD.EF

说明：

"AB"代表一级流程，采用前两个汉字拼音缩写，如理赔 –LP；

"CD"代表二级流程，01、02……表示本级流程序号；

"EF"代表三级流程，01、02……表示本级流程序号。

示例：LP.01.01 表示理赔流程域索赔流程组的报损流程。

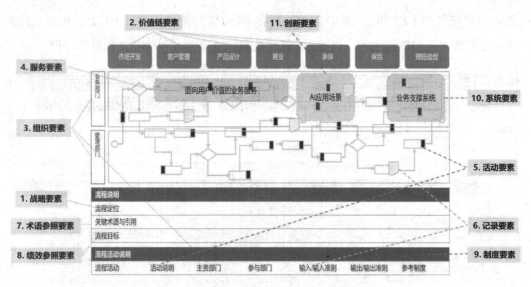

图 2-37   以流程活动为中心关联各管理要素

（2）视图绘制规范。分为不同层级要素关系和同一层级的要素关系。不同视图层级关系通过架构建模工具——ARIS 分配功能实现。

图 2-38 为不同层级要素关系建模示例。

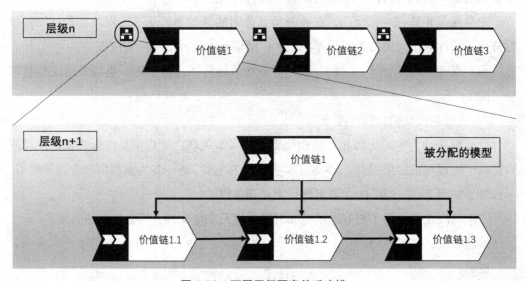

图 2-38   不同层级要素关系建模

图 2-39 为同一层级要素关系示例。

（3）流程特性规范。在职能流程梳理过程中，需要添加各个层级职能流程的名称、编号、流程绩效、流程描述、流程适用场景、流程目的、版本号、流程拟制人、流程责任部门等，流程特性示例如图 2-40 所示。

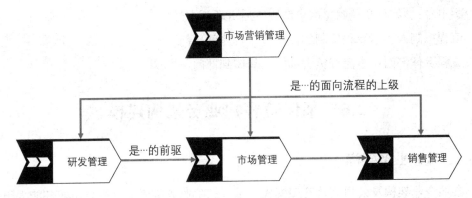

图 2-39　同一层级要素关系

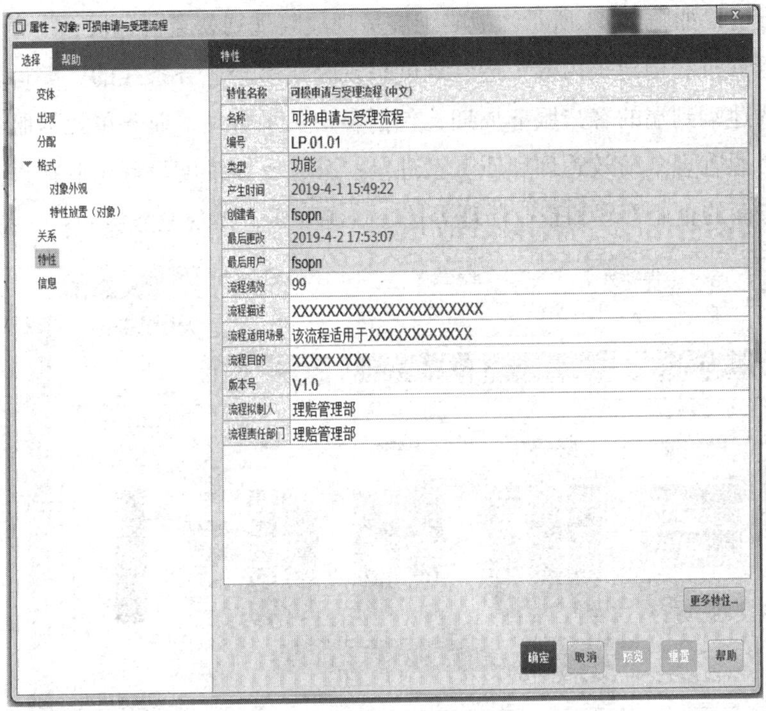

图 2-40　流程特性示例

名称：流程的中文全称。

编号：前面的编码规范。

流程绩效：该相关绩效评估指标（1 ～ 2 级流程列相关绩效目标，3 级流程具体绩效由客户提供，如没有则空缺）。

流程描述：根据相关资料对本流程进行描述。

流程适用场景：本流程所适用的场景。

流程目的：本流程进行的目的。

版本号：以 V1.0 开始每次更新版本后更新版本号。

流程拟制人：本流程拟制的操作者，具体到部门。

流程责任部门：本流程负责部门，具体到部门。

2.6 某保险客户业务架构建模

2.6.1 高阶业务架构

参照企业架构及公司运营管理模式，基于高阶业务价值链分析公司业务能力组件，形成上述高阶业务架构视图。高阶业务架构梳理应该包含三个维度，即战略、运营和公共支撑维度，如图 2-41 所示。战略维度呈现战略规划、经营分析、生产计划，以及企业战略管理过程构建等内容；运营维度呈现公司多个业务条线的完整运营周期，以视图形式描述端到端的客户服务周期，包括客户关系管理，业务单元的服务监控及管理、服务资源管理、绩效管理和质量管理等；公共支撑维度呈现企业在人力资源、财务、合规方面的企业管理和企业治理等核心资源要素，体现业务协同。

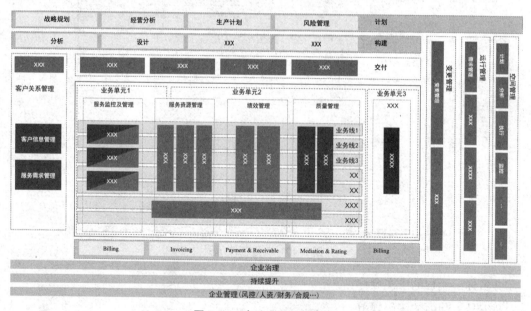

图 2-41 高阶业务架构视图

高阶业务架构绘制过程中，应该关注各层级业务能力的全周期，子组件应该能完整覆盖父级组件。

高阶业务架构视图建模时应考虑总体框架性，体现在组件层级、业务条线、组织关系、分配关系等约束内容，如表 2-2 所示。

表 2-2　约束规则说明

约束名称	约束说明
组件层级	高阶业务架构以能反映公司总体业务运营形态为基本原则，组件可最多叠加到三个层级
业务条线	高阶业务架构应呈现多个业务条线及其与管理条线的融合关系，业务条线中按照一定的生命周期呈现组件的关系
组织关系	在高阶业务架构中，围绕业务能力组件圈定组织范围，便于识别组织分配关系
分配关系	高阶业务架构与端到端流程是有承接关系的，因此在建模时，需要体现分配关系，通过高阶业务架构的操作可以链接和跳转到对应的流程环节

2.6.2　职能流程视图

1. L1：企业职能流程地图

根据企业总体业务架构创建和绘制企业流程地图。如图 2-42 所示，企业流程地图是企业各层次流程的入口点，每个企业只应有一张企业流程地图，它表示了企业的所有流程区域。

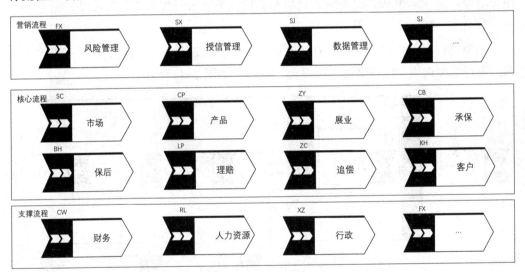

图 2-42　企业流程地图示例

流程地图选用"增值链图"模型类型创建，图 2-42 中需要的增值链对象在增值链图中新建，通过复制来引用。

企业所有的职能流程都是在企业流程地图的一阶流程模块上进行承接和分配。

2. L2：职能流程域图

职能流程域图描述了流程组在流程区域内的执行情况和与其他流程区域内容之间的关联关系。流程区域图选用"增值链图"模型类型创建，如图 2-43 所示。

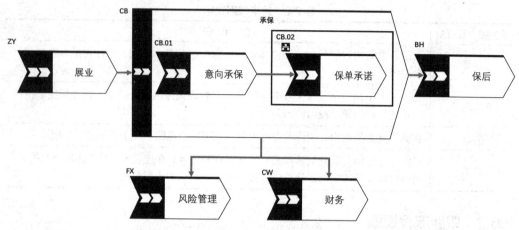

图 2-43　职能流程域图示例

为确保企业业务流程的系统性和一体化，公司所有项目应参照企业业务流程地图和项目所属的业务领域，利用增值链图模型绘制流程区域图，要求达到：① 清晰表达该业务域下各流程区域之间存在的各种关系，包括流程区域之间的先后关系、业务协同关系等；② 梳理和表达清楚流程区域与其他业务领域流程的关系和边界。

3．L3：职能流程组图

职能流程组图描述了主流程在流程组内的执行情况以及与其他流程之间的关联关系。流程组图选用"增值链图"模型类型创建，如图 2-44 所示。

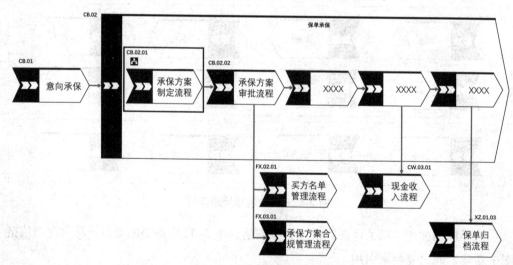

图 2-44　职能流程组图示例

为确保企业业务流程的系统性和一体化，公司所有项目应参照企业业务流程地图和项目所属的业务领域，利用"增值链图"模型绘制流程组图，要求达到：① 清晰表达该业务域下各流程组之间存在的各种关系，包括流程组之间的先后关系、业务协同关系等；② 梳理和表达清楚流程组与其他业务领域流程组的关系和边界。

流程组中每一条流程使用唯一的功能对象，该对象向下分配活动描述图。

4．活动描述图

活动描述图描述流程中流程活动的详细执行信息，包括选定功能对象（流程活动）所需的 IT 功能、输入文件、输出文件、重要规定、系统等具体信息，如图 2-45 所示。在主流程图或子流程图中手动分配模型，并在当前流程目录下创建模型。

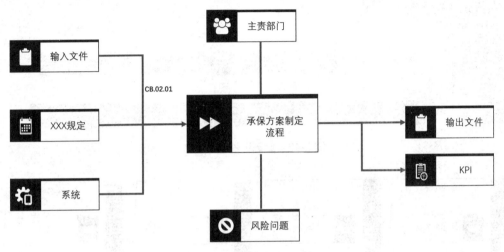

图 2-45　活动描述图示例

模型中涉及的 IT 功能类型、信息表单、重要规定、公共服务信息、制度等对象不能直接新建，需要通过"出现复制"从相关模型里引用。

2.6.3　端到端流程视图示例

1．E1：业务场景总图

业务场景总图用于描述一系列横跨企业一个或多个业务域，在不同业务场景下发生的端到端企业业务流程。

业务场景总图应适合公司实际业务特点，如图 2-46 所示，参照 APQC 构建价值流向（构建愿景与战略、开发和管理产品与服务、营销和售卖产品与服务、交付服务、管理客户服务）；以核心条线组成流程范畴（贸易险、项目险、特险、担保、资信评估等）。

2．E2：业务场景矩阵图

如图 2-47 所示，业务场景矩阵图用于描述某个业务领域下（跨多个职能部门或一个职能部门）不同场景的端到端流程。

3．E3：端到端业务场景图

如图 2-48 所示，端到端业务场景图是以流程清单的方式，罗列一个或多个端到端业务流程场景，形成端到端业务价值链。

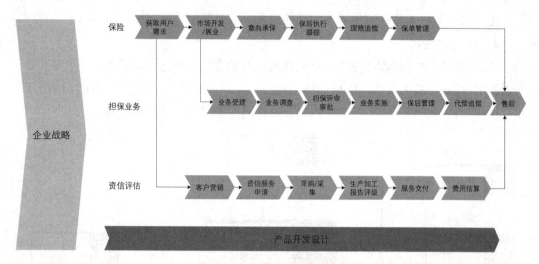

图 2-46　业务场景总图示例

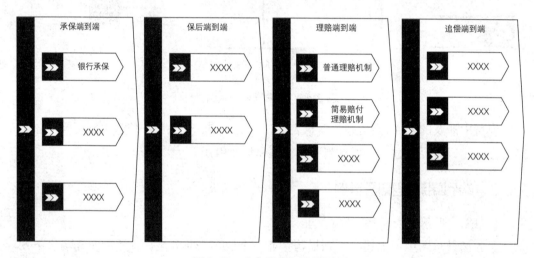

图 2-47　业务场景矩阵图示例

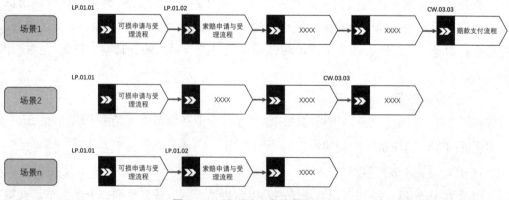

图 2-48　端到端业务场景图示例

第3章 数字化应用架构

本章首先介绍了应用架构的含义、演进进程，建设原则、设计目标和规划框架；其次阐述了企业级应用架构设计方法、设计过程及其与其他架构的关系，再次介绍了信息系统现状评估、系统应用架构设计方法、设计过程、架构遵从、应用资产以及与数字化平台的关系；最后说明了数字化应用接口设计、安全设计、与其他应用的集成、与数字化平台的集成等内容。

3.1 应用架构设计概述

3.1.1 应用架构简介

应用架构是支撑业务能力的应用群、应用系统、组成应用系统的功能组件及其相互关系的统称，并根据业务需求不断地设计和演化。

作为企业 IT 架构的一个重要部分，应用架构描述了企业发展所需要的应用能力（组件），承接了业务能力与应用系统实现，将比较抽象的业务能力需求，以模块化、可视化的方式转变成功能需求，形成业务能力和应用功能的映射、技术实现和应用功能的映射，是业务架构和应用系统之间的桥梁。企业层面的应用架构起到了统一规划、承上启下的作用，向上承接了企业战略发展方向和业务模式，向下规划和指导企业各个 IT 系统的定位和功能。

业务应用首先来自业务流程架构，是业务流程/业务能力的功能化和服务化，是业务的 IT 实现。将业务流程的能力/活动抽象成最小应用功能和服务，然后基于端到端业务、业务边界、数据关联性以及安全性等要素将应用功能抽象成应用功能组，规划业务应用平台，并建立应用集成关系以及基于应用的数据流视图。

应用架构使得未来的应用系统设计有据可依，并能够紧密围绕着满足业务需求的主题对各系统进行提升、整合、创新和变革。应用架构设计对信息化建设的意义在于：①奠定系统建设业务驱动的基础，衔接业务战略向系统建设的转变；②有助于提升业务能力，补充对业务功能的覆盖和对未来业务需求的满足；③ 是信息系统建设的目标、指导和约束；④ 便于架构管理，找到可以共享、耦合、集中的通用服务，并且可以结合应用现状、先进实践对应用功能的部署做出决策；⑤ 促进业务部门与 IT 部门之间的沟通，便于达成共识。

3.1.2 有关术语定义

1. 应用分层

应用分层是应用架构的最高分类，划分依据是所含应用域和应用在企业活动中提供服务的对象和实现的方式，如服务接入层是用户得到企业服务的途径，业务处理层是为客户提供服务的业务活动处理。

2. 应用域

应用域是一组应用和应用组按业务领域或当前应用部署的组合，主要说明应用功能最高层的应用范围与应用功能板块的归属关系。应用域规划以业务架构为输入，基于标准化参考模型，通过对业务域的映射实现对应用域的划分，并支持数据主题域的实现，确保应用域对企业全部业务能力的覆盖。应用域设计的主要工作内容是通过业务能力映射形成应用域划分，应用架构必须保证对企业的全部业务能力进行覆盖，从而支撑业务的运营和发展。应用域在业务域的基础上，结合企业自身的特点和行业的领先实践经验，对功能近似的业务能力归纳在一起形成应用域。

3. 应用子域

应用子域是应用架构的第二阶定义，主要说明应用功能按照同类业务功能的归集与应用功能单元的归属关系。结合应用域划分结果，遵循完整性、集成性与延续性的原则，结合企业自身的特点和行业的领先实践经验，针对各个应用域进行细化，把业务能力映射到应用模块中，进行应用模块识别。为确保业务完整，减少集成交互，紧密联系的业务能力会合并到一个独立的应用模块中；而完全不同性质、不同使用价值的业务能力则应该处于两个相对独立的应用模块中。

4. 应用能力

以企业应用模块的定义成果为基础，业务蓝图和数据抽象实体的需求在各应用模块内合理划分应用能力，详细分析应用模块包含的业务需求，从业务流程出发，识别每个业务流程需要的能力点，整合功能相同或近似的应用能力点，形成应用能力，并对每个应用能力进行详细定义。

5. 应用组及应用

应用组是有密切关联的一个或几个应用的逻辑组合，密切关系可从业务关联性、应用间交互密集度等方面考虑。

应用属于某个应用组，是某个业务事项信息化过程的结果。应用是独立可物理部署的单元。

应用功能属于某个应用，实现应用所支撑业务的某一个具体逻辑场景，功能可以根据组织树的层级分为多级。

应用群是满足一个或多个业务标准和技术标准，实现了数个业务能力形成的集合的一套逻辑上具有统一性的应用系统集合，这些应用系统通常用来支撑某一个业务域的信息化能力。

3.1.3　应用架构演进

应用架构是为业务服务的，是围绕业务需求展开的，从需求出发利用各种新技术做架构上的演进和优化，而不是为了技术而改变架构，先进的复杂的架构不是谁都承受得起的。应用架构演进的提法和实践，事实上也是由互联网公司一直在推动，从小到大，从集中到分散，是一个渐进明晰的过程。

1. 单体架构

单体架构，顾名思义，就是所有功能以一体成型（all in one）的方式实现，相当于单机构建系统，属于高内聚的方式。后随系统负载上升，可以实现应用和数据库的拆分以增加性能和访问承载能力。

单体架构的应用初期成本较低，相对容易部署，适合负载相对小、功能相对简单的场景，但其缺点也是显而易见的。随着需求复杂度的增加，开发人员和代码量直线上升，单体应用本身变得越来越庞大，越来越臃肿，失去了初期的灵活性，维护的复杂度和维护成本都居高不下，随之而来的就是可靠性变差，可扩展性受限。同时这种单体架构应用所背负的技术债务越来越多，"不修不坏""越修越坏"。

2. 垂直架构

垂直架构其实是单体架构的变种和马甲，是基于单体应用架构做的功能上的拆分。单体应用初期，业务流量小，对资源的需求也小，所有的应用打包在一起，部署在一台物理机上，可以跑得很流畅；后来怕不安全，为了保险起见，开始做主备拆分，部分实现了高可用；再后来流量上来了，考虑把数据部分拆走，于是有了 APP 和数据库分开部署的模式；再后来我们用 F5 方案或者 nginx 等手段实现应用服务的负载均衡。这种架构从某种程度上解决了部分性能和扩展性的问题，但是单体应用的问题没有从根本上得到解决。

3. 分布式架构

在单体架构应用中，虽然也尝试了应用和存储分离的措施，但是随着负载的持续增长，依然不能解决性能和扩展性的问题。分布式架构是单体架构的并发扩展，我们尝试将一个大的系统划分为多个业务模块，分别部署在不同的服务器上，各个业务模块之间通过接口进行数据交互，并由专门的组件负责分布式的管理和调度。在条件允许的情况下，数据库也可以采用分布式数据库。

分布式架构相对于单体架构和垂直架构来说，以模块化实现系统的灵活性，模块内部采用负载均衡的方式，提升系统整体性能，解决了系统高并发的需求。这种做法的好处也是显而易见的。首先把模块进行拆分，使用接口进行通信，降低模块之间的耦合度。把项目拆分成若干个子项目，不同的团队负责不同的子项目，责任边界变得更加明晰。功能的增加通过增加子模块的方式实现，提升了系统的灵活性。同时，系统各模块分开部署以后必然带来协同工作的问题，于是有了远程过程调用（RPC）和消息队列（MQ）等办法来解决这个问题。要是说起 PRC 和 MQ 的区别，这个话题有点长，其实简单说，RPC 侧重于功能调用考虑，多为同步方式，MQ 主要是面向性能的，多为异步。RPC 和 MQ 看似不是一个层面的东西，但是却能解决很多共性的问题，如分布式、解耦等，区别只是实现的方式和效果。

但是这样做也存在一定的问题，系统之间的交互通过使用远程通信实现，接口开发增大了工作量和复杂性，给系统带来一定的不确定性风险。

4. 微服务架构

微服务不是一种技术，是一种服务化架构风格，通过将功能分散到各个离散的服务中以实现功能上的解耦。微服务架构主要是中间层分解，将系统拆分成很多小单元，可以部署在不同的服务器和虚拟机上，也可以部署在相同的服务器和虚拟机的不同容器上。某个应用的故障不会影响到其他应用，其负载也不会影响到其他应用，其代表框架有 Spring Cloud（分布式系统开发工具包）、Dubbo（开源分布式服务框架）等。

微服务的目的是对应用进行有效的拆分，实现敏捷开发和部署。拆分以后的服务可以独立地部署、运行、升级，不仅如此，这个系统架构还让微服务与微服务之间在结构上实现"松耦合"，而在功能上则表现为一个统一的整体。这种所谓的"统一的整体"表现出来的是统一的界面风格、统一的权限管理、统一的安全策略、统一的上线过程、统一的日志和审计方法、统一的调度方式、统一的访问入口等。

应用系统采用微服务架构后，具有一些显而易见的优点。首先就是应用系统启动快，代码量小自然就更灵活。微服务强调关注某个特定的功能，开发和维护单个微服务相对简单，整体应用系统可控性强。与单体应用相比，微服务部署和修改更容易，单体应用只要有修改，就得重新部署整个应用，而要对某个微服务进行修改，只需要重新部署这个服务即可。微服务在技术栈的选择上也更灵活，可以根据微服务的具体需求进行差异化选择。

同样，微服务也是需要付出代价的。首先分布式架构是微服务的基础，分布式架构固有的复杂性，加上微服务本身的架构理念，直接拉高了微服务的使用成本，而且微服务的运维成本也非常高。四种应用架构模式的对比如表 3-1 所示。

表 3-1　四种应用架构模式对比

对 比 项	单 体 架 构	垂 直 架 构	分布式架构	微 服 务
架构复杂度	低	低	较高	高
耦合度	高	高	较低	低
扩展性	差	较差	较好	好
部署难度	简单	简单	较复杂	复杂
可靠性	差	较差	较好	好
运维成本	低	低	较高	高

3.2　应用架构规划框架

3.2.1　应用架构建设原则

应用架构定义各种用于处理数据并对企业业务进行支持的主要应用系统，指明企业相关应用系统的种类，以及在管理数据和向用户展示信息方面的需求。以下为应用架构设计原则。

1. 业务驱动化原则

应用架构是业务架构的映射和裁剪，应用架构设计要以业务需求为驱动，满足业务发展的要求。

2. 应用服务化原则

采用面向服务的架构理念，在具体的应用架构设计中要根据具体的业务特点设计颗粒度不同的业务功能组件，通过应用程序接口（API）的方式被调用，以服务的形式对外提供服务，减少点对点的直接连接。

3. 应用组件化原则

站在企业战略高度去思考业务需求以及业务流程，抽象出共性的业务能力，构建可复用的功能组件，统筹考虑共性和个性化业务需求，推进应用能力复用。

4. 设计灵敏化原则

应用架构的设计要灵活、敏捷，应能根据当前信息技术发展，特别是平台数字化的需要随时调整，以适应业务数字化及产业数字化发展的需求，支撑企业应对市场的不断变化。

3.2.2　应用架构设计目标

应用作为独立可部署的单元，为系统划分了明确的边界，深刻影响系统功能组织、代码开发、部署和运维等各方面。业务复杂性（包括业务量大）必然带来技术复杂性，应用架构的目标是定义各种用于处理数据并对企业业务进行支持的主要应用系统，解决业务复杂性的同时，避免技术太复杂，确保业务架构落地。需要注意的是，应用架构并不关注于应用系统的具体设计，而是定义企业相关应用系统的种类，以及在管理数据和向用户展示信息方面的需求。在应用架构设计过程中，通过对核心应用和扩展应用的识别与标准化设计，用于支撑业务标准化建设，有助于满足企业多样化的业务信息化需求，实现中国铁建数据标准化和业务规范化，有效提升企业的整体管控能力和决策能力。

3.2.3　应用架构规划框架

应用架构规划，根据信息化建设过程发现的问题和高阶业务需求，设计目标应用能力蓝图与应用系统架构，并对重点应用系统进行高阶设计，其中，应用能力蓝图描述了企业架构的功能视图，应用系统架构描述了应用能力蓝图的应用功能组和功能在 IT 应用系统层级的视图，用以明晰系统边界。应用架构规划的具体内容和步骤如图 3-1 所示。

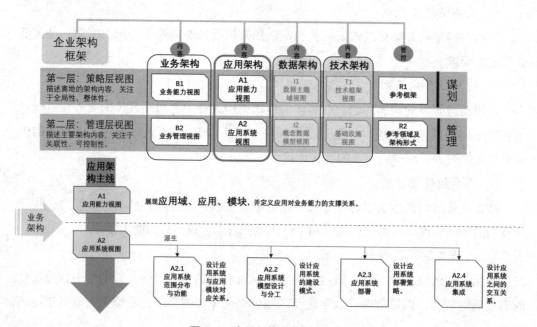

图 3-1　应用架构总体规划框架

1．应用能力蓝图规划

依据来源于企业业务（能力）架构，根据信息化规划经验，将业务能力映射为不同的应用能力组件，并根据参考模型形成从应用域、应用子域到应用能力的三级应用蓝图架构，并对应用能力进行描述。

2．应用系统边界规划

基于完整的应用能力蓝图，划分应用系统边界。在应用架构中，应用能力组件（相当于信息化需求）是相对稳定的，但系统边界是会变动的，如财务管理应用能力是企业必需的，但最终实现的时候可能是独立的财务系统，也可能是财务系统中的一个模块。应用系统边界设计主要包括以下两方面的工作。

（1）应用系统边界规划。形成覆盖应用功能蓝图的应用系统组合，明确各应用系统所包含的关键应用能力。

（2）以业务架构的业务流程为输入，依据业务模块与业务流程的对应关系，获得跨应用模块的流程，分析跨应用模块流程步骤。

应用系统建设策略。明确应用系统的建设（决策）主体，以及应用系统的选型策略（如商业套装软件、定制开发）等。

3.3　企业应用架构设计

3.3.1　应用架构设计方法

应用架构参照企业架构标准（TOGAF）的架构开发方法（ADM）进行设计，通过选择一套参考模型和工具，识别、定义架构组件，最终确定应用架构。应用架构的梳理可参照图 3-2 进行。

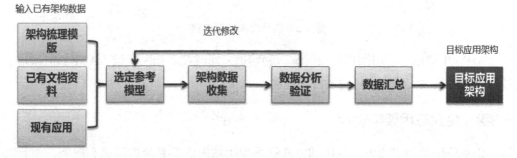

图 3-2　应用架构梳理过程

1．架构输入

应用架构的梳理输入内容包括（但不限于）如下内容。

（1）架构梳理模板，包括架构工作要求书、能力评估、沟通计划和架构梳理的参考模型及工具等。

（2）已有文档资料，如业务说明书、组织模型、制度规范、标准、指引、正式通知公文等。

（3）现有应用。对于应用升级的场景，现有的信息系统、数据平台、集成应用等是重要的参照对象。

2. 迭代修改

在选定的参考模型基础上进行架构数据的收集，进行数据分析验证，并不断进行细化和迭代验证，汇总所有架构数据，形成目标架构。

3. 应用架构参考规划流程

应用架构的设计步骤以最终产出的应用架构为目标层级，参照常见的应用系统分层方式，分为架构、系统、子系统、模块和功能五个层次，并以业务需求为切入点，结合数据进行逐步地分解和细化，如图 3-3 所示。

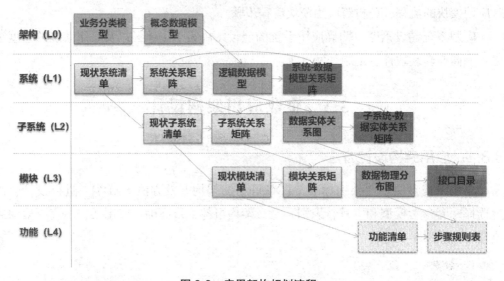

图 3-3　应用架构规划流程

ADM 中规范了应用架构阶段的输入和输出，同时在自相关函数（ACF）中以元模型的方式对相关实体和交付物进行了描述。

3.3.2　企业应用架构设计

企业应用架构主要以架构图的方式描述应用域内信息系统的组成和框架，企业级应用架构起到了统一规划、承上启下的作用，向上承接了业务战略发展方向和业务模式，向下规划和指导企业各个 IT 系统的定位和功能。从组件化业务模型（CBM）和业务能力出发，创建企业未来的应用功能模型，并根据业务架构和划分原则，确定应用领域和应用分组，建立应用分层架构，设计企业未来应用组合和应用架构，如图 3-4

所示。

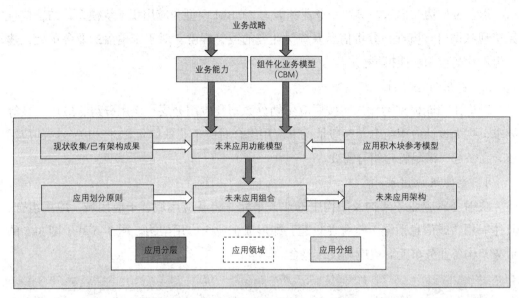

图 3-4　企业级应用架构设计过程

1. 业务架构

应用架构的信息系统服务是对业务服务的实现。因此，应用架构的规划依赖业务架构，针对业务架构的了解是进行其他领域（数据、应用和技术）架构工作的前提条件，业务架构的关键元素如各个关键业务目标和流程，对信息系统服务的设计起到重要的作用。例如，各种与组织业务活动相关的功能、活动，以及这些活动的输入、控制、输出和所使用的机制或资源，描述之间关系的业务规则，反映到应用架构中，就是一个个对应的信息系统服务，而这些服务通过逻辑应用组件实现。典型企业的业务架构可参考图 3-5。

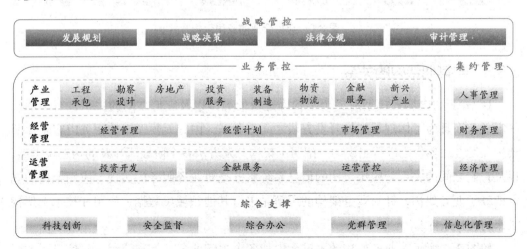

图 3-5　典型企业的业务架构

2. 应用功能模型设计

以业务架构为输入，参照企业业务能力、CBM 模型和应用积木块模型，结合信息系统现状调研与梳理，分析信息系统对业务的覆盖程度。对于未覆盖的业务单元，建立组件化的应用功能模型。

3. 应用组合设计

以应用功能模型为输入，按照应用划分原则及应用分层、应用分组、应用领域等要求，规划设计应用组合（一般情况下应用组合对应于业务单元），将相关领域的应用整合在一起，满足特定组合需要。

4. 企业级应用架构

映射与对应业务架构及架构中的业务单元，将各应用域、子应用域、应用组合、具体应用（或信息系统）整合在一起，即形成企业级应用架构。图 3-6 基于图 3-5 的业务架构各业务单元对应应用设计整合。

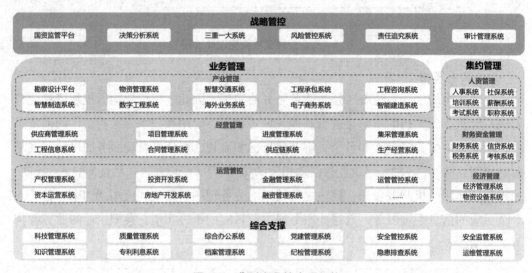

图 3-6　典型企业的应用架构

3.3.3　与其他架构的关系

TOGAF 的内容元模型对各个架构构建块的类型以及它们之间的关系进行了明确的定义，而且为了体现与架构开发方法之间的联系，内容元模型中的相关内容是比照架构开发方法各阶段进行组织的，阐明了架构开发方法各个阶段所涉及的构建块类型，以及它们之间的关系。应用架构的信息系统服务是对业务服务的实现，应用架构的规划依赖于业务架构，针对业务架构的了解是进行其他领域（数据、应用和技术）架构工作的前提条件。

如图 3-7 所示，业务架构的关键元素如各个关键业务目标和流程，对信息系统服务的设计起到重要的作用。如各种与组织业务活动相关的功能、活动，以及这些活动的输入、控制、输出和所使用的机制或资源，描述之间关系的业务规则，反映到应用架构中，就是一个个对应的信息系统服务，而这些服务通过逻辑应用组件实现。

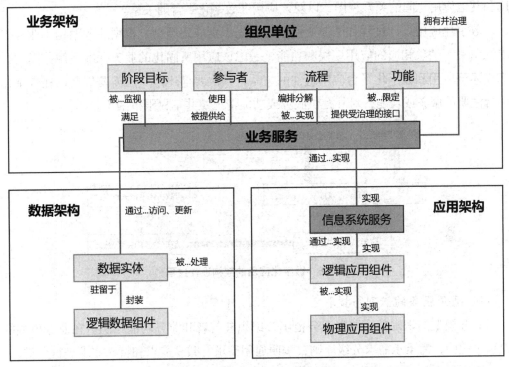

图 3-7　应用架构与其他架构的关系

3.4　系统应用架构设计

在数字时代，数字化平台已成为重要的功能支撑载体，具有融合、智能、可传承三大特性，能够对外提供可调用、松耦合、弹性的标准化数字服务，通过数字服务横向链接产业链上下游，纵向链接企业各机构部门，为其提供快速、灵活的数字化能力。数字平台是融合技术、聚合数据、赋能应用的机构数字服务中枢，以智能数字技术为部件、以数据为生产资源、以标准数字服务为产出物。企业数字平台的核心架构以云（多云管理）为基础、以数据分析和管理为核心、以数字服务为接口，通过网络、链接终端，为行业客户、消费者、合作伙伴、供应商、员工等提供支持和服务。

海量的连接、数据存储、计算及智能诉求催生了新的数字平台，从行业趋势和应用需求来看，多种数据类型和场景交互驱使应用架构不断优化。因此，融合不同应用、技术，聚合数据赋能应用、开放互联，才能释放数字平台的最大价值。随着企业数字化转型步伐的加快，平台数字化逐步成为一种新的发展趋势，基于数字化平台的数据共享和消费已成为信息化发展的新模式，企业应用架构设计需要与这种新的发展形势相适应，将平台数字化与传统的应用架构建设原则结合起来。对于具体信息系统的应用架构来说，除了要用合适的视图来描述该应用的组件和功能视图，还需要描述该应用和其他应用之间的关系视图，以及该应用和数字化平台的关系。

数字化应用设计过程如图 3-8 所示，首先识别应用类型，根据业务架构（业务需求说明书）抽象相应的应用模块和功能，考虑该应用所固化的业务标准适用范围，详细描述该应用和数字化平台应用组件的关系；其次要描述该应用需要消费已在数字化平台注册的服务或功能，对外提供服务或功能情况及共享权限范围等。

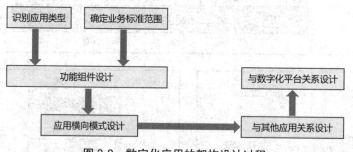

图 3-8　数字化应用的架构设计过程

1. 通用服务的识别与提取

业务模型的识别需要明确业务范围、组织参与者和业务功能范围。在业务模型的识别过程中，需秉承需求分级原则，按照通用需求、共享需求和特殊需求进行分类。

通用需求指整个股份公司共同的需求。通常，此类需求应抽取出来，由股份公司统一建设核心应用支持；共享需求指某个业务板块、某个单位中存在共性的需求，此类需求应交由板块中更上级的单位统一处理；特殊需求则自行建设。

业务功能识别应参照服务管理中心的已有服务列表，原则上，核心应用已提供的业务功能服务，不可再重复开发。例如组织机构、人员信息等，必须采用已有的公开服务。

业务功能梳理可借助系统用例图、流程图等国际通用工具进行。

功能梳理的输出可能包括流程系统模型、数据系统模型、人员系统模型等。

（1）面向能力的业务功能梳理方式。在梳理业务功能和对应的应用功能时，应建立在能力的基础上，并通过对业务能力的顺序编排实现业务流程，以服务的形式提供应用功能所依赖的核心业务能力，通过将不同能力的返回结果聚合为一个有针对性的数据集，满足用户需要。

（2）明确业务领域边界，形成业务标准。通过对具体业务场景的梳理和抽象，并输出功能需求清单。在此过程中，还需要定义出功能操作的业务对象或业务实体。基于业务实体，结合对应的功能需求，定义出需要系统提供的能力。在梳理业务能力，并进一步实现对业务能力的编排的基础上，进行领域模型的分析，逐步明确业务领域边界，并在此基础上形成业务标准，逐步抽取适应自身特性的共有能力，借助应用提供服务的能力，不断沉淀业务能力，形成正向增长的应用生态。

2. 通用组件识别

应用系统在建设中，凡能够使用数字化平台通用组件的，应尽量使用数字化平台通用组件进行开发；服务能力和数字化平台通用组件有所偏差的，尽量基于数字化平台通用组件基础进行扩展。数字化平台通用组件的识别应遵循"从通用到专用、从整体到个体"的原则。

3.4.1　信息系统现状评估

随着信息的膨胀及业务的复杂化，信息系统也在不断趋于复杂。信息系统评估是研究系统效能特性及获取系统最大效能的重要方法，系统效能评估是对系统标称能力和实际能力匹配程度的全面评估，通过对复杂信息系统进行效能评估，可以量化系统标称能力与实际能力的匹配程度，发现系统现状与实际使用需求之间的差距，这些差距数据可为系统运行、管理和使用提供参考模型，为系统日常维护和状态监控指明关注要点和改进方向，从而可针对性地逐步优化信息系统架构乃至企业总体应用架构，提供信息系统支撑业务的能力并显著提高系统运行效益。

信息系统评估方法是实现评估目的的技术手段，评估者采取定性和定量相结合的思路进行综合评估，比较研究和多指标综合评估是信息系统综合评估中常用的方法。比较研究可以进行前后对比、对照组比较、多角度比较等，最后得到对信息系统评估的综合效能。多指标综合评估方法是目前企业信息系统评估的常用方法，主要包括指标值的确定及其规范化、指标权重的确定、综合分值计算、信息系统综合效能分析等。

3.4.2　系统应用设计方法

信息系统应用设计的要点在于明确全系统应用架构的定义、设计原则、纵向模式、横向模式、纵横关系和通用规则，进一步确立应用标准，有效承接数据标准和业务规范，适应各板块之间业务多样化的需求，实现数据标准化和业务规范化，有效提升管控能力和决策能力。系统应用设计框架如图 3-9 所示，分别从概念态、逻辑态、物理态开展业务梳理、数据梳理、应用设计工作。

1. 概念态阶段

（1）业务功能分析。通过对业务内容、标准规范等内容的分析，形成业务功能清单。通常，业务功能清单应该包含业务事项编码、事项名称、事项说明、事项类别、依赖的事项、生产的数据清单。

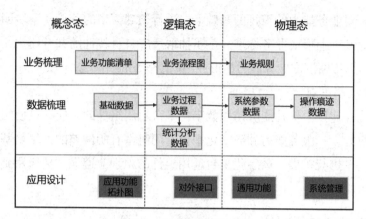

图 3-9   系统应用设计框架

（2）数据分析。通过对数据分析，识别其涉及数据的不同主题域，初步判断与其他系统的关联关系。注意此阶段分析基础数据即可。基础数据分为核心数据（人、机构、项目）和支撑数据（客户、设备等），可以通过数据—系统关系矩阵的方式，识别其涉及的不同应用系统和公共服务，并为后一阶段的业务过程数据分析做准备。

（3）确定功能框架。在上述基础上，确定系统的基本功能框架。

（4）确定权限及应用类型。根据应用的业务范畴，可以确定该应用（以及其功能模块）的使用范围，明确应用的功能权限和数据权限。

2. 逻辑态阶段

（1）业务流程分析。业务流程分析是针对某个业务事项进行的分解，由若干个业务功能及其流转方式组成，图 3-10 为业务流程示例。

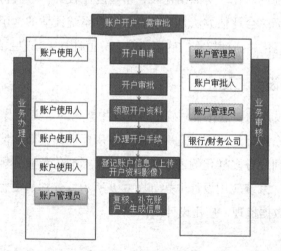

图 3-10   业务流程示例

（2）逻辑数据模型构建。此阶段，根据业务流程和功能，确定业务过程数据，并分析基础数据在此系统中的拓展情况。对于基础数据，应识别其状态，并进行拓展，识别附着于基础数据的各类业务过程中所产生的数据。

（3）对外接口识别。在确认了业务功能和所需基础数据后，可以识别所依赖的服务，以及可以对外发布的服务。

3. 物理态阶段

（1）业务规则映射。业务规则是业务过程中需遵循的各种标准和限制，可以直接转换为信息化中的值域、条件等内容。业务规则可能包括流程各环节说明、环节编码、环节名称、本环节依据的法规制度、输入信息要求、输入时间要求、输出信息要求、输出时间要求、工作质量验收标准等。

（2）非功能需求。业务规则映射完成了业务向系统功能的转化，应用系统的设计在这个阶段还应考虑如下内容：系统管理，如权限管理、审计管理和参数管理，其中参数管理通过系统参数字典的建立，形成了对系统内的基本业务参数和技术参数的管理。

通用服务抽取。通过对功能的分析，抽取共性的需求，形成通用服务。

3.4.3　信息系统架构设计

1. 架构设计

应用系统架构设计应严格按照应用架构要求，遵守数字化平台的技术规范，包括展示层、集成层、应用服务层、逻辑层、数据层和基础设施层，如图 3-11 所示。使用单点登记、身份认证、统一门户、服务网关、应用注册等统一的技术组件接入数字化平台，可使用数字化平台提供的机构、项目、用户、供应商等通用服务组件及项目管理、合同管理、财务管理、招投标管理等专用服务组件进行应用功能设计。

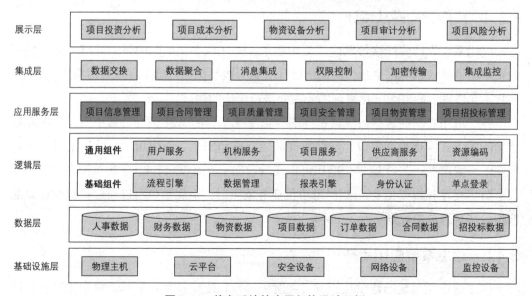

图 3-11　信息系统的应用架构设计示例

2. 横向设计

某一应用在数字化平台中进行登记注册时,应明确该应用的机构或项目属性,明确该应用可共享的岗位情况,岗位权限由该应用本身的授权体系确定。企业可从人员、机构、项目等角度对各类应用进行分类,隶属于同一分类下的应用之间应遵循统一的数据标准、接口标准进行设计,通过服务层接口服务实现数据共享和业务协同,隶属不同分类下的应用之间不能进行数据共享与业务协同。

3. 授权设计

在对应用进行授权设计时,首先应明确该应用适用的机构范围、项目范围,并确定岗位访问权限,根据项目或机构进行应用管理,其次应将应用功能和岗位进行对应、匹配,实现权限的灵活配置,图3-12是应用授权模式设计示例。

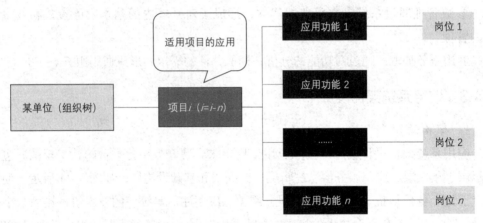

图 3-12　基于项目的应用授权模式设计示例

3.4.4　应用架构遵从设计

应用系统设计应严格按照应用架构要求,遵守数字化平台的技术规范,使用统一的技术组件接入数字化平台,应用的设计应参考数字化平台测试环境中对应用的要求,在技术和管理上顺应数字化平台的要求并进行严格的测试。

各个应用之间的数据集成通过注册在数字化平台的 API 进行。禁止通过数据库直接访问的方式实现数据集成,确保数据流的可靠和安全。在应用之间数据集成交互的规则上,需遵循:① 下属单位应用可以实现数据交互及授权;② 下属单位之间的应用没有数据交互和授权关系;③ 当跨单位业务发生时,下属单位可以通过执行企业总部应用来实现跨单位数据交互。

3.4.5　信息系统应用资产

数字化应用系统的建设从开发、注册、运行和跟踪各个环节基于数字化平台进行统一的技术管理。在开发环节遵循微服务模式，注册环节符合集团一体化技术平台验证机制，运行环节与集团一体化技术平台服务保持互联互通，跟踪环节能检验相应的服务性能。通过此循环逐渐完善提升，良性发展，最终形成企业应用资产。

3.4.6　与数字化平台关系

数字平台能够使机构业务创新和高效运营，助力机构数据管理和价值挖掘，降低机构技术运营和技术管理复杂度，能够对外提供可调用、松耦合、弹性的标准化数字服务，通过数字服务横向链接产业链上下游，纵向链接企业各机构部门，为其提供快速、灵活的数字化能力。

1.　基于平台的数字化应用建设

数字化平台提供了流程引擎、报表引擎、开发工具、单点登录、用户认证、门户等各类组件，可以支持快速搭建数字化应用，通过各类通用组件和专用组件，支持进行低代码应用开发和快速迭代，能很好地满足企业的个性化需求，可视化的配置方式可以让用户在使用系统的过程中，随时根据需求的变化调整和升级系统功能，二次开发也非常方便，没有约束，提供基于数据的决策分析和需求应对，及时响应市场关切，快速赋能新业务，提升企业跨产业链的感知、收集和利用数据的能力。

2.　基于平台的数字服务应用

数字化平台联通传统 IT 架构和各类数据，融合新老模式，整合孤岛数据，沉淀数据资产，快速形成数据服务能力，通过将数据、功能单元等资源以数字服务形式发布出来并统一管理，支持各类应用直接与平台进行交互，按照平台的技术标准进行数据或功能单元等资源消费。图 3-13 是数字化平台的服务应用示意图。

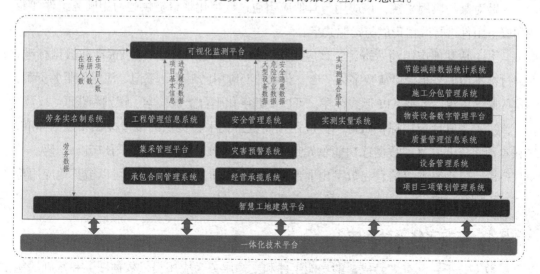

图 3-13　基于数字化平台的服务应用

3.5　数字化应用集成设计

3.5.1　集成接口设计

信息系统应遵循企业统一技术标准进行接口设计开发，将数据、业务功能或其他组件以服务的形式进行统一封装。接口地址、用户、口令、可选参数等信息在数字化平台进行登记和注册。数字化平台对接口进行统一授权和发布，监控接口调用情况及结果信息。接口开发调整后应在数字化平台重新注册和发布，确保其他信息系统按正确的通道获取数据或其他资源。

3.5.2　集成安全设计

数字化应用与其他信息系统进行集成时，应在数据内容、接口调用、数据传输等环节进行安全防护。重要数据内容应进行加密传输和加密存储，接口调用除地址外，应明确密码和注册标识等信息，数据对外服务应由出口网关进行安全管控，敏感数据对外服务应由数据提供方进行脱敏处理，接口调用时应进行数据一致性校验，判定获取的数据与供给端数据的一致性，防止发生数据丢失问题。同时，建立有效的服务容错机制，一方面服务要做到冗余，建立集群，依托负载均衡机制和重试机制，保障服务可用性，另一方面要预防下游服务，出现故障时阻断对下游的调用。

3.5.3　与其他应用集成

针对某一应用来说，该应用与其他应用通过数字化平台提供的通用服务组件和专用服务组件进行数据集成与资源共享。

（1）从其他应用消费资源：该应用按照数字化平台提供的接口标准和数据标准，通过标准服务采集接口从数字化平台上获取外部应用已封装、登记、注册的服务资源，这些服务资源以各类 API 形式存在，可以在数字化平台上被检索、识别和获取。

（2）为其他应用提供资源：该应用按照数字化平台提供的接口标准和数据标准，在本地将需要共享的数据或功能单元封装为标准 API，并将地址、用户名、密码、授权范围、其他参数等信息在数字化平台上登记、注册并发布，以便可以被其他应用检索、识别和获取。

3.5.4　与数字化平台集成

数字化平台已有大量成熟的功能组件和支撑服务为应用提供数据服务和基础功能

支撑，如通过统一的服务注册中心可以实现 API 的管理并获取数据、信息服务，通过统一的身份认证和单点登录，可以实现整体的权限管理。

1. 数字服务集成

数字化平台构建了核心组件及部分公共组件，通过 API 调用的方式，以服务的形式对外提供统一的服务。在信息系统建设过程中，在梳理业务能力和需要的应用功能时，应参照已有服务列表，凡是数字化平台上已经提供的服务，不可再重复开发。在进行业务能力的梳理时，就要将其识别出来，在架构设计阶段就将该组件作为所需要的服务消费请求调用。

2. 身份认证集成

信息系统不应在本系统中管理或用同步的方式使用用户信息，系统中使用的用户信息均须来源于数字化平台所提供的通用数据服务。数字化平台提供的统一用户与身份管理负责鉴别当前登录的用户身份，但并不负责对当前登录的用户能否访问哪个应用，具体有什么权限，授权的职责由相应的应用系统来完成，在设计应用系统时不设计用户角色及身份鉴别，但需要设计相应的授权功能。

3. 应用系统注册

每个数字化应用需要在数字化平台进行应用注册后，才能够使用平台提供的各个 API。由于身份认证和单点登录也是通过数字化平台进行注册管理，实际上脱离数字化平台，任何应用均无法独立运行。各个应用依赖所消费的 API 运行，应用系统通过调用相应的 API 获取相应数据，完成依赖这些数据的功能与逻辑的开发。

4. 统一门户集成

数字化平台提供了统一的 PC 和移动端门户，具有信息聚合、功能聚合、应用聚合及待办聚合功能，原则上每个应用系统不再在自己的系统上设计门户，直接调用数字化平台上提供的门户服务即可。

3.6　数字化转型背景下的应用重构

3.6.1　数字化转型与双模 IT

1. 数字化转型不只是一味求新求快

数字化转型其实是一个企业 IT 战略重塑和加速落地的过程，这里面一个很重要的话题就是企业战略框架下的业务敏捷性，业务敏捷性又对企业的 IT 敏捷性提出了更高的要求。通过对一些企业的走访，可以了解到大家对微服务的期望很高或者说过高，微服务不能解决所有的问题，而且不仅是一个技术问题和架构问题，甚至会关联到很多意想不到的问题，同时对双模 IT 的坚持也产生了动摇。

2. 新技术带来的界限模糊

一想到微服务改造，就会想起微服务治理，如注册、发现、熔断、限流、降级等，这些东西肯定会先从开发团队入手，从单体应用到面向服务架构（SOA），再到微服务，从 Dubbo 到 Spring Cloud，恨不得大干快上。但是往往这些事情必然会涉及运维，运维团队会一贯求稳，会考虑安全和风险，新技术和新架构带来的风险由谁来承担，开发团队不会，自然运维团队更不会，这就产生了矛盾和界线上的模糊，也就是容器和微服务往往会导致应用层和基础设施层界限模糊。

反过来如果是一些有远见卓识的运维团队发起变革，也同样存在问题。比如服务发现是由运维团队负责还是应该由开发团队负责？脚本谁来写？主动发起方总会面临被动接受方的种种挑战和诘责。

有一些比较精明的组织会启动一个新团队，作为开发和运维的桥梁，起到架构变革和推动的作用，这个机构既需要负责劝说业务开发实施微服务化，又要劝说运维组实施容器化，但是如果它权威性不足，推动往往也会比较困难。

3. 回归问题的本源

问题的本源，既然是由数字化转型导致的问题，那就应该自上而下地去解决问题，根据康威定律，由高层 CIO 或者其他领导层大力推动，不要单纯地用技术的视角去看待和推动。互联网公司或者重视 IT 的企业，CIO 们的话语权大、推动力强，但是传统企业就不同，层级往往比较多，这时就需要技术上的痛足够痛，能够痛到影响业务、影响收入、被竞争对手甩在后面，才能上达"天听"。

因此，对传统企业来说，不够痛，就别动，如果动，别怕痛。

3.6.2 面临的问题和痛点

企业 IT 根据所处阶段不同，所面临的问题和痛点也不同，具体有以下几个问题。

1. 单体架构阶段

其实这种情况比较普遍，传统企业大多是这种模式。运维是统一来做的，基础设施层是公用的，采用逻辑隔离的办法把网络和计算资源隔离开。应用层由于分属不同的业务条线，分别由开发商负责开发，继而在架构上呈现烟囱状，从前端系统、中间件、开发框架到数据库都是独立的，中间甚至没有更多的数据和流程上的打通。

这种情况其实也不是一无是处，反而从稳定性上来看更趋向平稳，适合企业业务长期稳定不变，业务和业态之间没有更多的互通。它的问题在于，如果企业业务强调敏捷，变化频繁，强调快速上线，问题就出来了。往往单体应用采用的是瀑布式开发，变更比较困难。开发多是外包的模式，后续团队承接起来也是困难重重，服务等级协议（SLA）无法统一。技术框架也存在难以统一、难以互通的情况。前端框架也是一样，技术栈和界面风格也容易统一。

当出现这种问题时，企业就是求变。

2. SOA 和服务化阶段

这个阶段首先实现了基础设施的云化，这个是另外的话题，这里暂不过多涉及。这个阶段已经开始意识到组织的变革，开始尝试按照前端、中间件、后台等分工建立不同的分组。系统内部也开始尝试服务化的拆分，开始按照先周边后核心的逻辑进行服务化改造，代码也开始进行统一的规范化和标准化，通用软件开始尝试 PaaS 化。但是业务层的拆分也给运维带来了空前的压力，持续的集成、迭代需要频繁的测试和部署上线，运维工作也开始尝试工具化和平台化。到这个阶段，企业的 IT 有了一定的竞争力。

那问题在哪儿呢？其实问题出在企业业务发生爆炸式增长，或者企业业务主动拥抱互联网，导致 IT 也需要朝互联网方向改造。比如，在抢购等用户激增的场景下，企业 IT 原有的企业服务总线（ESB）或者其他 SOA 架构是否具有足够的弹性和支持能力，开源的 PaaS 组件，在没有技术后援的情况下，如何能快速修复 bug，保持业务不宕机。访问的激增导致的数据库向分布式架构迁移，是否有足够的技术储备。随着这些问题的发生，企业 IT 会持续演进。

3. 微服务阶段

从 SOA 到微服务化是企业 IT 进化过程中非常关键的一步，需要谨慎。这个阶段，我们开始关注服务的进一步拆分，会发现拆分的原则和粒度是制约 IT 成功的关　键，除了服务拆分，还要进一步关注动、静的分离，关注从有状态到无状态，需要关注核心的拆分和非核心的降级。还需要进行数据的分布式改造，关注 PaaS 基础环境，增强底层平台的健壮性。

到了这个阶段，需要持续关注 DevOps（开发和运营），关注持续优化开发和运维之间的关系，从组织和流程的角度促进二者的深度融合。

IT 不会独立存在，关乎战略，关乎业务，IT 从附庸到支撑工具再到价值中心和效能中心，肯定会跟 IT 系统一起历经变革，历经阵痛，这是成长的代价！

第4章 数字化数据架构

4.1 数据架构蓝图设计概述

4.1.1 企业数据的主要问题及原因

1. 信息孤岛现象依然存在

在不同业务系统中由于业务要求不同和技术手段限制，存在同一业务数据多源存储、数据颗粒度及侧重点不同的情况，因此各业务系统根据自身业务标准进行数据转换后存在差异性，基层工作人员需要在不同业务系统间反复查询、比对、合并，影响工作效率。

2. 数据质量不高

目前企业数据质量不高主要体现在数据正确性和完整性不够、业务系统间数据同步不及时、数据集成接口不够规范等。

（1）业务数据正确性和完整性不够。现有业务系统之间仍然存在部分业务数据未实现贯通，系统之间缺少相应的业务闭环管理流程，导致数据正确性和完整性不够。

（2）业务系统间数据同步不及时。一是已贯通业务的存量数据匹配未完成。已实现数据同源、业务贯通的业务系统 中，由于贯通前各业务系统之间的业务标准、技术结构存在差异，造成部分存量数据匹配工作未完成。二是系统功能升级前后业务标准不一致。各业务系统功能升级过程中，由于代码变更、字段调整等原因，有部分历史数据会出现与发布后的业务标准不一致的情况。

（3）数据集成接口不够规范。目前各业务系统之间虽然大部分业务数据通过系统集成方式实现了数据贯通，但由于系统集成功能不完善、集成接口不稳定等原因，造成数据不一致。

3. 数据冗余问题

近年来，企业对业务专业管理的要求越来越严格，造成各业务部门对业务数据的查询、统计、分析等方面需求大增，目前主要通过业务系统增加功能模块、建设独立辅助应用两种方式解决，也因此产生下列问题。

（1）建设独立辅助应用，造成数据多源存储。由于建设独立部署的专业性、辅助性的应用，每一个应用都会备份存储业务系统的业务数据，再进行后续分析、统计，造成同一业务数据进一步出现多源存储、多源应用的情况。

（2）业务系统内增加功能，造成数据冗余。在业务系统上增加大量的查询、统计和分析功能，对应产生了大量的统计、分析数据使用的数据表，但缺乏相关的管理机制，造成出现大量的冗余数据表、数据。

4. 数据管理机制问题

数据管理目前处于粗放型、人治阶段，对数据的本身管理尚未形成规范化的流程，管理机制不成熟，自动化辅助工具不健全，仅能完成单独业务系统的数据管理工作。但目前各专业的新增业务逐渐增多，各种跨专业、跨系统的业务贯通需求大量出现，数据管理面临多系统之间涉及几万张表协同管理的需求，存在企业级数据中心架构规划无标准、数据准确性缺乏审核机制、取数成果复用率低、数据架构变更联动机制不完善、缺少企业级的数据专家团队等问题。

例如，统一的企业级数据架构及管控机制不完善，同时各业务系统数据源表结构新增变更频繁，造成全业务数据中心在各系统检修、发布前都无从知晓，只有同步出错后，才能定位发生变更的表。

5. 数据管理技术手段不完备

目前各业务系统及辅助分析平台的数据管理主要依托整体数据比对、日志记录、异常告警和人工比对清理等技术手段进行数据管理，对于多业务、跨专业、跨系统之间的数据管理普遍存在手段单一、针对性过强、效率低下、响应过慢等问题。

6. 缺少数据分级分类标准

基于当前数据安全存在的问题，像国家电网等急需立足现实情况构建数据安全管理体系，全面管控敏感数据，但现有业务数据中未能完成敏感数据分类分级管理模型的构建并将现有数据进行标准化管理。

4.1.2　典型企业数据服务支撑现状

目前企业的信息化建设已经进入不断提升完善阶段，企业也越来越重视数据管理和数据架构建设工作。虽然企业在信息化建设和数据管理工作方面取得了重大的成就，但通过现状调研发现，企业数据管理工作依然存在可以提升的空间。从整体来看，企业数据蓝图的相关能力依然处于起步或初步完善的阶段，缺乏围绕核心数据需求的中心化设计。在如图 4-1 所示的典型企业示例中，以核心需求为目标，通过数据融合、数据统一管理和分享，开展数据资产盘点、业务流程梳理、业务指标梳理以及数据治理工作。

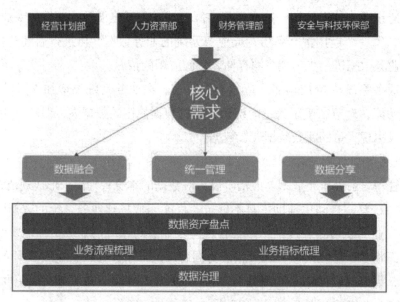

图 4-1　典型企业核心数据需求

企业数据架构蓝图设计工作未来需要在如下方面提升相关能力，以更好地指导企业数据建设工作：① 企业尚缺乏数据蓝图规划、指导原则与管理规范，数据分析的相关能力需要加强；② 企业尚未明确数据分布和流向，建立统一的数据模型与数据视图；③ 企业尚未形成完善的数据管控体系；④ 企业指标分析体系及决策分析体系需进一步完善。

4.1.3　建立企业数据管理常态机制

为有效确保企业数据质量治理、前端业务应用系统数据融通、分析应用剥离迁移等工作成果持续推进，可以建立企业数据管理常态机制。

1. 强化数据源头管控，实施企业数据架构和模型动态管控

强化企业所有涉及信息系统建设的信息化项目、营销投入项目、生产大修项目等的企业级统一数据模型和架构的设计和管控，成立以信息部门牵头，包含各个业务部门的企业数据架构设计与管理组织机构，从需求、可行性研究、初步设计、施工设计、实施方案、建转运等各阶段全面审核，管控信息系统数据架构、数据共享集成需求和数据融通技术。

建立企业数据模型全过程管控，对数据模型的设计、落地、运行和变更进行全过程管理。利用信息手段监测设计态、开发测试态和运行态的数据模型情况，从数据模型跟踪展现、数据模型收敛、数据模型管控、数据模型强制遵循的逐步转变，有效解

决数据模型和系统实际数据表不一致的问题，持续加强数据模型标准的遵从度，为数据融合贯通奠定基础。

2. 强化企业级元数据和主数据管理

基于全业务统一数据中心，启动企业级元数据管理和主数据管理能力建设。一是建立企业元数据管理，依托元数据有效加强企业数据架构和模型的动态管控，明确元数据管理范围，对技术元数据、业务元数据进行定义并与模型对应，形成统一版本。实现数据全生命周期的元数据评估，最后形成有效的元数据管控闭环。建立源系统新部署的业务需求、源系统数据库表、商业智能（BI）数据接口及分析应用之间的元数据信息地图，最终形成业务支撑网的全局信息地图。二是加强企业主数据管理，推进组织机构、工程项目、资产设备、资金账户、会计科目等核心主数据标准在各个业务系统的集成和应用，强化数据全寿命周期管理，以"实物"ID 为统一码推动资产全寿命管理的深化应用。

3. 构建企业级数据专家团队

依托大数据、云计算、物联网、移动通信、人工智能新技术应用研究基地，在原有数据团队的基础上，重新构建包含信息技术、生产业务、企业经营管理相关专业的数据专家团队。数据专家团队角色包括但不限于数据运维人员、数据开发人员、数据技术架构师、数据业务架构师。形成企业级数据从产生到归档的全过程架构管控能力，对企业数据管理实行数据专家团队统一负责制。

数据专家团队应通过企业数据管理各项能力提升措施的实施，将各个业务应用系统和全业务统一数据中心分析域的数据物理模型设计和管控职能逐步从各个系统建设和运维项目组（厂商）移除，把企业数据架构管控职责统一汇总到企业级的信息化业务和数据专家团队中。加强前端业务处理应用的数据架构统筹设计和变更管理；负责满足后端各专业业务分析应用的数据使用需求，加大数据分析应用成果的共享沉淀；负责企业数据质量和融通的统筹管理。目标是将企业数据与企业业务管理规范和流程有效衔接并联动，让企业数据记录并真实反映企业业务运行情况，提高企业数据价值和价值挖掘效率。设立企业级的数据架构管理专家委员会，对于不满足企业数据架构和数据融通要求的信息系统建设项目，数据专家团队有一票否决权。

4.1.4　提升企业数据融通技术支撑

1. 建设企业数据管理技术工具链

基于企业全业务统一数据中心，结合企业数据分析应用的相关需求，丰富和完善企业数据相关信息化手段，构建企业在数据管理、数据价值挖掘、数据应用等方面完整的数据工具链，重点开展数据质量检测、数据挖掘和算法、BI 及数据可视化等工具的建设与深化。

工具链建设将遵循企业平台化战略和企业整体技术架构管控要求，综合考虑工具的实用性和技术先进性，采用自研和外部采购吸收相结合的方式开展。

2. 实行企业数据分级分类管理，促进数据融通应用

根据科学性、稳定性、实用性、扩展性的原则从基于数据主题和数据实体两个角度出发对企业数据进行分类;并依据数据对国家安全、社会稳定和公民安全的重要程度，以及数据是否涉及国家秘密、用户隐私等敏感信息，不同敏感级别的数据在遭到破坏后对国家安全、社会秩序、公共利益以及公民、法人和其他组织的合法权益（受侵害客体）的危害程度来对数据进行分级。

3. 持续加强企业数据安全动态管控

企业数据对内或对外流通应经过数据脱敏、数据合规性控制等安全控制措施，并通过合适的授权和访问控制，以保证数据保密性、数据完整性和个人信息保护。数据安全管控依据"谁使用，谁负责"的原则实施管理。

4.2　数据架构蓝图设计内容

4.2.1　蓝图设计基本目标

企业数据架构蓝图设计通过对数据资产化、服务化建设情况进行全面评估，并结合实际情况和未来管理发展要求，梳理企业数据蓝图的建设内容和建设目标，构建完整的策略、成熟的方法以及相关落地系统，指导企业数据架构从设计到落地实施。通过数据架构蓝图设计，需要达成如下目标。

（1）通过企业数据资产盘点，确定核心数据资产，明确企业各业务部门和二级平台企业的数据资产，明确企业数据架构的架构设计，为企业设计整体建设策略和实施路径，全面提升企业运营管理与决策水平。

（2）确定企业业务的关键绩效指标体系，分解决策分析主题域和分析主题，在分析主题和业务流程整理的基础上，实现企业数据服务应用。

（3）确定由业务主题和数据分布抽取数据主题域、数据主题和数据实体的设计方法，建立企业数据模型，完成数据模型主题域的建模设计。

（4）确定企业数据分布和数据流向的设计方法，确定指导如何开展数据分布和数据流向规划工作的方法，明确企业各系统的数据分布。

（5）明确企业数据架构，以数据架构基本原则为导向，确定数据架构设计目标，设计数据架构内容，从而明确数据架构的业务蓝图设计、功能蓝图设计、存储蓝图设计、技术蓝图设计、集成蓝图设计、安全蓝图设计等，确保企业数据架构顺利实施。

（6）设计企业的数据运营体系，确定企业数据运营对象包括数据标准、数据质量和数据安全，设计了数据运营的组织架构、岗位角色、制度规范和运营流程规范，并明确数据运营是项目实施成功的关键因素。

上述建设将推动数据架构在企业的应用，帮助企业建立数据运营管理体系，从而支持企业的数据集成与共享应用，全面提升企业数据应用水平。

4.2.2　蓝图设计基本原则

企业在多年生产经营和信息化建设过程中积累了大量的数据，这些数据分散在各个应用系统中。从整体来看，这些数据信息尚未完全清理归属、管理、共享和使用权限，数据应用相对处于一个较低的水平，数据资产尚未充分发挥价值。

企业需要对数据管理进行整体规划建设，不断提升数据架构能力，改善数据使用平台工具，加强数据管控水平，规范和促进企业数据管理建设有序、高效、快速和健康发展。解决企业数据管理所面临的问题，需要从总体上基于企业的实际情况，从跨业务、跨组织、跨应用系统的视角统一进行数据组织和规划，提升数据存储和跨系统间数据流转及共享的能力。

为规范企业数据架构管理工作，有必要明确企业数据管理的基本原则，作为企业数据架构和数据管理工作的基础。

（1）数据所有权原则：数据是企业共有资产，数据的所有权应与管理权分离，明确企业内数据的所有权、管理权和使用权。

（2）数据管理原则：数据管理采用业务领域归口分级管理原则，哪个业务领域生成数据就由哪个业务领域的归口管理部门负责管理和维护，数据的管理权责可以由CRUD，即在做计算处理时的创建（create）、检索（retrieve）、更新（update）和删除（delete）矩阵明确定义。

（3）数据管理主体：数据的管理主体是业务领域的归口部门。

（4）数据管理流程与组织：数据管理要通过统一规划、明确权责、设置标准和流程的方式，实现数据资源的共享与应用，业务部门要依据流程申请相关数据的使用与共享。

4.2.3　蓝图设计内容框架

企业数据架构蓝图将依托数据资产管理规划，建立相关的数据管理组织、制度、流程以及配套应用，实现对企业数据的定义、创建、存储、使用、迁移和停用的全生命周期管理。避免出现大的业务概念不一致情况的发生，从根本上保证系统间能实现数据的较好共享，消除由于各个系统自行设计开发、数据架构不一致而导致的数据孤岛现象。数据资产管理规划将指导数据标准的内容划分和实体定义，数据标准的制定反过来也可以作为企业数据模型主题域及实体定义的输入，规范业务定义和技术定义。企业数据分布和流向基于企业现有数据，对企业现有数据进行归纳与总结，进行数据分类与分布的描述，管理数据在其整个生命周期内、在各应用系统间的分布与流动。

企业的主数据是企业内部一致和统一的核心数据，它描述了企业运作所依托的业务实体，是企业需要共享和标准化的数据子集，企业主数据不仅包括主数据的业务实体内容（主数据编码）和属性（主数据属性），也包括主数据内容的层次结构和维度关系。

利用企业数据架构对主数据和元数据进行管理，以企业数据标准为基础，以企业基础数据管理平台为工具，实现对主数据的全面统一管理。企业元数据是定义数据的数据，包括业务元数据和技术元数据，企业元数据管理的目标是清晰、直观地了解数据的来源、变化过程、应用对象等信息，当数据源发生变化时，用户借助元数据管理可以快速、直观、准确地分析数据变化的范围、内容和影响。元数据管理可以直观地反映企业数据分布与流向，监测数据血缘关系与影响范围，进行全局数据检索、管理指标树等。

数据资产管理规划包括数据平台与数据分析服务应用。企业数据平台是实施数据资产管理应用的核心平台，是落实统一数据视图的应用载体，也是实现数据集中、统一、标准化管理的主要手段。数据分析服务应用是依托企业数据架构、实现业务洞察的重要应用工具。数据分析服务管理必须严格遵循数据管控体系所规范的数据标准、安全与质量要求，并基于企业数据概念模型进行模型设计。

数据资产管理规划对数据管控设计有明确的定义，至少包括数据标准、数据质量、数据安全管理相关的组织、工具、流程，以及数据管控评价与考核。

4.3　数据服务规划设计

4.3.1　企业数据域总体框架

根据企业核心数据资产盘点情况，将数据域划分为三类一级主题，分别为战略引导、业务执行和综合支撑，如图 4-2 所示。

战略引导	战略管理需求	投资管理需求	科技创新需求	
	· 行业政策和市场信息 · 战略规划持续优化 · 综合计划持续跟进 · 行业对标指标体系化	· 规模企业投资并购 · 国内产业链投资 · 海外业务投资决策 · 新业务投资决策	· 科研项目全过程管理 · 科研应用转化管理 · 企业数智科技试点推广	

业务执行	项目开发需求	工程建设需求	生产运营需求	电能营销需求
	· 风资源评估 · 辅助项目选址 · 自主开发辅助投资决策 · 发电项目并购资源获取 · 发电项目并购项目决策 · 科研知设审查 · 全过程闭环投审管理	· 施工进展可视化 · 物资管理信息化 · 施工人员信息化 · 工程质量标准化验收 · 工程信息闭环管理 · 工程项目基础信息共享协同 · 项目远程可视化管理 · 验收标准信息化	· 风向仪偏差数据分析优化 · 风功功预测数据分析 · 风机全生命周期数字孪生 · 设备故障诊断、故障智能预警 · 设备故障维修知识图谱化 · 风险源的动态监控 · 隐患排查信息化 · 人工智能振动分析 · 设备状态监测、结构安全监测 · 区域智能集控管理	· 碳交易区块链 · 现货交易智能分析 · 电力输出智能分析 · 模拟电力交易市场 · 功率预测精度提升 · 功率预测实时性 · 外部信息收集平台 · 新业务研究

综合支撑	人力资源需求	财务管理需求	物资管理需求	综合管理	风险管控
	· 人力大数据测评 · 员工画像 · 数字化考核 · 人力资本数据分析	· 工程预算管理和结算管理 · 预算审批和控制数据化 · 应收应付管理数字化 · 项目概算辅助数字化 · 合同全周期管理数字化	· 物资供应链管理 · 物资可视化管理 · 设备全生命周期管理	· 标准化：档案、手续 · 辅助：模块化生产 · 流程资料自动归档 · 移动办公、工作看板 · 流程计时审签 · 数字化电子签名 · 智能报表统计 · 智能数据查询及分析功能	· 重大变更审查 · 合同全周期管理 · 环保监测可视化 · 应急管理

图 4-2　典型企业数据域总体框架

4.3.2　企业核心数据资产盘点

企业核心数据资产盘点的意义在于将企业的数据资产统一管理起来，实现数据资产的可见、可懂、可用和可运营。

（1）可见：通过对数据资产的全面盘点，形成数据资产清单。针对数据生产者、管理者、使用者等不同的角色，用数据资产目录的方式共享数据资产，用户可以快速、精确地查找到企业的核心数据。

（2）可懂：通过元数据管理，完善对数据资产的描述。同时在数据资产的建设过程中，注重数据资产业务含义的提炼，将数据加工和组织成人人可懂、无歧义的数据资产。具体来说，在数据平台之上，需要将数据资产进行标签化。标签是面向业务视角的数据组织方式。

（3）可用：通过统一数据标准、提升数据质量和数据安全性等措施，增强数据的可信度，让数据科学家和数据分析人员利用数据资产进行敏捷数据开发，从而降低数据磋商成本和管理成本。

（4）可运营：数据资产运营的最终目的是让数据价值增值，因此数据资产运营要始终围绕资产价值来开展。通过建立一套符合数据驱动的组织管理制度流程和价值评估体系，改进数据资产建设过程，提升企业数据资产管理的水平，提升数据资产的价值。

4.3.3 企业数据指标体系设计

根据企业战略管理目标，利用指标体系设计原则，构建企业总部数据需求模型，梳理企业层面核心数据资产指标体系，打通分析指标与企业经营能力的关系。一般项目建设的指标体系将继续沿用企业总部已有的业务和统计口径定义。在图 4-3 中对数据指标进行分类归纳，建立不同数据域的数据指标总体框架。

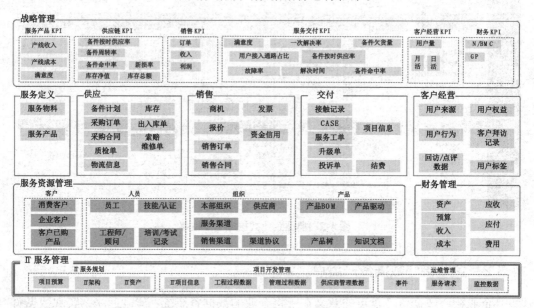

图 4-3 典型企业数据指标总体框架

4.3.4 数据分布与流向设计

根据数据分布与流向原则构建企业核心数据资产流向，明确进入企业数据架构的数据范围和数据在系统中的流转关系。企业数据架构建设将以经营计划部为主，人力资源、财务管理和安全与科技环保为辅助部门，对于非核心数据资产，按照指标大类分析资产流向，不深入每个具体指标。图 4-4 是以数据域为中心的经营计划部数据分布与流向设计示例。

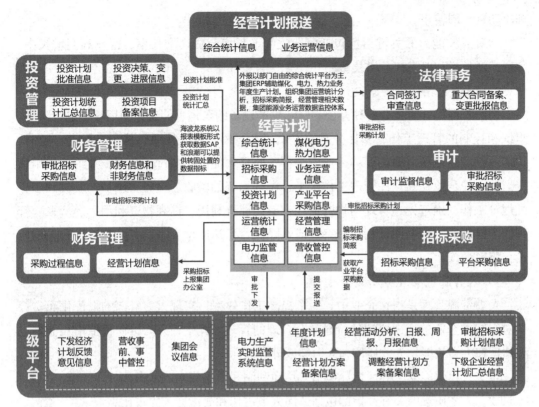

图 4-4　经营计划部数据分布与流向设计示例

4.3.5　数据驱动的决策分析设计

以某案例企业为例，针对财务管理、物资管理、人力资源管理、科技管理等业务管理分析场景模块设计，对各业务管理分析场景进行指标规划。各模块应适合企业层面的核心分析指标和分析思路，为企业层面数据项目的实施做指引。以主数据架构和各业务部门系统为数据支撑，通过企业数据平台对企业总部各业务部门赋能，利用各类业务指标实现企业业务管理条线的数据服务。

1．财务管理分析场景设计

企业追求的不仅仅是短期的利润最大化，更是可持续盈利、成长能力的最大化。可持续盈利、成长能力主要体现在企业盈利能力、企业偿债能力、营运能力和成长能力。

（1）盈利能力的关键性指标包括净资产收益率和每股利润。

（2）偿还能力由短期偿债能力和长期偿债能力组成，其中短期偿债能力的关键性指标包括流动比率、速动比率、现金比率；长期偿债能力的关键性指标包括资产负债率、产权比率、有形净值债务率、权益乘数和利率费用保障倍数。

（3）营运能力的关键性指标包括应收账款周转率、存货周转率、固定资产周转率和流动资产周转率。

（4）成长能力的关键指标包括营业收入增长率、资产增长率、营业利润增长率、净资产增长率和股东权益增长率。

2. 物资管理分析场景设计

物资管理是针对企业各种办公物资和生产设备的购销、储运、使用等，进行计划、组织和控制的管理工作，其任务是搞好供、产、销平衡，按质、按量、配套、及时、均衡地供应企业所需要的各种生产资料，并监督和促进生产过程合理、节约地使用物资，从而使企业提高仓库管理工作水平，做好物资的验收、保管、维护、发放和账务处理等工作，确定先进合理的物资消耗定额，综合利用，提高物资利用率等。采购管理的关键指标包括采购计划完成率、成本降低目标达成率、采购资金节约率和采购质量合格率。

3. 人力资源管理分析场景设计

人力资源管理是指在企业中，为了提高工作效率、实现人力资源的最优化而实行的对组织或企业的人力资源进行科学、合理的管理。其中，人力资源价值增长能力主要体现在人力效能、人才质量和人力绩效等方面。

（1）人力效能的关键性指标包括人均净利润和人均成本收入占比。

（2）人才质量的关键性指标包括适岗人数占比和高潜力人力占比。

（3）人力绩效的关键性指标包括绩效考核优秀人员占比、绩效考核达标人员占比和绩效指标平均得分增长率。

4. 科技管理分析场景设计

确保科技项目产出高质量成果需要有四个方面的能力作为支撑，其中包括目标实现、创新性、经济效益和实施管理。

（1）目标实现的关键指标包括工程达到科技示范目标和技术节约达到1.5%目标。

（2）创新性的关键指标包括关键成果创新程度和核心技术掌握程度。

（3）经济效益的关键指标包括提高企业销售额的年增长情况、提高企业年利润增长情况和提高产品市场占有率增长情况。

（4）实施管理的关键指标包括资源配置效率和组织管理效率。

4.4 数据平台规划设计

4.4.1 数据平台建设定位

企业从信息化时代迈入数字化时代必将经历两个过程：一是实现流程驱动的标准化管理，二是实现数据驱动的业务运营管理。数据平台正是第二阶段的关键产物。标准化管理阶段主要实现标准化的主数据管理、流程驱动的系统建设、总线服务体系建立、数据仓库体系建立。数据运营管理主要实现数据平台的服务、分布式微服务应用体系建立、数据资产管控、数据运营模式的变更。通过数据运营管理实现降低投资风险，提高竞争能力、产品质量、运营效率的目标。

4.4.2　数据平台设计目的

数据平台设计的目的在于数据汇聚整合、数据提纯加工、数据服务可视化、数据价值变现等，让企业员工、客户、伙伴能够方便地应用数据。

4.4.3　数据平台业务蓝图

数据平台业务蓝图如图 4-5 所示，数据平台的应用结构可分为数据源层、基础设备 IaaS 层、企业数据中台、应用层。需要导入的数据由数据源层提供，数据源层需要导入企业各业务部门在用系统的数据，其中包括人力资源管理系统、财务管理系统、物资管理系统、ERP 系统、OA 系统、不动产管理系统、综合统计系统和主数据管理系统等。

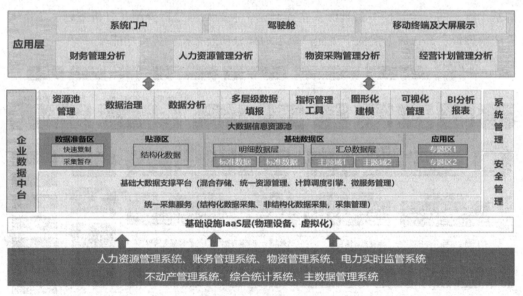

图 4-5　企业数据平台业务蓝图

数据中台由数据采集、信息资源池管理、多层级数据填报、图形化建模、数据可视化管理、BI 分析报表、系统管理、安全管理等业务模块组成，为业务应用提供必需的数据采集服务、数据治理服务、数据标准化服务、数据资源管理服务、图形化数据/算法/业务建模服务、可视化数据管理与调度服务、BI 多维分析服务、报表配置工具、可视化看板设计工具、数据质量管理等；同时提供基础系统管理（用户、权限、日志、消息推送、资源监控、对外接口管理等）和数据安全管理（统一认证、数据脱敏、加密传输、数据使用安全审计等），为业务应用提供低代码、灵活、丰富的图形化、可视化开发环境。

应用层由数据中台提供能力支撑，支持驾驶舱、财务管理分析、人力资源管理分析、物资采购管理分析、科技项目管理分析等相关应用的开发；同时支持通过大屏展示或移动终端进行可视化展示、指标查询和推送消息（如预警/告警/待办事项等）接收处理。大数据信息资源池由数据准备区、贴源区、基础数据区、应用区构成。数据准备是用来暂存时序数据的区域；贴源区用来存放源系统的数据；基础数据区分明细数据层和汇总数据层，用于存放标准化、治理完后的数据，存放按业务、按设备分主题的数据；应用区是面向应用业务的专题数据平台提供数据集市的数据。

4.4.4　数据平台功能蓝图

企业数据平台功能蓝图如图 4-6 所示，采用微服务架构设计，底层公共服务组件、数据架构本身的服务都以微服务模式提供，并不断进行丰富；上层的分析应用、专业应用可以使用可视化开发工具快速构建；整体框架采用统一的系统管理平台进行管理，都基于统一的安全管控平台进行安全控制；企业的数据分析模型、分析主题（集市）、算法模型资产都在数据架构中沉淀。以下为部分功能架构的关键功能域。

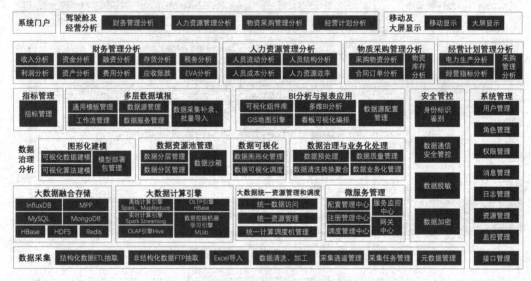

图 4-6　企业数据平台功能蓝图

1. 数据采集

支持来自关系型数据库、文件、流数据等各类数据的采集与接入，完成人力资源管理系统、账务管理系统、物资管理系统、ERP 系统、OA 系统、不动产管理系统、综合统计系统、主数据管理系统和设备运行实时数据的接入，实现多源异构数据的大汇集。数据采集主要包括时序数据采集、结构化数据采集、非结构化数据采集三部分，支持定时、实时等多种数据采集导入方式。支持对多种格式的 Excel 的数据导入而不用做任何的代码开发，方便、快捷、高效。采集支持多线程并行抽取、加载，借助多线程、多数据缓存队列有效提高数据处理效率，减少业务等待时间。能针对不同类型的数据提供统一的协议接入、数据清理、数据转换、数据路由、数据入库的处理和编程扩展支持。

2. 大数据融合存储

数据平台融合了包括时序、结构化、非结构化、数据仓库等开源产品，并对各个产品进行了合理的封装，具备 PB（1PB=1024TB）级工业大数据的融合存储能力，实现统一的数据访问和安全控制管理，真正实现了数据的融合存储、统一管理。为设备运行实时数据提供内存数据库 RedIS，时序数据提供 InfluxDB 数据库、历史数据库 HBase；为非结构化文档类型数据提供 MongoDB 和 HDFS 分布式存储；为结构化关系数据提供数据仓库工具 MySQL、Hive 等；并根据业务场景的需求，对各类数据的存储和索引格式进行最优化设计。

3. 大数据计算引擎

数据平台为各种数据计算场景提供计算和处理引擎，包括 SQL 查询引擎、批处理、流处理、机器学习以及深度学习等，满足不同的大数据应用和分析场景。采用 HBase 作为联机事务处理（OLTP）引擎，用于主流关系型数据库的交互式处理和查询分析场景。使用 Hive 作为联机分析处理（OLAP）引擎，用于数据仓库，满足 BI 多维分析场景。采用 Spark 流处理组件——Spark Streaming 作为实时计算处理引擎，用于指标等实时计算处理场景。采用 MapReduce 编程模型、Spark 作为离线计算处理引擎，主要用于大规模数据批量计算、统计、分析等场景。采用 Spark 的机器学习库——MLlib 作为数据挖掘与机器学习的计算引擎，主要用于诊断、预测、智能决策等场景。

4. 大数据统一资源管理和调度

统一资源主要基于数据资产目录管理，实现对各类数据源的归一化访问接口及统一管理功能。数据目录管理是上层数据应用和底层存储资源的中间层，对于系统管理员用户，该服务提供对分散在多种不同存储引擎的数据进行统一管理控制；对应用开发人员，系统提供统一的数据访问接口。文件管理支持分布式文件存储系统文件管理、小文件管理，包括文件夹目录维护、授权、索引维护等，支持文件上传、下载、重命名、查询、删除等，提供对包括 Oracle、MySQL、HBase、Sybase、Impala、PG、GBase、Hive、CSV、Excel、InfluxDB、Redis 等多种数据源的统一配置管理，支持数据源新增、编辑、血缘关系维护、删除操作，支持对数据源的稳定测试，及时准确获知数据源的运行状态。

5. 微服务管理

平台提供微服务的注册管理、配置管理、调度管理、服务监控和对外服务网关管理等功能。注册管理中心主要实现应用启动自动注册、调用方自动发现上线应用、服务异常自动隔离、注册信息查询和动态修改注册中心地址等功能。配置管理中心主要实现多环境配置管理，支持在线管理配置信息，客户端实时生效；支持版本管理，快速回滚。调度管理中心主要实现负载均衡、服务降级、熔断、重试，并可据服务负载情况，手动或自动进行节点的增加和减少。服务监控中心主要实现监控微服务节点收集数据指标，然后对数据进行实时处理和分析，形成监控报表和预警，包括全局的集群状态查看和容器状态统计、实时的路由拓扑和网关拓扑调用关系及状态展示、熔断管理的分类及错误查看、URL 的延迟统计、调用计数等指标监控统计等。网关中心主要用来保护、增强和控制对微服务的访问，是一个处于应用程序或服务之前的系统，用来进行管理授权、访问控制和流量限制等。

6. 数据资源池管理

数据资源池主要实现海量异构数据源的数据汇集，并结合数据管理、业务应用要求对数据进行分层管理、分区存储。数据的分层管理主要是指按照数据质量等级、使用目的进行划分，默认划分为数据源层、贴源数据层、基础数据资源层，其中数据基础资源层是通过对贴源层数据进行清洗、转换及数据脱敏后，基于数据资产建模，构建在各个业务域下面的数据资产，可供大数据计算模型、机器学习模型等各种业务分析模型调用，也被各种平台实现的各种业务应用调用。数据的分区管理主要是对数据的安全受控，以及数据被访问时效性、访问热度、区域划分的管理。每个数据层按照数据共享级别的要求可以分为共享数据区、保密数据区。保密数据区需要具有较高级别的访问认证要求，除用户及角色权限访问控制外，需要通过认证流程，才可以访问。共享数据区使用基本用户角色权限访问控制，且共享数据可根据数据产生的时限继续向下划分为热数据区（6～12 个月内的数据，属于经常使用、访问频度高的数据）、温数据区（12 个月～2 年的数据，访问频度偏低的数据）和冷数据区（2 年以上的数据，多为归档历史数据，通常不再使用）。每个数据区可以配置不同的数据访问权限，数据区的数据对象自动继承数据区的访问权限。数据沙箱是由基础数据区抽取并与基础数据区的资产完全隔离而单独构建的一块数据资产。通常为特定指标的预测性分析开发、第三方调测、样本示例演示提供高性能、高安全的数据支持服务。

7. 多层数据填报

多层数据填报主要由通用模板管理，多级上报审批工作流管理，数据源管理，数据服务管理，数据采集补录、批量导入等几个模块组成，其中通用模板管理提供可视化配置的方式制作数据填报报表，提供多种编辑风格，具备文本、数字、下拉框、日历、复选框、单选框组、复选框组等多种控件，同时具备控件动态关联功能；支持多种数据校验方式，对不符合校验规则的单元格进行定位并提示；支持在线导入 Excel 数据，提供多种数据匹配方式，支持 Excel 文件多 sheet 导入；提供多种数据匹配方式，支持 Excel 文件多 sheet 导入；提供表单模板管理功能，可将制作好的表单作为模板进行保存管理，方便后续复用或简单修改后使用，提高工作效率。多级上报审批工作流管理实现对数据多级上报和审批（可视化配置即可完成，无须编写程序代码），提供基于流程和调度引擎的数据报送功能；支持多级填报流程控制机制，实现数据采集报送、审批以及汇总分析；支持填报任务管理；支持即时汇总和查询填报结果；同时支持多种流程方式，包括直线上报、联合填报（多人并行、串行填报）、分发逐级上报（上报过某个节点可下发填报子流程）等及审批退回等工作流相关的所有常用功能。数据源管理提供对多级填报表单制作数据源和数据目录的增加、修改和删除等管理功能。数据服务管理主要包括服务注册管理、服务申请管理、服务审批管理服务日志查询。数据采集补录、批量导入多层级数据填报工具具备模板的下发和数据自动聚合运算等能力，为各级用户配置相应的权限，通过填报工具实现数据的在线填报、审核，也可以通过移动端随时随地进行数据的采集上报，支持设计在线数据填报录入的表单和 Excel 数据的在线导入、批量导入功能。

8. 图形化建模

图形化建模主要由可视化数据建模、可视化算法建模和模型部署包管理等几个模块组成，其中可视化数据建模是数据资产管理的基础，平台提供图形化数据建模工具，基于行业内普遍采用的标准，对元数据和数据的业务维度进行定义管理，对数据对象之间的使用、转化关系进行配置管理。可视化算法建模以界面交互模式提供新建、编辑、保存、查询分析计算流程的功能。在新建模型流程和编辑流程功能中，用户可以通过拖曳现有算子组件，组合数据处理流程模型，满足用户进行自助分析的业务需求，提供算子模型任务调度、任务跟踪和可视化结果展示等功能。模型部署包支持按照项目空间和自定义分组对模型进行管理，一个项目中可以建立模型树，在模型树中包含多个模型，一个模型中包含多个业务对象，以及业务对象之间的关联关系描述。以图形化方式进行业务建模工作，可以形象、完整地表达业务对象之间的复杂关联关系。

9. 数据可视化

数据可视化主要由数据图形化管理和数据可视化调度等几个模块组成。① 图形化管理：数据流可视化构建平台是一个全程基于 Web 在线、易于使用、功能强大的数据可视化管理平台，提供了近三百个数据逻辑组件，支持全类型业务数据格式（包括结构化数据和非结构化数据），并且支持对外提供 Web Service/REST/JMS/ 消息队列等多种服务接口。② 数据可视化调度：提供强大的数据调度和数据转换能力，数据转换后，可以与可视化报表工具无缝集成，通过报表工具的数据源进行接入与报表配置。

10. BI 分析与报表应用

BI 分析与报表应用主要由数据源配置管理、可视化组件库、GIS 地图引擎、多维 BI 分析、看板可视化编排等几个模块组成。① 数据源配置管理：数据源管理主要是配置指标的查询数据源和存储数据源的连接方式，目前支持 JDBC（Oralce、SQL Server、DB2、MySQL、PostgreSQL、达梦数据库、人大金仓数据库、GBase 数据库、MPP 数据仓库等）、文本文件（txt、xsl 或者 csv 格式）、大数据数据源（Elasticsearch 5.x 以上）和对外服务接口（RestApi）等多种数据源，提供数据源和数据目录的增加、修改和删除。② 可视化组件库：提供图表组件库、表格组件库和 GIS 组件库，图表都采用 HTML5 展示技术，支持移动端设备屏幕自适应，支持动画效果及个性化设置，能够根据需求自定义配置。表格组件是用于解决复杂类似 Excel 表格的业务场景，通过迭代单元格可以实现任意复杂的报表。GIS 组件通过地图统计、显示用户业务不同等指标，地图支持多级下钻功能。③ GIS 地图引擎：提供基于 GIS 的分布地图、迁移地图、标注地图、热力地图等空间数据可视化工具。分布地图主要用于表现一些现象空间分布位置与范围，迁移地图主要用于展示一组数据的流向，标注地图主要用于展示各个区域指标数据的大小，热力地图主要用于展示区域信息的密度等。④ 多维 BI 分析：提供表格、折线、棒图、饼图、散点图、柱状图、直方图、仪表盘、雷达图、地图、树形图、过滤组件、数字翻盘、水球、关系图、漏斗图等可视化 BI 分析组件，提供可视化 BI 分析展示。⑤ 看板可视化编排：可视化编排主要通过看板来完成，能够让用户将多个分析内容组合成一个仪表盘或者报告，是一种面向分析主题的数据呈现方式。用户可以基于监测关键指标，定期进行工作汇报及数据分析，同时可以随时通过筛选器对数据进行过滤；通过图表间的交互联动实现多维度数据关联分析；通过层层下钻进行数据透视分析，从宏观到微观追溯原因；通过跳转功能将多个仪表组合成一个更大的分析主题；通过维度的旋转对同一个指标进行多角度的查看与分析，便于领导对企业运行及业务运转全面掌握、多方位深层次分析、从宏观到明细层层追溯、多指标关联分析，为业务改善及管理决策提供数据辅助。

11. 系统管理

系统管理由用户管理、角色管理、权限管理、消息管理、日志管理、资源管理、监控管理和接口管理等模块组成。① 用户/角色/权限管理：提供用户、角色、权限的配置管理功能，能够根据平台用户的不同工作岗位及权限设置不同的角色信息，不同的角色有不同的权限，用户和角色、角色和权限是多对多的关系；权限划分为功能权限和数据权限，功能权限主要用于实现系统各功能页面及页面操作安全控制，数据权限用于实现对元数据等管理和操作权限。② 消息管理：平台提供统一消息中心，建立统一消息机制和开放消息接口，对接平台任务节点信息以及各类告警信息的告警通知。消息中心通过配置消息模板创建消息，并纳入统一消息池，然后通过消息发送引擎自动导入任务到后台运行，实现消息的统一发送和统一监控，以及构建统一工作台，把系统消息推送到平台和移动端，实现信息任务管理、工作任务一站式操作处理等功能。③ 日志管理：平台提供完备的日志记录，可以通过下拉选择用户操作、异常操作、登录日志，对接口日志、工作流日志等进行过滤查看，支持对日志的查询、审计管理功能。④ 资源/监控管理：平台能够实时对集群的资源进行管理和各项服务进行监控，一旦服务出现了异常，将会产生告警。同时，对集群的各项性能数据进行监控，包括基于时间监控 HDFS 读写速率，监控服务器各节点的内存、CPU、磁盘读写速率，组件健康检测等。⑤ 接口管理：系统所有后台数据都可以通过 Web Service 的 API 集成接口对外提供，能够很好地与其他系统集成。

12. 安全管控

安全管控是系统安全管理规划、实施、监控的核心模块，提供安全策略配置和实施、安全态势监控、安全问题审计的全过程安全管理，对系统的整体安全进行统一管理，对应用安全、数据安全（脱敏、加密等）相关策略进行统一配置。支持对访问用户进行统一认证，并对用户进行功能权限和数据权限的统一管理。提供敏感数据识别策略，一旦识别出敏感数据列则自动进行敏感数据分级，进行敏感数据统计、监控以及差异化脱敏操作。平台基础组件的 HBase、Hive、HDFS 均支持加密处理。各组件支持本地数据目录访问权限设置，无权限用户禁止访问数据，同时所有集群内部用户信息禁止明文存储。提供对系统访问状态的实时监控，对系统的安全态势进行动态评估，全面记录系统访问行为并进行审计。

4.4.5　数据平台存储蓝图

数据平台存储蓝图如图 4-7 所示，作为企业数据存储能力中心，数据平台需提供对海量多元异构数据的存储功能，对多种业务场景的大数据计算能力和对数据资源的统一管理和调度，对 Hadoop 的开源产品进行封装构造，形成基础大数据支撑环境，包括大数据融合存储、大数据计算引擎、大数据统一资源管理和调度等功能。

数据平台无缝集成了基于 Hadoop 的大量生态工具，不同业务可以集中在一个平台内完成，而不需要在处理系统间对数据进行迁移，并且能存储 PB 级海量数据。针对企业多元异构数据，数据架构存储技术包括 SQL 及 NoSQL，并且 NoSQL 能提供企业级的安全方案，提供统一的资源调度平台，能够利用最新的资源调度平台 YARN 分配集群中的 CPU、内存等资源，充分利用集群资源。

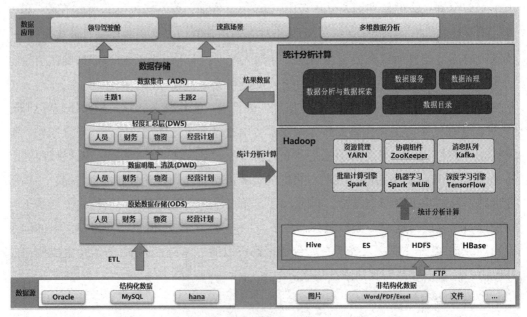

图 4-7　企业数据平台存储蓝图

Hadoop 能够针对不用的业务类型提供不同的计算框架，比如，针对批处理的
MapReduce 计算框架；针对交互式查询的 Impala MPP 查询引擎；针对内存及流计算
的 Spark 框架；针对机器学习、数据挖掘等业务的训练测试模型；针对全文检索的
Solr 搜索引擎。

数据存储层利用 Hadoop 的集群技术构建高度可伸缩的分布式集群架构，使得大
数据架构能够支持海量数据、高并发和复杂分析的需求。通过选择高容量硬盘的服务
器，大数据架构可轻松支持 PB 级的数据容量，并可以真正做到按需扩展。

Hadoop 分布式集群基础架构作为数据的存储与基础供应层，在通过并行的方式加
载数据后，进行大量的数据加工，这些数据加工通过批量运算的方式完成。批量运算
完成基础指标、历史数据汇总、统一视图等大规模运算。各个批量运算的结果汇同原
始明细数据在 Hadoop 中分层、分级别存储，供上层的数据集市、分析主题使用。

结构化数据采集，由 ETL 工具从关系型数据库、关系型文件中抽取数据，进入采
集平台，并存入对应数据库，其一般用于对用户方管理类数据的采集，该类数据存在
于用户方原有的各类信息化系统中，支持结构化数据库如 Oracle、SQL Server 等，支
持数据仓库 Hive、HBase 等，支持结构化文件包括 Excel、CSV、JSON 等。采集支持
全量采集、增量采集两种模式。

系统支持多种捕获变化数据的抽取策略，主要包括全量抽取、时间戳增量抽取、
标志位增量抽取、快照比对增量抽取等。

（1）全量抽取。在全量抽取模式下，系统将源端数据源的所有数据同步到目标端数据源。该模式主要用于数据同步初始化的场景中。

（2）时间戳增量抽取。利用业务表中时间戳字段来实现增量数据的捕获。

（3）标志位增量抽取。利用业务表中标志位字段实现增量数据的捕获，用不同的状态表示不同的数据库操作，如 1 表示修改，2 表示插入，3 表示删除，0 表示无变化，抽取时只抽取被改变的数据，已抽取的记录将状态置为 0。

（4）快照比对增量抽取。快照方式在不改变原有数据库结构、不侵入原始数据库、不影响业务数据库性能的同时完成增量。这种方式通用性强，可维护性好，适用于没有时间戳、标志位字段，又不能创建触发器的业务，且性能较好。

时间戳、标志位抽取方式结合使用可以实现指定时间间隔内增量数据的按操作类型的抽取，实现源端、目的端数据源的数据同步。

4.4.6　数据平台技术蓝图

数据平台采用开放的技术架构，模块化、微服务化的设计思路。结合数据平台的总体需求，分成数据源、数据采集、数据存储、计算调度、平台核心层（数据治理、数据分析、数据服务、综合可视化），如图 4-8 所示。

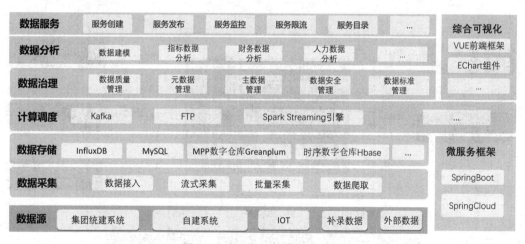

图 4-8　企业数据平台技术蓝图

数据平台使用基于 Java 技术的 Spring Boot、Spring Cloud 框架，基础大数据层使用开放 Hadoop 技术体系构建，为支撑各类结构数据的存储，平台集成了时序库 InfluxDB、关系型数据库 MySQL、MPP 数字仓库 Greanplum、全文检索 ES、时序数字仓库 HBase、数据内存缓存 Redis。支持设备时序数据、结构化数据、非结构化数据的采集，数据采集使用 Kafka、FTP、Spark Streaming 引擎。利用现有技术支持数据填报、数据目录、数据治理管理，支持可视化开发工具，支持微服务管理。

综合可视化展示采用了 VUE 前端框架、EChart 组件、Axiso、HTML5 等技术实现了可跨浏览器、跨设备使用平台。

4.4.7 数据平台集成蓝图

数据架构提供了数据访问集成接口、二次开发集成接口、服务集成接口、其他数据源的结构化和非结构化数据接收接口等，接口的功能是用来收集、采集各模块传输过来的数据，同时为数据内部的数据治理、数据信息资源池存储、数据处理、数据分析和应用服务，提供了数据访问和计算任务，为统一权限与认证和系统管理提供了所有资源查看和管理的访问接口。数据架构提供统一的管理数据源的配置，以及查看配置的参数设置与信息；支持数据源的稳定测试，及时准确获知数据源的运行状态。数据源管理功能支持新增、编辑、血缘关系维护、删除、查看包含的数据对象、测试等。数据源类型包括 Oracle、MySQL、HBase、Sybase、Impala、PG、GBase、Hive、CSV、File、Excel、InfluxDB、Saprfc、Redis 等多种数据源。图 4-9 是数据平台与各系统集成示例图。

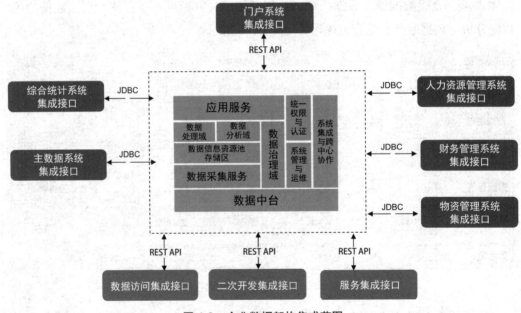

图 4-9　企业数据架构集成蓝图

数据访问集成接口：大数据信息资源平台对外提供结构化、非结构化访问接口，外部系统可通过数据访问接口方便地利用大数据架构中的各种类型数据。

二次开发集成接口：大数据信息资源平台提供第三方应用程序集成平台相关功能开发接口。

服务集成接口：平台提供了 REST API 管理接口，包括用户账户管理、系统日志管理、数据源管理、数据发布器管理、系统信息管理等。

数据架构中所有后台数据都可以通过 Java 数据库连接（JDBC）集成接口对外提供，能够很好地与其他系统集成。对外提供的 API 接口主要包括任务的启动、停止和初始化，元数据管理服务和数据源管理服务等任务管理类的集成接口；统一的交换流程配置、调度、监控、数据查询、推送服务等维护类的集成接口，以及获取监控日志、日志查询等系统信息类的集成接口等。

4.4.8 数据平台安全蓝图

数据平台安全蓝图设计包括数据安全设计和网络安全设计。

企业的数据平台安全蓝图设计通过分层建设、分级防护，利用平台能力及应用的可成长、可扩充性，创造面向数据的安全管理体系系统框架，形成完整的数据平台安全蓝图，如图 4-10 所示。企业数据平台的建设，应该始终把数据安全管理放在最重要的位置，通过设计完备的数据安全管理体系，多方面、多层次保障数据安全，其中包括安全战略、安全组织管理、安全过程管理、安全技术保障、数据运行能力保障、数据生命周期安全保障。

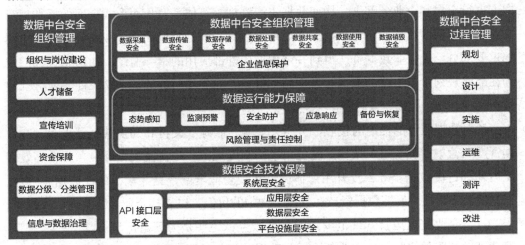

图 4-10　数据平台安全蓝图

数据安全采用了 Kerberos、LDAP、Sentry 等协议或技术，实现用户账号单点登录、认证授权、数据库按行列保护。

4.5　数据资产运营方案

4.5.1　数据资产运营原则

数据资产管理和数据服务是企业数据资产运营中的关键环节，通过落实制定的数据资产管理规范和数据服务解决方案，满足企业提出的相关数据需求，在数据资产运营过程中需要坚持六项原则：统一管理原则、快速响应原则、统一数据原则、数据共享原则、安全保密原则、依法合规原则，具体如图4-11所示。

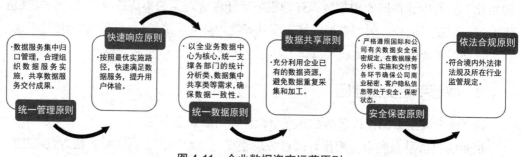

图 4-11 企业数据资产运营原则

4.5.2 数据资产运营目的

企业数据资产运营的目的包括数据资产管理规范和数据服务。

数据管理规范应从企业的管理层、领导层出发，基于企业数据资产管理现状从顶向下进行全局和全业务部署，构建数据资产管理规范体系，从而形成全面的标准规范和业务执行调度流程。企业数据战略规划是数据资产管理成为企业战略核心任务应用的重要部分，让企业数据资产得到一定程度内外部应用的指导蓝图，使信息化部门成为在战略规划阶段决议的数据管理部门，打通各业务部门的数据壁垒，使各业务部门数据实现互联、互通、互操作。

针对数据服务的提出与接收、分析、实施、跟踪、交付和知识共享管理等。在数据资产运营中需确定组织架构、岗位角色、制度规范、运营流程等环节，旨在高效满足内外部各类数据服务，提升用户体验，实现企业全域数据共享，保证数据一致性、安全性、完整性，发挥数据资产在数据架构中的价值，以支持企业经营管理和决策。

（1）企业数据运营管理范围内的数据服务，主要是为满足信息披露、外部监管、经营管理和跨部门跨专业的业务协同和数据分析等需要，以及企业数据管理部门、业务部门及所属基层单位等所提出的，以统计指标报表和数据规范等形式交付的需求。

（2）企业数据运营管理范围外的数据服务，对于企业内部各部门及所属基层单位利用现有系统，在其权限范围内可以满足的对外数据服务需求。

4.5.3 数据资产运营内容

构建企业数据认责机制，使数据资产运营组织架构中的各个角色相互配合，各司其职，还需要明确它们相应的职责，让工作职责融入日常的数据资产管理和使用工作中。如图4-12所示，建立数据资产管理的认责机制，一般包括数据资产管理委员会、数据资产管理中心、业务部门、支撑部门、使用部门以及外部用户等，对应的角色职责体系一般包括数据决策者、数据管理者、数据提供者、数据开发者、数据消费者等。

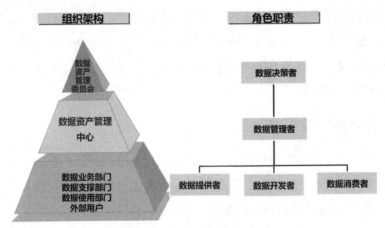

图 4-12　企业数据认责机制

为了保障企业数据规范的实施和数据组织架构正常运转，需要构建完整的覆盖全域数据的引入、使用、开放等整个生产运营过程的数据管理规范体系。从制度上保障数据资产管理工作有据、可行、可控，数据资产管理规范如图 4-13 所示。

图 4-13　数据资产管理规范

为进一步加强保障和评估企业的数据资产管理的规范、规划、组织机构、制度体系的执行状况，确保数据资产的安全性、准确性、完整性、规范性、一致性、唯一性和时效性，需具备完整的贯穿数据资产管理整个流程的数据审计机制。审计对象包括数据权限使用制度及其审批流程、日志留存管理办法、数据备份恢复管理机制、监控审计体系规范以及安全操作方案等体系制度规范以及敏感、重要数据。数据资产管理在实施过程中需要保障集中审计的可行性。

4.5.4　数据资产运营流程

企业数据资产运营流程以数据资产管理规范为基础，将对数据服务细化至需求整理、数据服务研发、测试、交付、数据服务运营数据收集、参数调整和模型调优，形成一套全生命周期数据架构服务运营流程，如图 4-14 所示。

图 4-14　企业数据资产运营流程

4.6　数据速赢实施方案

4.6.1　数据速赢实施原则

数据速赢实施原则将遵循敏捷开发七步原则进行开发与实施，其中包括业务梳理、需求识别、资产盘点、数据磋商、服务开发、服务发布、服务运营。通过速赢的实施从而验证数据架构的重要性、合理性和可行性，实现数据服务的快速迭代开发。基于欣思博数据项目实施经验，开展速赢项目实施归纳为简单、沟通、反馈、勇气的八字方针，如图 4-15 所示。

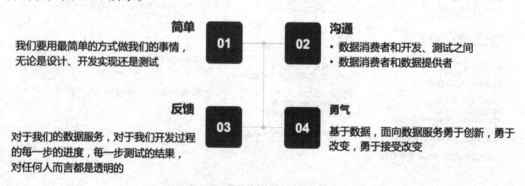

图 4-15　数据速赢实施原则

4.6.2　数据速赢实施内容

1. 业务梳理

业务梳理以描述部门现在工作的业务现状为主，并根据实际工作需要提出调整建议，以实现立足现在，着眼未来。图 4-16 以经营计划部为例开展业务梳理。

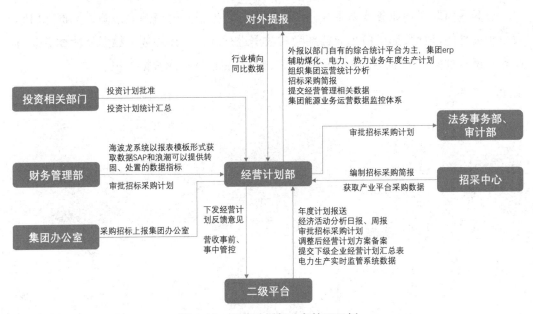

图 4-16　经营计划部业务梳理示例

2. 需求识别

以降本增效为例，平台制订合理的采购计划，在年初通过线上系统提报采购计划，控制采购成本（采购成本占 60% ～ 0），对供应商集中管理、集中采购，以数量获取价格优势，降低企业总体采购成本。设备跟踪，提供主要服务的主机设备及重要配件的使用状况（不追求跟踪的设备数量，但注重效率）。

3. 资产盘点

图 4-17 为数据速赢资产盘点示例。

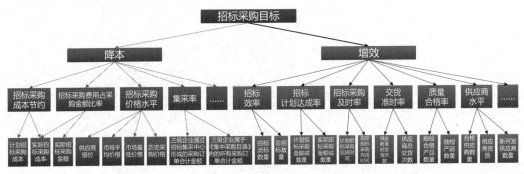

图 4-17　数据速赢资产盘点示例

通常企业采购管理基本目标为控制成本、提高产品质量、保证及时供应等,即"降本"和"增效"。以该目标为导向,分析可能影响目标的关键指标,并梳理关键指标所涉及的相关数据,有助于充分实现"数据"向"数据资产"的转变,实现数据驱动业务精细化运营,进而提高企业采购管理效率。

4. 数据磋商

数据磋商即识别业务能力主线,所需数据与数据服务的跨部门来源,主责部门牵头与相关部门进行数据磋商(业务部门对数据进行认责)和仲裁(数据仲裁委员会由业务专家、数据专家和技术人员等相关人员组成),最终达成数据共识。

第5章　数字化技术架构

5.1　技术架构走向云上

5.1.1　技术发展趋势

以云为基本、数据赋能的新技术架构时代已经到来。近些年来，云计算在实际生产中得到广泛应用和蓬勃发展，这里既有技术创新的市场化应用的推动，又是社会经济发展的必然。总的来看，以下几方面的因素起到了关键的推动作用。

（1）软硬件技术的成熟。构建云计算平台的关键条件逐渐成熟和完善，主要指的是理论、技术和工程实践等方面。服务器虚拟化是云计算的基础，无论是 VMware、华为等商业虚拟化产品，还是以 KVM 为代表的开源虚拟化技术都有很成熟的应用案例。还有 SDN 软件定义网络技术与云平台的融合运用也逐渐完善，补上了云平台在技术上最关键的一块短板。云计算管理平台的成熟也完成了把虚拟化资源封装成云服务的关键转换。这些技术的成熟和落地极大地推动了云计算的加速落地。

（2）合理的商业模式。云计算最有价值的是其商业模式，按需取用、按需付费，是最符合目前经济格局的商业模式，也对产业带来最大的震撼，会被延伸至 IT 之外的产业，甚至影响企业经营思维。用户由传统的自购软硬件、烟囱式的系统部署、自行维护，到按需购买服务，无须运营服务，从而达到聚焦业务的目的。

（3）巨大的社会价值。对中小企业而言，可以把资产性支出变为运营性支出，增加了现金流，又可以摆脱对 IT 不熟悉的窘境，甚至可以用低成本的方式享受高价值的业务服务；对大中型企业而言，云计算的应用极大增加了 IT 的敏捷性和灵活性，云计算的持续落地让 IT 系统从成本中心变成价值中心成为可能，这在某种程度上极大提升了业务活力和创新能力，为推动企业数字化转型起到了关键的基础支撑作用。

云计算的发展和落地并非一帆风顺，也经历了一个从怀疑、试探到局部试点再到广泛应用的过程。云计算的成长一直伴随着各种挑战和质疑，也曾出现负面评价和失败案例，而这都是新事物的试错成本。下面简单回顾一下云计算发展历程。

2008—2011 年从理论走向实践。云计算在学术界出现可以上溯到 20 世纪五六十年代，但是作为商业行为出现在行业实践里是近十多年的事情。一个重要标志就是亚马逊 AWS 在 2006 年公开发布 S3 存储服务、SQS 消息队列及 EC2 虚拟机服务，正式宣告了云计算时代的到来。经过 AWS 的实践，证明云计算的可行性以后，2008 年微软和 Google 纷纷跟进。这个阶段可以称得上是云计算的萌芽阶段，重点在探索云资源服务的提供，尝试以云化的虚拟资源取代传统的物理资源，但是在上云架构方面并没有一个特别清晰的思路。

2011—2014 年探索阶段。云计算集约化运营的可行性被验证以后，一些企业纷纷进场，形成了几个派系。有以基础通信和 IT 资源为核心的运营商派，如中国电信的天翼云；也有以互联网内容和渠道资源为核心的互联网公司派，如阿里云和腾讯云。这个阶段 IaaS 落地的模式基本确定，包括 IaaS 的规划、建设和运营模式逐渐成熟，也开始探索 PaaS 层，但是比起 IaaS，受限于技术的成熟和应用架构的完善程度，PaaS 进展缓慢，始终没有得到市场的积极响应。这个阶段行业客户对云计算的质疑依然存在，云计算在质疑声中前行。

2014—2018 年发展阶段。这个阶段云计算在行业的落地得到了长足发展，其中政务行业尤其突出。从 2014 年开始，政府密集发布推动云计算在电子政务领域应用的政策，省市两级政务云进入高速发展期。政务云对云计算在行业里的应用起到了关键作用，首先探索了云计算从建设走向运营的关键实践，然后云平台等核心关键软件国产化的政策为云计算核心技术自主化打下了坚实基础，上云迁移活动也积累了大量服务经验，上云架构趋向成熟。在政务云实践的影响下，企业上云也开始大量出现，银行边缘业务也开始尝试进行云化替换。

2018 年至今繁荣阶段。随着上云实践的开始，应用架构也开始从单体架构向分布式架构演进，微服务架构深入人心，同时容器技术进入视野，各个行业都开始了 PaaS 平台建设和探索。上云将成为各类行业客户加快数字化转型、鼓励技术创新和促进业务增长的第一选择甚至前提条件。对于行业客户而言，更多的不是上不上云的问题，而是要考虑上哪家云、怎么上云的问题，是如何迁移重构以适配云端的问题，是如何让云更好地服务生产的问题。上云是常态，不上是例外。

通过对云计算发展历程的回顾，我们对云计算的未来发展抱有充足的信心，云计算终将成为 IT 基础设施的整合者。云计算的发展包括商业模式、运营模式、技术实践等多个方面。

1. 云计算成为 IT 基础设施的整合者以及技术创新和业务使能的承载者

现阶段 IT 最大的困扰莫过于如何整合烟囱林立的 IT 基础设施，经过多年的粗放式发展，现有 IT 技术设施急需统一规划、统一建设、统一整合以及统一管理。云计算正逐渐成为 IT 基础设施的整合者，以云计算为核心实现 IT 基础设施的服务化和集约化，进一步推动技术创新和业务的使能，使得 IT 从过去的以建设为核心的成本中心模式向以运营为核心的价值中心模式转型。

2. 云计算从通用的 IT 技术平台持续向行业纵深发展

云计算推动实现了 IT 技术平台的集约化整合和运营化发展，同时不断强化对行业的适应性和对业务的亲和性，云平台的行业属性愈加明显。政务行业云在强调安全和合规性的基础上，进一步关注流程的整合以及数据资源的共享。金融云则更偏向对双模 IT 的兼容，对 IT 基础设施的融合管理和交付。企业行业云更倾向落实对业务敏捷性的支持以及平台运营的诉求。因此，云计算的未来是构建在满足细分行业业务服务诉求基础上的。

3. 多云和混合云成为云计算的主流模式

不同业务对资源的诉求也是不一样的，对互联网公众提供服务的业务需要资源的弹性，对内部服务的流程类系统强调资源的稳定性，核心数据关注 IT 基础设施的安全性，创新业务关注资源的敏捷度。因此，针对一个组织内部来说，尤其是多业态的组织内部，以业务需求为核心的资源需求也是多种多样的，单一类型的云必然无法满足需要。业界也一直存在针对私有云与公有云、虚拟机和容器、自建和租用等不同类型和模式云资源差异性的争议。从满足业务需求的视角来看，未来需要的是多种云资源和不同算力混合的多云架构。物理机、私有虚拟机、公有虚拟机、私有云存储、公有云存储以及更细粒度的容器分别有不同的适用场景，在行业客户数字化转型和业务发展需求的推动下，未来云化的 IT 基础设施也一定会呈现多元化的趋势，会走多云的路线。

4. 云计算从建设走向运营推动 IT 回归价值本质

一直以来，IT 系统建设和管理都沿袭全生命周期的管理模式，从系统规划、系统建设到系统运维和系统改造升级，周而复始地完成 IT 系统的迭代，总体呈现出一种螺旋上升的良性循环。长期以来，IT 都以系统建设为核心，根据业务需求建设 IT 资源和 IT 系统支撑业务发展。在近些年云计算的建设浪潮推动下，各行业客户做了很多云平台建设方面的工作，但是也暴露出诸如"重建设、轻应用""重成果、轻价值"等问题。这种做法通常会忽视业务战略对云的诉求，忽视了业务需求的关注点也忽视了应用系统的实际需求，我们通常过分关注现阶段建设成果的交付，却忽视了 IT 本身应该有的价值。包括云计算在内的 IT 信息化从建设走向运营，已经是一个很明显的趋势。运营比建设多了对用户的管理和关注，多了对平台可持续发展的关注，也多了对成本的考虑。

5. 云计算的生态建设愈加完善、社会化分工愈加成熟

业界一直流行一句话，就是"让专业的人做专业的事"。在社会化分工愈发明晰的

当今社会，云计算的生态和分工也更加明确，具体分工框架如图 5-1 所示。

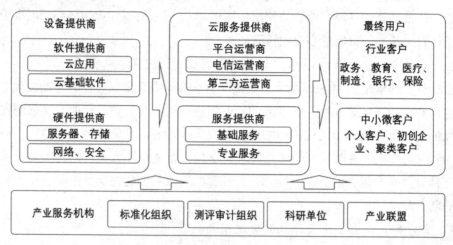

图 5-1　云计算分工框架

（1）云服务提供商。平台运营商是云计算生态链上最重要的角色之一，狭义上指的是云平台（重点是公有云平台）的运营机构，也是跟行业客户有直接产品买卖关系的资源和服务的第一界面。这里不仅有百度、阿里巴巴和腾讯这样的互联网公司，也有电信运营商。它们是云计算运营提供商的绝对主角，另外还有一些像金山一样的第三方云运营商。服务提供商。从具体的产品和设备到云平台的最终实现，需要服务的集成和整合。这里需要覆盖云计算全生命周期的服务，包括咨询规划、集成建设、迁移上云、运维运营，同时也需要安全规划、安全集成、安全加固以及业务连续性规划和服务等专业环节。

（2）设备提供商。软硬件厂商是软硬件设备的具体提供者，它们充当了兵工厂的重要角色。但是有一个重要的提示，云计算一定不是软硬件产品的堆砌，而是一个从产品到资源再到服务的过程。

（3）产业服务机构。任何一个领域都离不开产业机构的扶持，云计算也不例外。标准化组织肩负着制定云计算标准的重要任务，测评审计组织负责第三方测评和审计职责，科研单位也在加快云计算技术创新工作，产业联盟在不断推进行业的发展和进步。

（4）最终用户。云计算的用户主要包括政务、教育、医疗等行业客户，同时也包括个人客户、中小微企业以及聚类客户等。

在实际运作过程中，云计算生态的各个环节分工也不会像上面那样泾渭分明，也在互相渗透、不停进化。云运营商越来越重视私有云和混合云，开始涉足云服务环节，同时云服务商不甘心为他人做嫁衣，开始尝试运营。同时，华为、H3C 等设备厂商也在尝试直接跳到前台，面向客户提供云服务。

6. 从集中到分散，云架构向边缘延伸

在经历了大机时代算力集中部署的阶段后，随着小型机的出现和 X86 服务器算力的提升，企业做了大量的分散型算力建设，建成了很多 IT 烟囱，在解决业务困局的同时，又带来了新的问题。于是，开始尝试 IT 大集中，把分散的 IT 资源进行整合，云计算也在这个环节占领传统 IT 市场。在云计算的统筹下，IT 重新以整体的形象出现，有了大一统的 IT 架构，但同时我们发现，不同的业务和组织也希望在统一的规划和架构下保持一定的自由度和灵活性，希望算力下沉到边缘节点，就近提供业务和数据支撑服务。多云管理平台和边缘计算逐渐成熟和完善，我们开始尝试构建分布式的云平台，云架构开始向边缘延伸，我们的愿景是构建以驱动业务为目标的分布式云计算平台。

7. 云计算的关注点从资源提供向业务赋能转移

这几年业内有一个很可喜的变化，从业者和 IT 主管们开始思考"是什么和为什么"的问题。近些年业界的关注点不断升华，从 IT 基础环境到 IaaS 平台，再到最近炙手可热的微服务、中台和 PaaS，最终的目的就是更好地支撑和赋能业务。云计算正在摆脱资源型建设期，进入成熟利用期，关注点从资源建设向业务赋能转移。

5.1.2　云上业务和技术服务发展

技术的出发点是为业务服务，真正的技术创新是从业务角度出发的，企业需要的是通过 IT 进化实现业务的敏捷。在云计算领域，现在的主流做法是"IaaS+ 服务化"，所谓服务化就是更多地考虑业务需求，未来一定能实现"IT 与业务的融合"，实现"去IT 化"，也就真正实现了 IT 就是生产力。

IaaS/PaaS/SaaS 的提法已经有很多年了，IaaS 和 SaaS 相对很明确，唯独 PaaS 说不清楚，行业客户说不清自己的需求，厂商和服务商也没有统一的尺度和标准，后来又出现了很多类似的概念，如 CaaS、DaaS 等，其实叫什么不重要，厘清含义和本质才最重要。对于客户，实现业务敏捷是目的，但实现云和业务的融合与衔接才是关键问题，也就是 PaaS 真正践行了云的本质。

PaaS 不是一个新概念，是云计算三层经典架构中模棱两可的那一层。微服务和容器出现之后，PaaS 便有了新旧之分，现在以微服务和容器化为代表的轻量化 PaaS 明显占了上风。在建设内容上，PaaS 主要包括面向业务、面向数据、面向资源和面向运维等部分。面向业务主要是应用全生命周期管理；面向数据主要是构建数据集成和数据能力平台；面向资源主要是实现资源的灵活调度和管理；面向运维主要是实现全面监控、服务流程化和自动化运维。

企业对 PaaS 的需求都是出于战略和业务的考量。"为了云而云"在 IaaS 建设阶段是适用的，但是越接近业务越要理智，绝对不能"为了 PaaS 而 PaaS"，那无疑是灾难性的。PaaS 后续的发展会越来越具备行业属性，行业适配的 PaaS 才具有生命力，就像云计算本身的发展一样。

总的来说，PaaS 的场景化需求主要集中在以下几点。

（1）分布式改造。随着业务并发访问需求的激增，对网络 IO、磁盘 IO 等方面会有更苛刻的要求，会产生基础环境分布式改造的需求。但这一需求通常是自上而下的，不能倒过来，同时受应用就绪程度的制约，应用会从单体应用向模块化和分层解耦演进，通常会有分布式消息、分布式缓存、分布式数据库等，可以是一个也可以是组合。这部分对软件厂商的依赖会降低，开源组件成熟度比较高，用户对开源的接受度也比较高，但是存在一定的技术门槛，尤其是分布式数据库。

（2）微服务拆分。这部分是面向业务面向应用的，一些对业务敏捷性要求比较高的客户，或者一些架构理念比较先进的客户，会开始从生产辅助类业务开始尝试。大家可能会问为什么不是管理类业务，一般通常认为管理类系统，如 OA 等，改造的示范效应并不明显，当然也不能一概而论。这部分又分成产品提供和服务交付，这两部分可以是合二为一的，也可以是分开的，微服务拆分是技术密集型同时也是人力密集型的服务交付过程，需要两类人，一类是业务专家，一类是微服务技术专家。具体选哪种技术框架，是不是一定是 Spring Cloud，那需分析具体情况。

（3）面向开发和运维的流程改造。这部分涉及流程改造，牵扯面比较广，不是一个简单的 DevOps 平台提供，建议要慎重，尤其是对服务商来说，更需谨慎，以防陷入改造的泥沼，需要从平台构建、流程改造和组织重构等多个层面综合考虑。

（4）智能运维。把它单独提出来是因为它是相对独立的，尤其是一体化监控，最容易引起客户的共鸣和认可，最容易见到效果，从物理设备、虚拟化、云平台、应用、数据等全要素全流程的监控看，它是传统网管和监控的升级。关键点在应用和数据的监控，至于采用埋点式还是代理式，那就要具体问题具体分析。建议监控和配置管理数据库改造，IT 服务管理流程对接分开进行，这样的节奏一般行业客户都能接受。

这里涉及新旧两种技术架构的融合和演进，也会涉及角色定位的问题，服务商、产品提供商、应用开发商各有各的定位和诉求，跟之前 IaaS 层建设相比，这部分更加复　杂，需要考虑的问题更多，需要更多更全面的技术视野和业务视野。

现在不管是公有云 PaaS 服务还是私有云 PaaS 建设，都很难一帆风顺。相关问题和困境往往在业务上云过程中才会体现出来，你会发现很多业务不经过改造很难直接往云上迁移，改造就会遇到问题。比如有一个 Web 服务会用到缓存还有数据库、MQ，以及一些后端模块，通过 RPC 接口相互协作。这样一个系统还是比较常见的，此类系统的上云就不是一个简单的过程，简单粗暴地往 IaaS 部署，这样当然可以，只不过会产生一堆 64 核 126GB 内存的怪胎虚拟机而已。合理的过程应该是构建基于分布式的环境，通过对应用的拆分和改造实现整体上云。

Pivotal 公司很早提出云原生的概念，其实是脱胎于架构和咨询经验总结出来的一个思想集合，并得到了社区的不断完善，内容非常多，我们通常所说的 DevOps、CI/CD、微服务、容器等敏捷的云资源等都在里面。采用基于云原生的技术和管理方法，可以更好地把业务生于云或迁移到云平台，从而享受云的高效和持续的服务能力。这就是初衷。云原生并非把原先在物理服务器上运行的信息放到虚拟机里，真正的云化不仅是基础设施和平台，应用也要做出改变，应用的架构、应用的开发方式、应用部署和维护技术都要做出改变，真正地发挥云的弹性、动态调度、自动伸缩。也许很多客户认为云原生是为互联网行业准备的，不一定适合传统行业。其实，云原生作为一种架构准则，适合任何行业。云原生不是一个具象化的产品，而是一种架构思路和技术体系，随着云落地和发展，也必将成为未来的主流，影响深远。

5.1.3 私有云的困境

私有云是云的一种形式或者叫模式，很难被准确定义，无论从资产的角度还是部署位置的角度都不太准确。不过，很显然现在云已经成了客户整合 IT 基础设施的手段，至于是不是私有云不一定。私有云从物理架构上应该是风火水电以上、应用以下、安全边界以内的 IT 设施。从权属的角度讲，是否拥有资源的全部的独占式的使用权，算是一种标准。

私有云现在无论是从投资的角度还是产品的角度都不被看好，大致有以下几个原因。

（1）竞争激烈。公有云日趋成为寡头游戏，大批云厂商退而求其次，涌入私有云领域，加上私有云服务商，使得本来就不大的市场变得更拥挤。

（2）量变还是质变。从虚拟化到 IaaS 顶多算是一个大的量变过程，没有产生质变。我们总说传统 IT 环境交付周期长，动辄数月。私有云交付周期就变短了吗？显然没有。一个私有云的建设，从规划设计、服务商的遴选、设备采购、集成实施、云平台的定制，都需要大量的时间，也只是改变了交付的形式，从交付物理资源变成了交付虚拟的云资源。

（3）资源还是服务。业务和应用对底层云平台提出了相应的要求，包括稳定性、敏捷性和可持续性，这种要求除了资源要求还有很多服务性要求，显然单纯以资源交付服务为目的的 IaaS 满足不了。

（4）商业模式和客户认知。目前很多客户都认为，私有云就应该跟过去的产品采购一样，买来装上开通就好，很多项目还是设备采购，没有系统和架构的概念。

（5）运维还是运营。IT运维的本质是求稳，云提供了更多的敏捷性，显然除了运维以外，需要考虑如何运营、如何盘活云。

那是不是说私有云就完全悲观了呢？倒也不是，私有云仍然是我们最终的IT基础设施的组织模式，是我们很重要的云资源形式。

不过云的发展，尤其是私有云的发展，还存在另外一些困境。云计算发展到今天，从观望期到跃进期，再到现在的进入反思期，不是说云不再重要，而是人们开始反思云的价值和真正的意义，云计算正在回归业务价值。在如今数字化转型的大背景下，包括私有云在内的云平台实现了IT基础资源的整合，实现了从资源建设型IT向服务运营型IT的根本性转型。

1. 上云路漫长

不少客户不顾现状和实际需求，把云当成包治百病的万能药。云不仅仅是基础设施整合的手段，更是一种构建、开发和交付应用程序的全新方式，也是开发人员、IT人员和客户面临的全新体验。云原生对于大部分客户来讲，在现阶段都只能是一种愿景，但是至少我们得有一种意识，云是为业务和应用服务的，云的建设和运营必须围绕业务展开，脱离了业务的云，终究会付出代价。从工程实践的角度来说，即使没有条件马上开展云原生，至少原来的大型单体应用，还是得适时做出调整。例如，上云过程出现的应用系统提出64核128GB这种规格VM还是应该慎重。

2. 小心云锁定

云锁定这个词源于早些年的厂商锁定和设备锁定，过去在做IT规划时总担心自身IT发展会被单一技术路线和厂商设备所限制。现在的云锁定远比过去设备锁定来得严重，更应该提高警惕。这种锁定不仅仅存在于设备和云平台软件层面，更包括应用和架构层面的锁定。云之上提供的各类服务、分布式环境以及开发框架都会对应用的开发和运行产生直接影响。云的愿景始终应该是基于服务目录提供通用化、标准化的服务，在架构上也应该保持架构的独立性和自主性。

3. 成本问题

上云是一个系统化的工程，也是一个长期的过程，云的价值在于构建融合弹性敏捷的服务，获得的是整体价值，不是简单的能用资本价值衡量的。通俗地说，云不一定节省费用，或者说往往成本会增加，尤其是边际成本不会低，第一年迁移成本非常高。控制成本的一个方法是确保互操作性和可移植性，保持服务商的稳定或者架构的稳定，无须为应用程序重写代码。

4. 上云方式的选择

如果说业务和应用规模较大或者比较复杂，或者变动频度较大，显然公有云不是特别合适。而且应用程序中未解决的架构问题也是制约选择的重要因素。其实，公私专混几种类型的云，都是可选的资源，至于如何选择，归根结底还是业务和应用决定的，架构应该具有可持续性。

5.2　云上技术架构概述

5.2.1　由架构引发的思考

架构的核心是需求管理，重点是需求裁剪以及分层需求优化。上层应用要减少不必要的查询写入和调用，多关注容错，服务之间要尽可能解耦，不该要的不要，架构要裁剪，需求更要裁剪。

面对负载的加剧，云平台架构设计也更趋向以集群化和系统拆分的方式进行应对。前端系统负责实现业务逻辑，大的思路就是以集群的方式实现实例的复制，也就是推动应用做水平复制。后端系统是状态化的，关键是数据，大的思路就是系统拆分，如数据库拆分和业务拆分，拆分到一个合理的程度。

除了集群化和系统拆分，通过服务置换也可以增加架构的灵活性和弹性。系统处理不过来，可以加个缓存，用缓存空间和 I/O 换取算力，一个不行多来几个；分布式环境的使用，是用算力换取 I/O 资源；再如数据传输，要传输的东西太多，可以进行数据压缩和删重，这应该算是用算力换存储空间。

时至今日，站在架构设计的角度应该认为 IT 基础组件这个层面都是不可靠的，不能盲目信任，但也不能过分焦虑。盲目信任就会形成单点，过分焦虑就会过度设计和过度投资，要把握好一个度。比如，X86 服务器是不可靠的，不能直接以单点的形式承载关键业务，内存本来就不是用来做持久化的，如果拿它当存储器用，迟早要付出代价。

架构设计是数字化转型过程中强化 IT 弹性、敏捷性的抓手，也是 IT 能持续发展的关键，始终要坚持架构的独立性。

（1）架构的理解。对于架构这个概念，不同的人会有不同的理解。开发人员理解的架构，是软件的构建模式和方法；职能部门的人理解的架构，是组织架构；人员理解的架构，是业务架构；IT 人员理解的架构，是网络、服务器存储等设备构建方式。这里谈的架构更多指的是企业架构，架构以需求管理为核心，向上承接企业战略、业务战略和 IT 战略，在业务、应用、数据和技术四个方面实现 IT 的可持续发展。

（2）坚持架构的独立性。过去有个概念叫厂商锁定，如小型机时代的 IBM 和 HP 公司，到了云时代，设备层由于技术上的解耦，表面上好像厂商锁定离我们远去了，其实更大的问题正等着我们。可以把这个叫作"云锁定"，如果一个企业没有从自身业务需求出发制定自己的架构，就非常容易被云锁定，一旦锁定，可能比过去的设备厂商锁定来得要更严重。因此，我们始终需要坚持从业务需求出发的架构独立性。

随着资源集中和架构独立性的确立，业务对云的需求也越来越具体和明确。我们所面对的资源需求也不是一种，包括物理资源、虚拟资源、云资源、更细粒度的算力资源以及算力的灵活部署，这些都是需要关注的。随着 IT 基础平台的整合到位，IT 的关注点必然会落到应用和数据两个关键点上。应用是业务实现的载体，数据是企业的核心资产，分别对应着应用中台和数据中台，不是说必须建中台，而是说要关注这两个关键点。

在过去，IT 属于支撑手段，运维成了这个阶段的重中之重，这就导致了一个现状，IT 中心成了背锅中心，做好了没有功劳，做不好一定有责任，这是我们这帮 IT 从业者的悲哀。随着 IT 的发展，其实是技术的成熟和完善，以及 IT 价值观的转变，IT 在朝着价值中心转型。这就要求我们的 IT 从运维向运营转型，从大的层面来说，以后的IT 不是运维出来的，是运营出来的。从运维到运营，不是简单的工具的变化，不是说有了云管有了自动化运维就能实现运营。很多客户，尤其是企业客户都在朝这个方向努力，IT 运营不但是一个趋势，更是 IT 价值导向的一个具体体现。

我们反对唯技术论，反对从技术的角度谈技术，也反对形而上学地谈架构。我们的目的就是构建面向业务的敏捷 IT，所以脱离业务需求谈 IT、谈架构、谈技术，都是非常不可取的。

5.2.2　套装软件与云计算及企业架构的关系

首先明确一个概念，这里说的套装软件，不是 Office、Windows 这类桌面级的，指的是 ERP、客户关系管理、制造执行系统、财务等企业级核心应用。

Gartner 公司在 2014 年提出了双模 IT 的概念，核心思想一是"维稳"，主要是核心关键业务以稳定运行为主，稳定压倒一切，称为"模式一"；核心思想二是关注"图新"，新业务以及处于变化中的应用更关注敏捷性，关注资源的弹性供给和灵活支撑，这是"模式二"。

双模 IT 在企业架构领域的落地并不是那么一帆风顺的。虽然双模 IT 是一个普遍认可的概念，但是在国内并不是很叫座，除了部分用户业务过于简单，没有必要搞双模 IT 以外，大部分原因还是因为客户没有想清楚如何应对双模 IT 带来的架构变化和冲　击。一般来说，生产环节的支撑适合套用模式一的稳态结构，大部分企业用模式一一站到底，并没有过多区分业务属性。在数字化转型的推动下，双模 IT 有不同表述，无非是一体两面或者一体多面，至少有一个思路正在形成共识，对于企业既需要面向生产的稳定支撑，又需要面向市场的敏捷响应，传统套装软件对应着稳态，新 IT 架构下的中台模式对应着敏态，这种模式的融合成为我们必须面对的问题。

　　套装软件作为过去支撑核心业务的关键基础 IT 环境，也不是一成不变的。比如 ERP 的鼻祖 SAP 公司，在 2018 年就抛弃了传统 ERP 的概念，强调之后的领军企业将不再依据计划开展经营活动，依据的是对企业实时的洞察进行生产经营活动。因此 SAP 公司的 ERP 等产品套件，也开始适应前中后台的结构，开始出现能力中心等概念，就是很好的例证。无论是以人为本还是以业务为中心，核心思想中的敏态模式逐渐成为架构的主流，这是不争的事实，双模下的中台架构让业务和商业回归价值本质。

　　人们往往会说，电商等互联网应用天然具备前中后台的分层特性，传统业务和应用不好分层，其实这还是保守思维在作祟，不是说非得让传统业务去做微服务拆分，去做容器化，而是应该认清业务的本质是什么，套装应用为代表的传统架构会带来很多问题，比如前后端不分引起的性能问题，紧耦合带来的扩容和升级问题，对创新的响应迟缓的问题，等等。

　　架构的平滑演进和升级是关键，一个好的企业架构应该是面向业务的。一般企业架构采用领域驱动设计，甚至具备一定的架构自愈性。双模 IT 不是说让企业维护两套架构，其重点在融合。比如，传统应用和套装软件多用 Oracle 等关系型数据库来承载，面向敏态架构需要考虑这部分如何迁移和升级，如果非得一刀切，那肯定不会有好结果，完全可以用中间态去融合，比如把 Oracle 用分布式消息组件"同步"到云数据库上，Oracle 承载生产，处理热数据，用缓存和消息处理以及数据中台处理温数据和冷数据。这样业务自然就分层了，一部分是面向生产的，一部分是面向管控的，是不是跟转控分离、分层解耦有异物同工之妙。有时很多思路不一定是完全对立的，而是我们僵化的思维在作祟。

　　技术只是工具和手段，虽然架构是技术组成的，但是那也千万不能以技术的思维去思考架构，架构本身就是融合的，是技术和业务的融合。

5.3　云上技术架构的分类

5.3.1　什么是云计算

　　云计算是近十年以来一直活跃在 IT 领域的一个炙手可热的概念，不管是对行业客户还是业内从业者来说，云计算都是一个既熟悉又陌生的东西，说它熟悉是因为它经常进入我们的视野，说它陌生是因为大家对它的理解和认识一直很难统一。莎士比亚曾经说过，一千个人眼里有一千个哈姆雷特，我相信大家对云计算的认识也是不尽相同的。

　　首先，我们来看一下业界对云计算的一些定义。

　　百度百科中关于云计算这个词条的描述是这样的：云计算是分布式计算的一种，

指的是通过网络"云"将巨大的数据计算处理程序分解成无数个小程序，然后通过多部服务器组成的系统进行处理和分析这些小程序得到结果并返回给用户。

维基百科是这样说的：云计算是一种基于互联网的计算方式，通过这种方式，共享的软硬件资源和信息可以按需求提供给计算机各种终端和其他设备，使用服务商提供的计算机基建作计算和资源。

美国国家标准及技术研究所（NIST）又说：云计算是一个模型，这个模型可以方便地按需访问一个可配置的计算资源（如网络、服务器、存储设备、应用程序以及服务）的公共集。这些资源可以被迅速提供并发布，同时最小化管理成本或服务提供商的干涉。

Gartner 公司定义云计算为一种计算方式，利用 Internet 技术，大规模的 IT 计算能力，以"服务"的形式提供给外部客户。

上面的描述除百度百科的描述有一些出入以外，其他定义基本相同，总结来说有以下几个关键点。

（1）计算模式：大家认为云计算是一种计算模式，是一种算力的组织形式。

（2）按需访问：需要的时候就有，不需要的时候可以直接忽略。这其实是一个愿景，严格来说直到现在也不能说完全实现了。

（3）服务用户：云是用来提供服务的，给用户提供服务，是带来明确的目的性和使命的，这也是云计算商业属性的关键和核心。

基于上面的梳理，云计算是一种新的资源组织形式，把资源以服务客户、服务业务为目的，在某种架构组织下统一交付和使用。虽然云计算需要很多技术来支撑，但依然不能直接说云计算是一种新的技术。同样的，也不能说云计算是一种资源，云计算是一种资源的组织形式，资源是云计算管理的对象。

信息化在技术环境和业务环境的双重助推下，走过了高速发展的资源型 IT 阶段，正在走进连接型 IT 阶段，迎来面向业务的服务型 IT 阶段。企业对于 IT 服务需求的变化如图 5-2 所示。

图 5-2　企业对于 IT 服务需求的变化

资源型 IT：过去很长时间一直在经历这个阶段，以支撑业务为名，建设了很多独立的 IT 基础设施，如单体应用时代的小型机、模块化应用时代的 X86 和虚拟化等，即烟囱式 IT，这是以资源建设为导向的必然结果，不是当时的决定是错的，而是要用发展的眼光看待 IT。

连接型 IT：面对烟囱式的 IT 资源，工作重点不得不从资源建设变成连接和融合。

需要把原来分散的算力连接起来，把分散的数据融合起来，把已集中的算力跟分散的需求连接起来，于是算力集中、云连接、集约上云成了重点。我们有了服务的概念，开始认识到以服务的理念去看待 IT。

业务服务型 IT：最终的目的是实现对业务的敏捷支撑。面向业务，IT 除了要输出服务，更重要的是做好应用和数据两部分的支撑，而且需要从运维向运营演进。

在这个过程中，云计算将会以一个整合者的角色出现在 IT 的生命周期里，是资源的整合，也是基础设施的整合，更是服务的整合。

从本质上来说，云计算是一种服务，一种以更好的服务客户和服务业务为目的的服务，它推动了算力的升级，成为 IT 变革中最大的助推元素之一，也成为 IT 与业务相结合的最佳连接器，成为 IT 基础设施的一个组织模式。

5.3.2　云计算的一般分类

云计算根据用户访问的来源、资产的归属权等因素来分类。一般业内把云计算分成公有云、私有云和混合云等几种不同的类型，如图 5-3 所示。

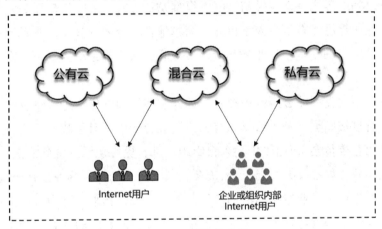

图 5-3　云计算的分类

（1）公有云：基于互联网为公众提供的计算服务，一般由第三方服务商提供。

（2）私有云：基于互联网或者企业内部网络面向特定用户提供的云计算资源或者计算服务，可以由服务商提供也可以由企业内部提供。

（3）混合云：同时采用公有云和私有云两种类型的云计算服务。

它们之间的差别主要来自几个方面，如图 5-4 所示。

（1）服务对象的不同：公有云面向公众提供服务，私有云面向企业内部或者特定用户提供服务。

（2）资源所有权的不同：公有云所有权归服务商，云租户得到的只是部分使用权，不能随意处置，私有云所有权一般属于建设单位，可以相对灵活地处置。

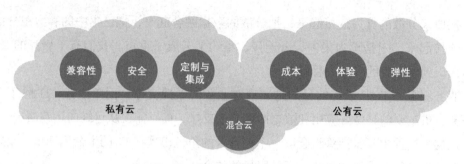

图 5-4 典型云计算类别的对比

公有云、私有云和混合云各自有不同的适用场景。公有云适合对资源需求变化比较频繁的应用，也就是敏态负载；私有云适合相对厚重、资源需求变化不明显，负载相对平稳的应用，也就是稳态负载；混合云的适应场景介于两者之间，既有相对稳定的部分又有变化的部分，需要结合公有云和私有云两种资源实现对负载的支撑。

一般认为公有云在成本方面更有优势，资源也更具弹性，可以很便捷地获取和扩容，用户体验也更好。相对来说，私有云在安全性、兼容性和可定制性方面则更有优势。但是这之间的界线越来越模糊，已经很难说私有云一定比公有云安全。

其实，在业界已经有不少人不再这么简单地去区分云计算了，或者说不再刻意区分不同云计算类型的差别。从业务和应用负载看，这些都是算力资源，都是为业务服务的。

还有一些不同类型的云经常被提及，比如前些年如火如荼进行建设的省市两级政务云，很难直接被归类到公有云、私有云或是混合云中。对于政务云建设方（一般是各地经济和信息委员会），由于用户来自组织内部，更愿意承认政务云是一个私有云，但是对于使用者（如各委办厅局），云资源是共建共享的，又具备公有云的部分特征。现在我们一般把这种行业组织内部的共建共享式的云计算平台称为行业云。云计算平台如何归类大可不必太过认真，关键看云平台所面对的具体的场景化的需求，以需求为核心规划云平台的架构，做好持续运营的工作才是正途。

5.3.3 云计算的基础架构

前面从云计算的运营模式等角度对云计算进行了分类，也可以从云计算的服务模式角度对云计算进行技术解构。

- IaaS：Infrastructure-as-a-Service，基础即服务。
- PaaS：Platform-as-a-Service，平台即服务。
- SaaS：Software-as-a-Service，软件即服务。

IaaS、PaaS 和 SaaS 这 3 种服务模式的组合是云计算平台的基础架构，如表 5-1 所示。几乎所有复杂的云计算平台架构都是从它们演化而来的。

表 5-1 云计算平台架构

IaaS	通过为客户提供或管理 IT 基础设施使其获得增强的虚拟化能力，主要分为数据 / 存储云和计算云。基础设施主要指物理资源，如计算、存储、数据和网络设备资源等
PaaS	提供用于支持开发应用和服务的平台。平台主要指云计算环境下的应用运行支撑系统
SaaS	为客户提供特定商业功能和流程的软件与应用服务

如图 5-5 所示，IaaS 层从本质上是为了解决基础 IT 资源的服务化问题，这里不仅有计算资源还有存储资源和网络资源；SaaS 层是为了实现应用层的云化服务，有人认为一定要实现多租户和运营化才能称为 SaaS，其实 SaaS 的实质是应用的云化部署，至于是不是多租户，需要结合具体的需求来看；PaaS 定义在过去的很多年业界都有一定的争论，重点是 PaaS 的定位和实现方式。近几年随着 IT 云化的进程加快，对 PaaS 的理解也趋于一致。在这里把 PaaS 理解成是实现应用敏捷支撑的使能环境，也就是说可以分成与应用相对解耦的分布式基础环境和与应用系统联系紧密的应用支撑环境。

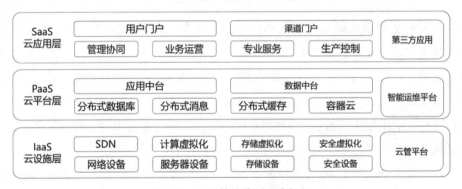

图 5-5 云计算的典型层次框架

还有一些概念，如 DaaS（数据即服务）等，其实也是基于云计算三层架构派生出来的。比如 DaaS 就是把数据部分单独抽出来，作为独立的模块来规划和建设，针对数据形成包括数据采购、数据存储、数据分析、数据可视化、数据开放等各个环节在内的专业模块。这部分功能放在 PaaS 里也是可以的，不一定非得独立规划一个 DaaS，我们强调的是架构的敏捷性和独立性，是架构的业务适应性。

5.4 云计算的整体架构

5.4.1 云计算与数字化转型的关系

讨论云计算的整体架构必然要先理顺云计算与企业架构之间的关系。

在传统 IT 建设时期，只是从技术角度思考 IT 建设的问题，IT 也只是技术实现手段而已，要真正发挥 IT 的价值，IT 管理者必须从技术架构视角提升到业务架构视角，从企业架构规划开始考虑 IT 和架构的融合，不仅能解决 IT 建设的问题，更能从根本上改善 IT 带来的价值。

企业架构基本框架如图 5-6 所示，企业架构是由战略驱动的，企业战略决定了 IT 战略，进而实现对企业架构的指导。

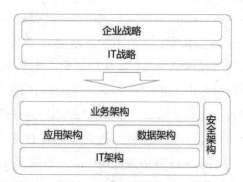

图 5-6　企业架构基本框架

企业架构从企业战略和全局的角度审视与业务、应用、数据、技术之间的关系，以及这种关系对企业业务流程和功能的影响。这里面有一个关键点，那就是业务和 IT 的融合问题，业务侧的业务流程、应用系统和数据架构与 IT 侧的产品、技术和设施的融合，需要充分考虑业务和 IT 的融合和集成。企业架构是一个多视图的体系化结构，由业务架构、应用架构、数据架构和 IT 架构组成，同时需要考虑合规性，关注安全架构的落地。

业务架构的切入点是端到端的业务流程分解，按照"高内聚、松耦合"的原则规划和设计原子化的业务能力，通过对业务能力的组装和编排满足业务需求。业务架构就是对业务逻辑的复现。

应用架构识别和定义了应用系统的划分和规则，指导应用系统之间的集成以及应用功能分布，是企业关键业务活动的最佳应用系统组合。

数据架构描述和指导企业如何获取和使用信息，如何将业务运作模式转换成信息和数据模型，指导实现业务数据化和数据业务化。

IT 架构重点描述企业在落实 IT 战略以及满足业务需求、实现应用和数据研发、实施和管理的过程中，所需的技术体系和基础设施体系等。

厘清图 5-6 的内容以后，云计算如何跟企业架构对应就很清楚了。云平台的规划设计一般遵循"平台＋应用"的架构模式，平台旨在构建共享的资源和服务，应用的重点是实现业务的流程和功能。云平台与企业架构融合对接，平台是关键。一般认为

IaaS 主要是实现计算、存储、网络、安全等资源的弹性供给，而 PaaS 现在正在逐渐进入业界的视野，PaaS 主要实现服务的封装和开放，既包括基础运行环境服务、数据服务、应用服务，同时也包括业务服务。平台除了包括 IaaS 基础资源以外，还应包括 PaaS 层，也就是包括技术、数据和应用三个平台（或者叫中台），技术平台负责技术支撑服务能力开放，数据平台负责数据服务能力开放，应用负责业务和应用侧通用能力的开放。

云平台的各个层次与企业架构分别对应。

（1）IT 架构除了对应 IaaS 基础资源层以外，还会包括 PaaS 层中的技术平台，技术平台提供了分布式运行环境服务，为应用系统的运行提供服务支撑。

（2）数据架构对应数据平台，主要负责数据资源全生命周期的管理和数据服务能力的开放。

（3）应用架构对应应用平台，负责应用全生命周期的敏捷管理和通用应用能力的开放。

（4）业务架构对应业务系统本身，负责业务系统本身流程和业务逻辑的实现。

在"平台 + 应用"的云计算整体框架下，原有的烟囱式的 IT 架构和模式被彻底打破，业务本身变成一个个敏捷的业务逻辑单元，共性的服务和资源以共享的形式被开放出来。至于是建设一个大而全的大平台，还是建设有一定边界的独立平台，可以视情况而定，不过有一点，肯定不能以业务需求为借口再次建设纵向一体化的竖井式系统，这才是 IT 发展的大趋势。

5.4.2　云计算平台的目标和原则

从上面的分析可以得出一个云计算平台的整体架构，一个以"资源 + 平台 + 应用"为核心理念的遵循企业架构的层级化体系。

以下为云计算平台规划建设的目标和原则。

（1）统一的弹性云基础服务架构：整合现有基础资源，避免重复建设和资源浪费等问题，提高资源利用率，实现统一的基础设施管理，降低整体基础设施运营成本。

（2）安全防范与合规保障体系：以等保 2.0 为基准，建立信息安全防范体系，改善和提升信息安全防范能力。

（3）容灾体系架构保障业务连续性：建立基于多云架构的业务永续体系，通过本地和异地备份和业务多种措施，最大限度地保障业务的连续性。

（4）一体化、自动化、智能化运维升级：通过组建专业运维团队和引入自动化运维工具，不断提升信息化运维服务能力，完善运维流程，实现从传统运维升级到自动化、智能化的运维服务体系。

（5）基于云原生的技术服务开放架构：基于一体化技术平台规划，实现企业统一门户、用户登录和身份统一认证、应用统一注册等功能，同时建立统一技术架构与技术标准的企业中台服务能力。

（6）形成统一数据标准与数据共享：通过建设数据中台，打破各部门间的数据壁垒，建设完善数据服务体系，适应按需应变的快速数据服务开发要求。

云计算平台的规划和建设，对于任何一个组织都是一件关乎 IT 架构和战略可持续发展的大势，整体的建设原则至关重要。

统筹规划，分步实施：做好云计算平台顶层设计，建立强有力的科学推进机制，坚持统筹规划，分期分步推进实施。

技术先进，集约共享：采用成熟先进的云计算、大数据等技术，确保云计算平台的可用性、可靠性、兼容性和可扩展性。充分利用现有 IT 基础设施和信息资源，注重从集约化、实用性角度设计建设。

规范管理，保障安全：建立云计算平台资源和服务使用的管理制度、应用标准和技术规范，形成统一、规范、科学、高效的管理体系。综合运用信息安全技术，建立安全可靠的云计算安全防护体系，全面提高安全保障能力。

创新服务，注重实效：探索云计算平台运行管理服务新模式，加强服务机构和服务队伍建设，建立科学的运营服务体系，全面提升服务能力，切实发挥云数据中心的建设成效。

很多人认为，建设目标和建设原则都是一些空洞的文字，没有太多实际意义。其实它们才是一个系统和一个平台建设的灵魂和纲领性内容，是指导平台正确规划和准确落地的关键。

5.4.3　云计算平台的整体框架

云计算平台没有通用架构，因为行业不同面对的业务需求也有差别，能总结出来的是一些共性的最佳实践。从众多行业性最佳实践和行业共性需求出发，可以总结一个具有一定普遍性的基本框架，如图 5-7 所示。这个框架不能直接指导云计算平台落地，还要结合自身实际需求。

（1）云网融合：以网络资源的敏捷和智能部署为基础，实现网络与云资源深度融合，构筑云网融合的云计算数据中心。

（2）多云管理平台：从差异化业务需求出发，实现多云融合管理，构建多云异构总体架构，实现混合多云弹性扩展。

（3）技术中台层：提供分布式等基础运行环境，负责提供企业技术能力封装，为能力开发平台提供技术支撑。

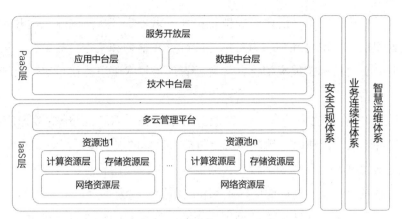

图 5-7 云计算平台的整体框架

（4）应用中台层：以 DevOps 为技术手段，提供应用敏捷管理，同时提供共性应用组件服务，形成业务能力开放。

（5）数据中台层：负责企业核心数据全生命周期的管理，提供企业数据能力封装，为能力开发平台提供数据支撑服务。

（6）服务开放平台：企业业务能力封装，提升基于服务目录的能力体系化管理。

（7）安全合规体系：保障专业可靠，建立安全合规的云安全服务体系。

（8）业务连续性体系：保障业务连续性，实现基于云平台的业务容灾。

（9）智慧运维体系：运维与运营兼顾的自动化运维体系建立。

不管是组织本身还是业务，对 IT 的需求其实一直都没变，那就是做好技术支撑，给业务提供支撑和赋能。云计算平台就是在这样一个大的使命感召下，持续推动 IT 基础设施的整合演进，为业务提供一个基于服务的智能支撑环境。

5.4.4 云计算的发展路径分析

云计算发展路径如图 5-8 所示。

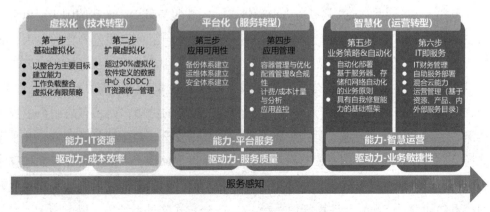

图 5-8 云计算发展路径

云计算平台建设的第一阶段是虚拟化，其中第一步是从基础虚拟化开始的，以优化资源配置和推动资源合理利用为目标，进行资源整合和工作负载整合；第二步，以构建云数据中心为目标扩展虚拟化，部署云管理等技术手段，初步实现云计算平台的建设。

第二阶段以平台化为手段，尝试服务转型。其中第三步开始考虑应用的可用性，建设灾备体系，构建以合规性和安全防护为目标的安全体系，尝试改变传统 IT 运维模式，探索运维的工具化和平台化；第四步，关注应用管理，尝试推进应用的敏捷交付和全生命周期管理，真正地构建业务和应用使能的云平台化服务体系。

第三阶段开始从建设向运营转型。首先从第五步开始尝试智能和敏捷运维，实现业务自动化部署，构建具有自我修复能力的基础框架。第六步实现多云、混合云的云资源体系布局，实现 IT 从建设向运营转型，实现 IT 即服务的最终愿景。

我们总想搞清楚云的本质，其实云最终还是要服务战略、支撑业务，云计算的路径规划的目的就是做好云的发展规划，让云回归本身的价值属性。

5.5　建云：IaaS 云平台规划设计

IaaS 作为云计算提供的主要服务之一，将基础架构云化形成计算、存储和网络的虚拟化资源池，使用户以按需、易扩展的方式在统一的 IT 虚拟化资源池中获得资源和服务。比如，企业为扩展 IT 资源和上层应用，可以直接在阿里云或亚马逊云上购买云服务器、云数据库、云安全以及网络和存储等服务，而不用购买和运维任何物理设备。这种硬件设备的外包服务不仅满足了用户对计算、网络和存储服务的需求，也可以服务于未来的智能数据中心，通过提供的 API 来管理包括计算、存储和网络在内的数据中心的各种资源。

据 IDC 的分析报告显示，美国和我国的云计算产业发展存在很大的差异。美国以公有云服务为主，其中 SaaS 服务所占份额最多，IaaS 服务最少，而我国则主要以私有云为主，其中 IaaS 服务占了约 50% 的份额。造成这种云服务发展差异化的原因，跟中美两国云计算产业发展的成熟度、客户行业属性等有很大关系。我国的公有云用户主要以小微、中小企业、新创公司、游戏线上发展类企业为主，其中以阿里、腾讯、华为、电信为代表的 IaaS 公有云基本占据了市场 90% 的份额；而私有云用户主要来自通信、金融、政府等行业，其中金融行业考虑数据安全、政策法规的因素，几乎不会选择公有云，一些大型国有银行对私有云的选择也很谨慎，一般会首先考虑迁移非核心应用，渐进地推进云建设；小微金融领域相对而言稍微开放一些，会采用一些开源的技术，如 OpenStack 云计算管理平台、Ceph 分布式文件系统等；以上诸多因素的影响，导致我国私有云服务的市场远大于公有云。

同时政府为持续推进"十三五""十四五"政策的实施落地，满足政务云等建设基础设施资源的统一管理、降低硬件成本等需求，将持续加大对云计算 IaaS 服务的投入。在未来的云计算市场中，IaaS 服务依托其成熟的技术、对资源的快速集约利用以及较低的业务迁移门槛，在解决架构选型、平台集成、异构虚拟资源池管理、传统架构与 X86 资源架构的统一交付以及 SDN 网络的融合等方面颇有成效，是目前最成熟稳定的云基础架构上云的最优方案。

1. IaaS 云架构的选择

在选择企业"上云、用数、赋智"的信息化建设或者数字化转型进程中，系统上云的 IaaS 服务架构会考虑诸多因素，比如 IT 发展规划与企业组织架构是否匹配，企业管理制度如何跟上，业务类型是否适配，是否能够解决现有问题，成本以及运维体制是否在可接受范围等方面，因此也是基于这些问题，才能选择何种 IaaS 技术与服务架构，能够推动实现上云的成果。

2. IaaS 云平台的集成

这里所讲的云平台，一般由以下几部分组成：门户（管理和自服务）、服务层、统一资源层（含适配器层）、基础设施（含虚拟化）。同时云平台之外还提供与企业 IT 流程交互的系统，如 ITSM、CMDB、外部监控系统、4A 系统和通知系统等，内外结合才能构成完整的云平台 IaaS 的服务链条。但在建设的过程中，外部与 IT 流程的交互往往会被我们忽略，所以云平台外部系统的对接和集成对满足场景的需求显得至关重要。

3. 异构虚拟化资源组合

虚拟化是云之基石，能否支持 X86 虚拟化异构、异构的支持广度是衡量一个云资源管理平台（区别于云服务管理平台）的一个重要标准。目前主流的虚拟化软件有 VMWare、Hyper-V、KVM 和 Xen 以及演化的各种版本。通过虚拟化技术，将不同的硬件设备资源池化，形成标准化、多样化资源形态，在各种技术资源池上实现资源的统一管理，对外提供统一标准接入，也即适配器模式。目前最常见的异构是 VMWare 和 KVM（OpenStack 管理）组合的资源池管理以及服务交付。

4. 小型机与 X86 异构管理

多年前，很多机构和企业的关键业务都运行在小型机上，所以除了 X86 虚拟化异构，还要考虑小型机（主要是 IBM Power）、物理机、虚拟机的兼容存在、服务供应和纳管需求。针对这种情况，一般采用在资源层统一管理、提供独特性接口的方式，用流程引擎调 HMC 来解决。

5. OpenStack 即成事实及应用场景

OpenStack 问世近十年，持续火热发展成目前最具影响力的云计算管理工具，可以应用在开发测试环境、非关键业务、科研实验环境中，基于 OpenStack 版本开发可实现系统稳定性、可升级等高级功能，解决 HA 等问题；结合以往项目经验，一般认为 OpenStack 是一个较好的工具，适合一定范围的应用场景，要结合实际需求选择。

6．SDN 与私有云的融合

目前在提供 IaaS 服务的过程中，一些产品厂商都会提供集成 SDN（软件定义网络）和 NFV（网络功能虚拟化）的云网融合服务，并可直接输出私有云平台产品的服务目录，但在实际的企业级客户应用场景中，大多客户对 SDN 都没有迫切的需求，但是一般做云平台规划设计时都会考虑技术上的前瞻性和兼容性，都会提供 SDN 适配接口和功能性保留。SDN 主要应用在大中型云平台以及对网络有敏捷管理需求的场合。

- 公有云，用于租户定义私有网络。
- 行业云，需要频繁为租户变更网络拓扑的环境，如开发测试、科研等。
- 电信运营商，大中型运营型云平台的建设。
- 其他有技术架构前瞻性需求的场景。

7．云计算管理平台的部署

IaaS 底层的计算、存储和网络等基础资源，通过云计算管理平台的统一管控形成统一的对外服务界面，由此可见，云计算管理平台起到了关键的承上启下的作用，同时也是把云资源转换成云服务的关键组件。云计算管理平台主要是负责完成异构资源的管理以及服务封装和流程的管控，再有就是提供面向不同的服务门户。云计算管理平台主要分为以下三个层次。

（1）服务管理层：分为管理服务和自助服务，分别给管理员和普通用户提供服务；用于展示基础设施、平台及软件服务，并控制用户接入方式，对用户的访问范围、界面的展示方式做设定等，以便管理员和普通用户获取服务的信息，申请并使用各类服务。此外，提供服务构建与设计的逻辑组件，通过定义服务的结构、流程等信息，组装原子服务，并发布成服务目录，监控服务运行状况，形成完整的服务生命周期管理。业务用户可以通过服务管理层获取云计算服务，服务开发人员可以通过服务管理层定义和发布服务，管理员可以通过服务管理层监控所有服务实例的整体状况，并以业务服务的形式对外发布所有的服务操作接口。

（2）资源管理层：主要管理和调度软硬件资源的逻辑组件，它负责构建资源池，生成简单资源供应的技术服务（原子服务），定义资源运维的操作流程。在构建资源池的过程中，一般将同质的设备集中安装，相互连接，并通过一定的管理软件来监管和配置，用户可以通过资源管理层从资源池中申请资源，指定该资源实例的配置，并管理它的运行状态，同时管理员可以监控每个资源池的资源使用率、健康和性能状况。总的来说，资源管理层会屏蔽虚拟化等的差异，以统一的技术服务的形式对外发布所有的资源操作接口，满足上层的应用需求。

（3）基础设施资源层：主要包括计算、存储和网络，其中计算包含各种异构虚拟化。

5.5.1　IaaS 云平台设计思路

IaaS 云平台设计的重点在于云管理平台设计，通过云管理平台实现对计算、存储和网络资源的统一管理，对 IaaS 服务的各项能力进行封装，即能盘点传统架构遗留下的家底，也可以拥抱新的云计算架构下的技术转型。因此，IaaS 云平台在设计思路上主要考虑以下三个方面。

1. 基于 IaaS 云管理平台构建统一的云化服务

以计算虚拟化为基础的 IaaS 云数据中心，采用云管理平台做异构资源的管理，还可以提供自助式的云服务，这样能有效地实现企业信息系统的技术标准化和管理规范化，为企业信息系统提供更好的支持。另一方面，云管理平台在虚拟化技术的支撑下，还可实现对计算资源、存储资源、网络资源等在内的基础架构进行管理，达到按需的、自动化的、可计量的基础架构资源分配，同时，还可以对资源使用情况和健康情况进行实时的监控和管理。

2. 结合软件定义 + 网络虚拟化实现动态灵活的云网融合

云数据中心整体规划设计要保证动态灵活的网络配套服务，相比较以前，传统的虚拟局域网（VLAN）技术设计云化数据中心网络存在种种限制，而新一代的虚拟扩展局域网（VxLAN）技术实现的大二层网络，能够通过在物理网络上叠加一个软件定义的逻辑网络，保证物理网络不变的前提下，定义其上的逻辑网络，从而实现业务逻辑，这样不仅能解决传统数据中心的网络问题，同时也极大地节省了用户投资成本。

为了打造动态灵活的云网融合，设计软件定义 + 网络虚拟化一般利用标准的 OpenFlow 协议，首先通过软件定义控制器与 OpenFlow 交换机捕获云环境中新上线虚拟机发出的报文，再根据捕获的报文特征感知虚拟机启动或迁移事件与虚拟机接入位置。这一流程的操作，可以将获取的虚拟机位置信息通知软件定义网络控制器，随之软件定义网络控制器在网络设备上自动下发虚拟机相关的网络策略，从而实现网络自动配置，虚拟机上的业务能够被正确地访问，这一过程全部是自动化处理的，保证了网络配置的正确性与快速下发，网络动态感知虚拟机迁移，实现网络策略的动态跟随，真正实现了云、网融合。

3. 基于软件定义实现信息安全服务化与资源动态调度

以上所述关于虚拟化和云的引入，形成了计算、存储、网络及安全资源池，但资源池化后随之而来的是网络边界模糊，所以需要引入新的技术满足虚拟化环境的隔离能力，使资源池的基础资源能够在不同租户间动态调度。

基于软件定义技术，不仅可以将计算资源、存储资源、网络及安全资源分配给不同租户，同时对于虚拟的云平台，它们之间也要做到安全的隔离，并且满足安全等保（等保三级）的要求。云平台规划设计需要实现基础资源和信息安全在不同的虚拟数据中间灵活调度，真正实现云计算数据中心资源的动态、按需的分配/调度和提供资源。

5.5.2 IaaS 云平台整体架构设计

基于图 5-9 可以看到，IaaS 系统方案是构建在基础设施层之上的，重点包括了硬件资源层、资源虚拟化层和云管理平台层三个层面，其中每层又包含各种不同的组件。

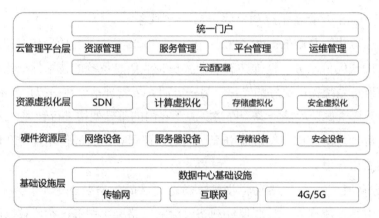

图 5-9 IaaS 云平台整体架构

1. 硬件资源层

这是基于互联网数据中心（IDC）/ 机房之上的硬件资源层，首先利用传统网络、安全、服务器等产品构建了完整的硬件基础设施层，它具备良好的可扩展性，可根据不同业务规模提供不同规格的资源；在网络的选择上，一般采用 Spine–Leaf 的 SDN Overlay 架构，按照目前技术标准多提供 10GB 带宽接入服务器，40GB 骨干互联，对于 IP 网络还可基于 SDN 技术实现网络虚拟化，全面支持 IPv6；对于计算部分，往往采用机架式高性能 X86 服务器构建高性能计算系统，从而为上层业务提供通用型计算、数据库计算或大数据处理所需的计算资源；对于存储部分，往往采用统一存储、分布式存储或者分布式超融合服务器存储产品，在面向办公、营销、生产、数据库等各业务环节时，可以按需提供包括块、对象和文件存储资源，所以不管采用哪种方式存储架构产品，都需要实现的环节就是，通过标准接口与上层虚拟化系统、IaaS 云管理平台和云运维平台做对接。

2. 资源虚拟化层

本层主要包括网络、计算、存储技术，对底层硬件基础设施资源进行全面的池化，形成弹性网络服务和安全保障服务，并以此为基础构建计算、存储资源池，并为实现资源的按业务需求灵活调度和变更提供了坚实的基础。

3. 云管理平台层

最上层的云管理平台层，主要包括资源管理、服务管理、平台管理和服务管理四部分。资源和服务管理通过云适配器连接和管理，以资源管理为基础，还要实现针对资源的服务目录管理和服务封装管理，负责把资源转换成服务；平台管理负责租户的管理；运维管理是整个平台监控和运维管理的核心枢纽。最后门户是面向不同用户的访问门户。

目前云管理平台主要是基于主流的开源云平台 OpenStack，同时融合了先进的Docker 等容器技术，并在此之上进行能力增强而研发出更符合企业用户实际需求的云产品，同时云管理系统还可以与下层的网络虚拟化系统、计算虚拟化系统、存储虚拟化系统进行对接，满足云业务的需求和云资源的融合管理调度；另一方面，云运维监控管理平台的主要功能是实现面向云平台的管理一体化、运维自动化、运维智能化、业务可视化及端到端敏捷化管理。

5.5.3　IaaS 云平台分区规划

1. 网络分区设计

根据行业客户的业务特点，在满足数据中心对网络的部署基础之上，还需要对网络进行分区。需要考虑功能需求、重要程度等因素，各分区之间要实现逻辑性的分区隔离，从而提高数据中心的网络安全性。一般数据中心整体网络分区如图 5-10 所示。

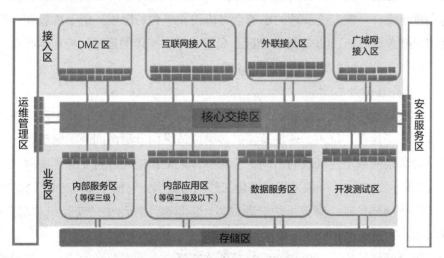

图 5-10　IaaS 云平台的分区规划

一般云平台的分区可以分成互联网类区域、业务管理类区域和承载管理区域三种。

互联网类区域一般包括接入区和核心交换区，接入区包括互联网接入区、外联接入区、广域网接入区和 DMZ 区（隔离区）等。

互联网接入区：是云平台面向互联网的门户，提供安全的互联网接入服务，一般会部署路由设备、防火墙、抗 DDoS 等安全设备。

外联接入区：主要负责接入业务关联单位和生态合作伙伴，一般包括路由设备和安全隔离防护设备。

广域网接入区：负责接入分子公司等内部分支机构，除路由设备外，是否部署防护隔离设备需要看内部安全域的划分。

DMZ 区：在内外网络之间构建一个安全区域。

核心交换区：是云平台的网络核心区域，一般由核心交换机等设备构成，起到高速数据转发的作用。

业务管理类区域即业务区，一般包括内部服务区、数据服务区和开发测试区等。

内部服务区：需要按照防护级别的不同，分成等保三级区和等保二级及以下区域；同时也可以按照所承载的业务类别划分成几个不同的资源池，

数据服务区：主要负责存储和处理所有的数据，提供数据域的服务，数据备份有时会单独成域，也可以与数据服务区合并，取决于对安全域和分区分工的设定，

开发测试区：在一个 IaaS 内部一般开发测试业务是单独考虑的，设立单独的区域，防止开发测试业务和正式上线的业务互相影响，有时甚至可以建设单独的云平台和资源池。

另外，一般还会设立两个独立的承载管理区域，分别是：① 安全服务区：从安全合规的角度出发，一般安全管理的职能会考虑设立单独的区域，用于承载安全管理平台或者安全服务资源池；② 运维管理区：负责云平台整体的运维监控和运维管理，可以与生产网合并，也可以建设独立的管理网。

2. 网络分层设计

网络层次分为网络核心层和汇聚接入层两层云平台网络架构，其中网络核心层采用高性能核心交换机，接入、转发及控制各个区域纵向及横向间的网络流量；汇聚接入层按照业务及网络功能区域的不同，从而整体汇集和接入各自业务系统网络。对于数据中心内部网络架构，一般采用扁平化二层网络架构。它的主要优势在于以下几点。

（1）简化网络管理，降低维护管理成本。能够减少网络中的交换机和链路数量，从而降低前期购置成本和后期维护成本。

（2）提高网络性能，支撑高性能的服务器流量。交换层数量的减少，流量需要穿越的交换机数量也会随之减少，从而可以缩短延迟，提高应用性能。

（3）提高网络利用率，更好地支撑云计算的资源池动态调度，满足了云计算对于计算资源池和存储资源池任意按需调配的需求，同时网络能够适应这种大范围的调度。

（4）提高网络可靠性。减化的网络通过虚拟集群和堆叠技术，可以消除网络中的可靠性隐患，消除网络的故障收敛时间，从而提高网络可靠性。

（5）节能环保。减化的网络还能降低电力和冷却需求，实现资源的高效利用。

5.5.4　IaaS 云平台网络规划

近年来，随着数据中心的大规模建设，数据中心网络技术快速发展。目前数据中心网络设计发展已呈现新趋势、新特点。

如图 5-11 所示，数据中心网络所处的整合、虚拟化和云计算三个阶段是随着技术和应用逐渐成熟的过程，但并非简单的换代关系。

挑战	设计趋势		整合阶段	虚拟化阶段	云计算阶段
性能与容量快速增长	网络高性能	网络性能	能力受限	高性能	高性能、高密度
		收敛比	较高	适中	较低、无阻塞
		环路范围	有环路	无环路	无环路
		数据中心规模	中小	中大	超大
IT资源虚拟化	网络虚拟化	业务迁移灵活度	固定	少量迁移配合	网络随动
		网络维护	手动	工具	自动
		IT资源部署	物理划分	逻辑划分	多租户、按需
网络资源整合与共享	网络融合	计算存储多网融合	多网独立	部分融合	融合网络
		网络资源共享	无共享	一虚多、多虚一	全面共享
运维管理复杂	统一运维	业务管理	IT、IP分别管理	IT、IP统一管理	智能运维管理
		能耗管理	低	较高	高

图 5-11　数据中心网络的发展趋势

整合阶段：本阶段偏重资源整合，网络性能要求低，业务分区物理独立，业务较固定。

虚拟化阶段：该阶段的网络设计承前启后，能够提供较好的业务灵活性，使传统数据中心结构得以延续。

云计算阶段：该阶段数据中心的网络设计要求资源能够灵活调度，性能高，物理和逻辑分区界限模糊且资源灵活按需使用。

参考以上网络设计发展趋势，云平台网络设计遵循以下设计原则。

模块化：考虑到业务的调整及发展，网络结构和系统结构设计模块化、易于扩展。

高可靠：网络设计中采用冗余网络设计，实现关键设备、链路冗余；关键设备选用高可靠性产品，可实现单板、模块热拔插、控制模块设计冗余、电源冗余；减少网络层级，简化网络结构，从网络架构上提高可靠性。

安全隔离：数据中心网络应具备有效的安全控制。按业务、权限进行分区逻辑隔离，对特别重要的业务采取物理隔离。以服务器为中心的业务、IP 存储备份、管理网络等多个网络进行逻辑隔离，管理网络采取物理隔离。

可管理性和可维护性：网络应当具有良好的可管理性。为了便于维护，应尽可能选取集成度高、模块可通用的产品。

网络平台整体采用 Underlay 与 Overlay 网络相结合的思路，Underlay 网络由物理网络设备和物理链路组成，主要负责基础网络层面的高速转发。Overlay 网络，采用 VxLAN 和 SDN 相结合的办法，在对物理网络不做任何改造的情况下，通过隧道技术在现有的物理网络上创建了一个或多个逻辑网络即虚拟网络，实现不同业务的隔离，同时也实现控制与转发分离。

Underlay 网络核心层根据实际需求部署合适的核心交换机设备，由千兆或者万兆接入交换机构成汇聚接入层。Overlay 网络一般采用 Spine-Leaf 架构。

在网络结构上通常采用业务网、存储网、管理网的三网隔离设计，将云数据中心网络划分多个区域，如图 5-12 所示。

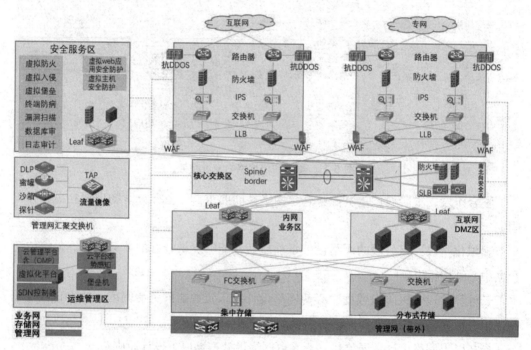

图 5-12　云平台网络架构设计

业务网主要承载平台租户对业务系统的访问流量。存储网主要用于互联网 DMZ 区、内网业务区服务器的数据存储。管理网通过专用硬件接入交换机及独立的堡垒机提供云管理平台、云运维平台、云安全运营管理平台以及硬件设备的管理和运行维护权限，避免业务网和管理网流量混杂或租户权限泄露带来的平台安全风险。

1. 业务网

业务网采用层次化、模块化设计，包括互联网接入区、核心交换区、南北向安全区、安全服务区、内网业务区、互联网DMZ区。

（1）互联网接入区，通常部署负载均衡设备实现多运营商链路的流量负载均衡；部署接入交换机用于边界安全设备互联或运营商链路的接入。

（2）核心交换区，部署数据中心核心交换机，用于各区域业务数据高速交换。

（3）南北向安全区，部署防火墙和业务负载均衡设备，用于租户VPC（虚拟私有云）和外部网络的互通安全以及业务负载均衡。

（4）安全服务区、内网业务区、互联网DMZ区，部署数据中心接入交换机，用于各区域安全设备、服务器设备接入。

2. 存储网

存储网包含IP-SAN（存储局域网）和FC-SAN（光纤通道存储局域网）组网，用于互联网DMZ区、内网业务区服务器的数据存储。两种存储网络如何选择取决于具体需要。

（1）IP-SAN网络，部署数据中心接入交换机，用于内网业务区、互联网DMZ区与分布式存储服务器组网。

（2）FC-SAN网络，部署光纤交换机，用于内网业务区、互联网DMZ区和集中存储组网。

3. 管理网

管理网独立组网，通过部署交换机，连接管理区的云管理平台、虚拟化平台、SDN控制器、堡垒机以及其他各区域网络设备、主机设备、安全设备等，通过独立的堡垒机提供云管理平台、虚拟化平台、SDN控制器以及硬件设备的管理和运行维护权限，同时用于承载云平台业务管理流量、SDN网络业务管理流量、云安全业务管理流量。

对于容灾网络，它和企业业务网络使用不同的物理通道，才能保证彼此不干扰。容灾网络整体规划分为同城容灾网络和异地容灾网络，如图5-13所示。

同城容灾网络：一般来说，要实现主数据中心和同城灾备中心数据实时同步，主要通过建立波分设备（DWDM）+裸光纤二层互连来实现。当主数据中心因人为故障或自然灾难、人为事故的原因发生宕机或损坏后，就可以通过切换访问同城备份数据中心，保障业务的连续运行。同时还可以在波分设备上划分多个逻辑通道，在互连交换机上划分多个网络，然后逐一映射，并分配给不同的区域或业务使用；存储网络的存储交换机可直接通过光纤连接到波分设备上，再由波分设备分配单独的逻辑通道给存储网络使用，从而实现两个数据中心的业务网络、数据备份网络和数据存储网络的高速互联互通。

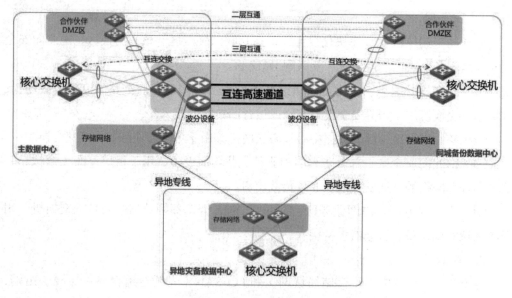

图 5-13　云计算灾备设计

异地容灾网络：对于异地容灾网络的建设，主要通过专线方式建立主数据中心与异地灾备数据中心备份网络环境，实现两地业务数据的备份与恢复。

5.5.5　IaaS 云平台资源池规划

服务器虚拟化是云平台的基础，从传统技术实现来看，可以分为半虚拟化和全虚拟化。如今，半虚拟化和全虚拟化得到了有机的整合，半虚拟化和全虚拟化的界线也变得越来越模糊，而且，半虚拟化的设备驱动和全虚拟化的虚拟机在虚拟化架构中得到了统一，所以很多虚拟化厂商也不再明确自己的虚拟化产品归类（如 VMWare 公司和微软）。

如图 5-14 所示，从架构上来看，各种虚拟化技术没有明显的性能差距，稳定性也在逐步统一。服务器虚拟化技术应用非常广泛，相关配套网络、存储及操作系统技术和主流产品厂商也已基本完善。虚拟化技术将计算、存储等物理资源池化，为用户提供弹性扩展的资源，解决了硬件资源利用率低、业务部署周期长、运维管理复杂等问题。IaaS 云平台引入虚拟化技术，把物理资源划分为不同性能的逻辑单元，构成计算、存储的资源池，可以灵活地为各业务系统提供所需资源，同时为保证整体资源管理和高可用性，一般通过完备的虚拟化资源池提供底层的计算资源。

从目前市场使用情况来看，私有云用户面对流行的 KVM、Xen、VMWare 等虚拟化技术，多采用 KVM 虚拟化技术构建计算资源池。

1. 计算资源池

计算资源池的规划包括功能区域和安全防护等级。

	KVM	Xen	VMWare
虚拟化方式	全虚拟化	半虚拟化，全虚拟化	半虚拟化，全虚拟化
与操作系统的关系	Linux内核模块	操作系统之上的模块	操作系统之上的模块
HostOS	Linux（32位，64位）	Linux,Windows,Solaris,BSD(32位，64位)	Linux Windows（32位，64位）
GuestOS	Linux，Windows	Linux，Windows，Solaris，BSD	Linux，Windows
使用架构和硬件平台	X86，x86_64（Intel-VT/AMD-V）	X86，x86_64，安腾，ARM	X86，x86_64，安腾，ARM
技术成熟度	高速发展中，技术先进，是未来的发展趋势	技术成熟，历史久远	商业级的技术，技术成熟，稳定性高
支持厂商	Linux社区，Redhat，Ubuntu,Novell,IBM	Citrix，Oracle，Novell	EMC,VMWare
可管理性	命令行模式，桌面模式	命令行模式，桌面模式	可视化的操作界面，简单易用
企业级特性支持程度	需企业自己开发，商业级的有Redhat的虚拟化产品	需企业自己开发，商业级的有Citrix的Xen Server	功能性能最为强大，但价格昂贵

图 5-14　IaaS 云平台资源池虚拟化趋势

（1）功能区域规划：按照不同业务类型和资源池功能定位，规划管理信息化资源池、业务信息化资源池、数据服务资源池等。

（2）安全防护等级：按照资源池安全防护等级，规划高防资源池、普通资源池、三级等保区、二级等保区等。

按照不同功能区域划分时，可以分为云资源业务区和物理服务器区，即虚拟化资源池方式和物理部署，同时优先考虑将高并发响应、稳态性高的业务系统部署在物理服务器区，将服务性高、敏态性强的业务系统部署在云资源业务区，即双模 IT 架构。目前主流的云资源池类型及功能如图 5-15 所示。

序号	资源池类型	主要功能	不适合功能
1	X86虚拟化资源池	Web、App	数据库
2	小型机资源池	DB	Web
3	裸金属资源池	重载AP、DB	Web
4	大数据资源池	数据分析	Web、App

图 5-15　云计算资源池类型

2.　存储资源池

目前主流的部署方式一般是按照传统的独立存储＋分布式存储的混合部署模式，把数据库结构化数据和虚拟机数据使用集中存储资源池进行存储，将业务系统相关的文档、图片等非结构化和半结构化数据使用分布式存储资源池进行存储。现阶段，伴随用户的数据中心、机房从传统的 IT 架构向虚拟化、云化及分布式架构发展的趋势，客户的存储资源也从对数据的稳定安全，向着快速、敏捷及高性能的需求方向发展，所以从长远来看，两种资源架构将长期并存，如图 5-16 所示。

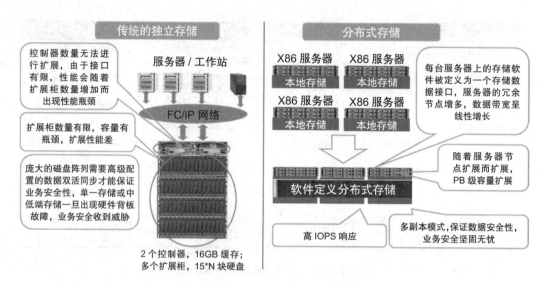

图 5-16 云计算存储资源池设计

这样的架构设计，并不是说数据库不能部署在分布式存储上，而是根据一般性的需求，传统的独立存储 + 分布式存储的混合部署模式更适合客户业务的发展。我们还是坚持以需求为核心的架构导向。

5.5.6 IaaS 云平台安全合规设计

1. 云平台安全合规设计依据

在搭建云平台架构和资源池化的后续工作中，业务安全和可靠性是关系到平台运营成败的关键环节。

云平台的安全合规设计基于等保 2.0 三级测评要求和国家相关法律制度要求，在合理规避风险的同时，降低信息安全风险，可为用户构建覆盖全面、符合国家网络安全要求的等级化安全保障体系。以下为目前已颁布的相关标准和法律法规。

- 《中华人民共和国网络安全法》。
- GB/T 22239—2019《信息安全技术 网络安全等级保护基本要求》。
- GB/T 25070—2019《信息安全技术 网络安全等级保护安全设计技术要求》。
- 《通用数据保护条例》（欧洲联盟条例）。
- ISO/IEC27701:2019《隐私信息安全管理扩展要求和指南》。
- SP 800—53《信息系统和组织的安全和隐私控制》（美国国家标准与技术研究院发布）。

2. 云平台安全需求特点

云计算环境安全管理除传统环境安全管理内容外，还需要考虑计算资源共享、资源弹性伸缩分配、网络虚拟化以及虚拟机在整个资源池灵活迁移和数据安全管理等场景化需求。以下为云计算安全的主要特点。

（1）虚拟化资源灵活配置的同时也会带来资源调度可控的安全需求。

（2）云平台计算资源池化，对资源池中 CPU 资源池、存储资源池等管理，关系到应用系统的可用性和安全性。

（3）云计算数据中心网络已虚拟化，虚拟交换机或者分布式交换机对虚拟机和应用系统的隔离成为网络安全的基础。

（4）资源申请审批等流程管理规范性同样需要遵循信息技术基础架构安全管理的要求。

（5）云计算环境中包括了不同领域、多厂商的 IT 设备和虚拟资源，有着各自不同的管理工具，同时也带来安全管理整合的安全需求。

（6）云计算作为一个复杂的数据中心支撑平台，其账号和权限包含了云计算平台的管理员、区域资源的管理员、最终用户等，这些账号权限的隔离、赋予与管控也成为安全管理的重点。

（7）云平台的资源管理包含了业务管理接口和资源操作接口，这些接口要考虑与应用系统兼容，开放的 API 也带来相应的安全问题。

（8）物理存储被虚拟化平台调用后，成为可被管理和调度的物理资源，存储资源的精简配置、挂载、卸载、删除、隔离等直接关系到数据的安全。

在云计算实现中，计算系统虚拟化是一切建立在"云"上的服务与应用的基础。虚拟化技术目前主要应用在 CPU、操作系统、服务器等多个方面。

虚拟技术的应用涉及网络、主机、应用和数据等方面。对传统环境和虚拟化环境下的主机安全差异进行分析和对比，如表 5-2 所示。

表 5-2　在传统环境和虚拟化环境下的主机安全差异

安 全 类	传 统 环 境	虚 拟 化 环 境	差 异 举 例
身份鉴别 （S3）	应采用两种或两种以上组合的鉴别技术对管理用户进行身份鉴别	应采用两种或两种以上组合的鉴别技术对虚拟机管理用户进行身份鉴别	同一物理机内的不同虚拟机会分配给不同用户，不同租户间的身份鉴别和访问资源隔离
访问控制 （G3）	应依据安全策略严格控制用户对有敏感标记重要信息资源的操作	在虚拟化环境下应依据安全策略严格控制用户对有敏感标记重要信息资源的操作	严格控制虚拟机对宿主机上虚拟机镜像文件、系统文件等的操作限制，防止产生特权虚拟机
安全审计 （G3）	应能够根据记录数据进行分析，并生成审计报表；应保护审计进程，避免受到未预期的中断	在虚拟化环境下应能够根据记录数据进行分析，并生成审计报表；应保护审计进程，避免受到未预期的中断	对虚拟主机的操作进行主机审计

续表

安 全 类	传 统 环 境	虚 拟 化 环 境	差 异 举 例
恶意代码防范 （G3）	应安装防恶意代码软件，并及时更新防恶意代码软件版本和恶意代码库	在虚拟化环境下应安装防恶意代码软件，并及时更新防恶意代码软件版本和恶意代码库	虚拟化平台软件的恶意代码防范。针对恶意虚拟机的恶意代码防范
入侵防范 （G3）	应能够检测到对重要服务器进行入侵的行为，能够记录入侵的源IP、攻击的类型、攻击的目的、攻击的时间，并在发生严重入侵事件时提供报警	应能够检测到对重要虚拟服务器进行入侵的行为，能够记录入侵的源IP、攻击的类型、攻击的目的、攻击的时间，并在发生严重入侵事件时提供报警	在虚拟网络环境下，同一物理机内不同虚拟机之间的入侵、攻击

3. 云平台安全合规设计重点和框架

云平台安全体系设计包含物理安全、主机系统安全、区域边界安全、通信网络安全、安全监控与审计、安全管理机制和安全风险评估机制，开展设计工作时应重点关注。

（1）物理安全：从防雷、防火、防盗窃、防破坏、温湿度控制、电力供应、电磁防护等进一步完善机房安全基础设施。

（2）主机系统安全：重点关注主机的操作系统、应用系统、数据库系统三个方面的安全配置、入侵检测、身份认证、身份鉴别、资源监控、数据完整性和保密性等安全方面的监控和管理。

（3）区域边界安全：重点关注区域划分、边界保护、访问控制、安全审计、入侵防范、恶意代码防范和网络设备自身保护等方面。按照互联部门业务数据和用户属性规划分类统一的数据交换区，实现网络互联出入口的集中防护和监控；建立重要信息系统、重要网络区域的安全监控和审计机制。

（4）通信网络安全：重点关注通信完整性、保密性和保证通信可靠性的设备和线路冗余、通信网络的网络管理等方面。优化网络结构，合理划分网络安全防护边界和安全区域，实现纵深防御、区域访问控制和有效安全隔离。

（5）安全监控与审计：建立和完善信息安全监控平台和信息安全审计平台。在省、市各级部署包括综合网管、安全管理、桌面管理和IT运维管理的一系列信息安全监控平台和信息安全审计平台，实现边界防御、网络监控、主机监控、应用保护和桌面终端安全的全方位安全审计和安全监管功能。

（6）安全管理机制：建立和完善安全管理机制和组织体系，建立健全信息安全应急处理协调机制、安全通报机制、制度化和专业化的检查机制，提高网络安全事件应对和防范能力。

（7）安全风险评估机制：由于安全的动态性，还需要建立安全风险评估机制。在安全风险评估的基础上，调整和完善安全策略，改进安全措施，以适应新的安全需求，满足安全等级保护的要求，保证长期、稳定、可靠运行。

云平台信息安全总体框架主要包括三方面的内容，技术防护体系是关键，同时需要建设完善的安全管理体系和安全运营体系，如图 5-17 所示。

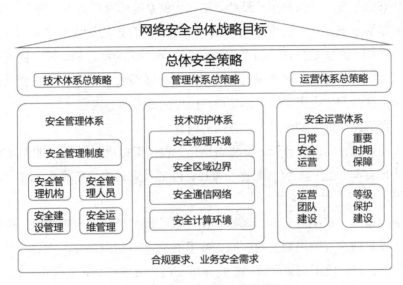

图 5-17　云平台网络安全总体框架

技术防护体系：搭建技术防护体系主要以等保 2.0 为抓手，参照三级标准构建安全区域边界、安全计算环境、安全通信网络三位一体的技术防御体系；过程中使用业界成熟可靠的安全技术及安全产品，结合专业技术人员的安全技术经验和能力，系统化地搭建安全技术体系，从而确保技术体系的安全性与可用性的有机结合，达到适用性要求。

安全管理体系：安全管理体系主要依托相应的管理制度，同时参照国内外先进的信息安全管理体系标准，如等保 2.0、ISO27001、ISO27701、NIST SP 800-53 等，以标准体系的认证和合规审计为抓手，建立一套符合系统生命周期的安全需求、安全设计、安全建设和安全运维的运行管理要求，使企业具备安全风险管控的能力。

安全运营体系：为了完善安全运营体系，我们以安全态势感知平台为核心，建设覆盖两地三中心和办公专网的统一监控平台，主要功能针对信息系统、产品、设备、策略、信息安全事件、操作流程等的统一管理，从日常运营、运营团队建设、重保建设和等级保护等方面强化用户的风险应对（监测、预警、防护、处置、溯源等）能力。

综上所述，技术防护体系、安全管理体系、安全运营体系相互融合、相互补充，形成一个整体的安全保障体系。其中，安全管理体系是策略方针和指导思想，技术防护体系是纵深防御的具体实现，安全运营体系是支撑和保障。

5.5.7　IaaS 云平台管理平台设计

构建稳定、准确、可靠、安全的云平台管理平台系统（以下简称云管平台），是云平台规划中最为关键的部分，需要诸多方面的努力，其中良好的设计是保障系统实现良好运行状态的基石，所以要求从设计之初就了解系统的真实需求，把握系统的方向，其次是精确估算业务规模，控制系统的范围，最后是合理地规划系统架构，保障系统的可靠和高性能，真实地使用业务数据测试，保障系统的稳定和准确。同时还要考虑系统的灵活性、可扩展性，还要考虑基于接口的系统设计方式，可插拔模式的模块化设计，基于组件的业务应用开发等都是设计应该全面考虑的内容。

云管平台的设计重点考虑以下三方面的内容。

一是面向资源：实现资源管理流程自动化，包括虚拟机、存储、网络、系统软件、应用软件实现自动开通、安装、配置和监控；降低日常运维手工操作工作量，提升主动维护水平。

二是面向运维：运维划分为资源操作层、系统监控层、平台管理层；运维工作强化在资源服务规划和资源规划上的职能；基于资源/服务运营质量的定量评估，实现资源的动态调整，弹性使用和调度管理；将运维部门职责从被动转变为主动。

三是面向运营：自主申请各类 IT 基础资源；依据业务类型和特点定制差异化资源分配标准和策略；与开发架构、应用部署模型结合，实现基于模板的资源申请、部署和运维的标准化，按照业务组成可独立评估资源使用情况的单元。

云管平台的规划和建设需要考虑以下因素。

（1）成熟稳定性设计：对于系统的开发，采用成熟的开发框架，通过数据库的高可用性、应用服务器的高可用性，保证系统连续不间断地为用户提供服务，并保障系统 7×24 小时运行；在设计时还要充分考虑冗余和备份，争取通过各种硬件，软件的冗余设计和备份机制保证系统不会丢失用户的任何数据。

（2）组件式开发模式：基于通用系统架构，采用组件式的软件开发模式，还要确保为系统提供良好的可维护性，满足自己定制组件，也可以自行开发业务组件，也可以透明地升级业务组件，实现组件的开发相互独立、组件的事务处理自治，在业务处理或者业务流程改变的情况下，修改限定在单个组件范围内，有效降低系统的维护复杂度。

（3）标准接口与严格的技术和业务规范：在系统设计过程中，结合自身平台业务特点，采用先进的技术基于接口设计，使系统不仅满足现有需求，同时支持各个层次的多种协议，支持与其他系统的互通、互联；还可以获取其他系统中的信息，整合其他业务子系统的数据，同时可以向不同业务系统提供所需数据、服务和分析结果。提供一套标准的技术和业务规范，使不同应用系统之间保证数据的一致性的基础上，方便地进行数据交换。

（4）业务数据与功能分离设计：要保证系统具有灵活性，就得使业务数据与业务功能分离，业务功能与业务处理流程分离，所以在此基础上，也可实现业务流程的改变和业务功能的修改、数据种类的改变都不影响系统其他部分；同时，系统也可满足业务功能、数据、业务流程控制能够在运行环境下灵活地部署、分布，使得系统能够在规模上扩展，从而不限制业务的发展。

（5）成熟框架和模块动态组装：系统使用成熟的系统框架和各个业务模块组件，支持动态的组装，实现软件的即插即用，同时提供对过程和类库的主动控制，在组装时使用配置和策略，以避免组件之间紧耦合，使用对象容器，分离组件的开发和使用，灵活地提供业务模块的组装、配置过程，满足了业务组件的透明升级。

（6）集群负载与可扩展架构：在设计中考虑未来业务量及业务种类增长的需求，可以动态地增加服务器，增加处理能力；同时采用负载平衡，在不改变现有用户业务的基础上，快速扩展支持更多的用户和更多的业务量。云管理平台系统的升级和扩展能力是一个非常重要的方面，既能够满足一段时期内的使用又能够充分保护投资，提高系统的 ROI。

（7）采用组件化设计思路：在数据模型和软件结构的设计过程中，充分考虑到扩展性以便于新的业务模型的增加，尽量满足能够在无须修改程序的情况下扩充管理的范围；另一方面，充分利用最先进的信息技术结合国际先进的设计和管理理念，保障系统达到国际先进水平，满足企业快速发展的业务需求，从而实现企业管理信息化、数字化、规范化的长远目标。

（8）遵循相应的规范：在设计过程中我们遵守相应的规范，来提升系统设计、开发的质量。例如数据库设计规范，其中规定数据库对象的创建准则，对进入数据库的数据有严格有效的校验准则，保证数据的准确性、一致性；对于界面规范，考虑到界面元素的布局，易用性的评估，符合界面的风格保持一致性的要求，保证界面的简单易用、风格一致。对于编码规范，编写统一的数据访问使用的代码方式，从而保证代码的高效性、完整性。

云管平台的规划和建设有以下几种模式。

（1）完全自主研发：根据自身需求和业务特点，完全自主研发，部分模块参考和借鉴开源软件，如云平台部分参考 OpenStack，这样做的优势在于可以自主掌控整体架构，自主权和架构自由度比较大，同时其缺点也是显而易见的，那就是开发难度较大，对技术深度和开发能力要求比较高，成本难以把握。

（2）采用成品软件：采用云平台厂商的成品软件，小部分定制开发结合无定制开发，如华为、新华三等原厂商的云管平台产品。好处是产品成熟度高，成本容易控制，但自主权低，架构自由度也不高，容易形成厂商锁定。

（3）基于成熟平台委托开发：委托有开发经验的专业厂商，以实际需求为依据，以现有项目成果和产品化积累为基础，进行定制化和半定制化开发。这样做的好处是既可以贴近业务实际需求进行定制化开发，又可以适当控制整体成本，避免了单一厂商和技术的锁定，又可以享受架构自由；当然也有缺点，那就是需要详细进行现状调研和需求梳理，需要关注异构兼容和项目上的沟通和配合工作。

以上三种模式，不能笼统地说好与坏，只有合适与不合适，还需要从自身需求出发，才能做出审慎的评估。

5.6　建云：PaaS 云平台规划设计

5.6.1　PaaS 定位与整体规划

"平台＋应用"的架构模式，可以帮助提高企业服务效率，提供一个中间层来适配前台与后台的配速问题和沉淀能力，打通前台需求与后台资源。其中平台重点解决应用间的标准统一、差异屏蔽、组件复用，核心、复杂的业务模块以组件形式封装到平台中，将以往复杂的前端流程更多地转移到了中台，使前台业务敏捷化。

一个平台承载各板块和各条线的应用，平台与应用解耦、硬件与软件分离、基础设施云化、平台持续演进、核心架构自主掌控、应用快速构建。

- 加快应用上线速度。
- 提高业务灵活性。
- 减少开销，降低成本。
- 屏蔽底层复杂性。
- 为应用提供更平滑的服务。

5.6.2　PaaS 云平台架构内涵

新技术发展趋势，随着云计算的发展，敏捷性、快速交付、持续创新等对于企业来说越来越普及，PaaS 服务也越来越受到企业的青睐。IaaS、PaaS、SaaS 这些服务共同构成了云平台这个整体，如图 5-18 所示。PaaS 存在的角色至关重要，起着支撑整个云平台的重要角色，PaaS 作为云战略的一个重要组成部分，在整个云服务领域创造和发现平台创新的机会。

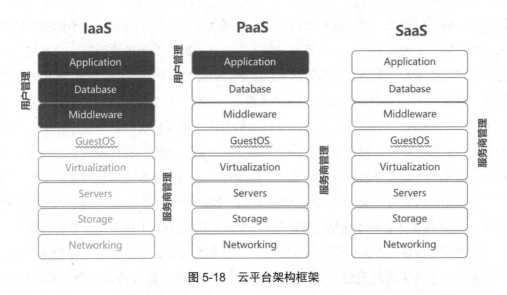

图 5-18　云平台架构框架

随着移动互联网的到来，新型互联网企业落地处于极其迫切的处境，传统企业自身的防护壁垒和环境允许的转型窗口期也面临消失，构建真正开放的新生态是当下各行业的趋势。"精细化服务""即时服务""按需服务"等关键能力已上升为企业的核心竞争力，这就促使企业 IT 系统的架构必须要开源节流，一方面降低 IT 系统自身建设、维护成本，以及企业全生产生命周期成本；另外一方面提升效能，IT 系统不仅是以业务驱动为主，而是要做到以数据为驱动，引导企业提升自身业务价值。商业模式演变和用户消费模式促使企业必须进行数字化转型，云计算是数字化转型的关键，企业上云也必须考虑云上生态如何构建。

伴随数字化转型所带来的大量 IT 系统建设需求，寻求高效、大规模的软件交付的企业往往受到研发、部署和运营的效率低下、复杂性高的阻碍。IaaS 通过采用虚拟化技术、软件定义网络（SDN）、软件定义存储（SDS）等技术的创新面向基础资源有效地提高硬件利用率，提升交付效率，并且形成了大规模的云化能力。

在 IaaS 层，管理员可以把云资源以服务目录的形式发布到业务用户的自服务门户的目录中，租户在申请云资源时，可通过购物车的模式，在自服务门户内申请云主机、云存储、网络等相关资源，最后通过审批流程自动化完成申请的资源请求。在 PaaS 层，管理员同样可以将相关的业务支撑软件（数据库、中间件等）发布到业务租户的自服务门户的目录中，租户也可以通过购物车的模式，在申请云资源时可以同时申请相关的支撑软件，再通过审批流程后自动化完成云资源和相关软件的交付，这个阶段是以面向数据中心管理员的 IT 基础设施资源虚拟化阶段逐步过渡到面向基础实施云租户和云用户的资源服务化和管理自动化阶段。

PaaS 是云计算发展的下一步，传统的企业级应用研发从概念模型至部署交付应用需要很长的交付周期，通常在数月以上；同时因为企业内部不同部门、不同研发团队采用的环境、配置、架构、运维等差异较大，这就形成一个个的"烟囱"式系统，稳定性、扩展性较差，服务能力和数据难以汇聚，孤岛效应明显。PaaS 通过采用分布式架构、微服务化、容器服务、DevOps 等关键技术提供云原生应用架构的平台能力，促使企业应用架构逐步从纵向扩展应用分层架构系统（依托传统商业数据库和中间件商业套件，为每个业务应用领域专门设计、烟囱式、高复杂度、有状态的、规模庞大），走向数据库、中间件平台服务层（依托开源增加、跨不同业务应用领域高度共享）以及分布式无状态化架构（功能更加轻量化解耦、数据及应用逻辑彻底分离），从而使得企业 IT 在支撑企业业务敏捷化、智能化和资源利用率提升方面迈上一个新的台阶。

现如今，云计算、大数据和人工智能等新技术的发展，随着数字化和智能化的技术不断改变企业未来的发展方式，大部分企业要选择适合自己的云平台、云服务等，然后转变自身的生产和管理方式，提高企业发展水平。这个阶段是以面向企业 IT 应用开发者及管理维护者的企业应用架构的分布式微服务化和企业数据架构的互联网化重构及大数据智能化阶段。

PaaS 释放人力资源，让消费者专注于核心业务和内容交付，而不是平台软件及其不会产生商业价值的底层 IT 基础架构。PaaS 还允许消费者将运行时环境的配置周期从几周缩短到几分钟，并具有适当的服务级别协议。

以下为 PaaS 平台为不同用户带来的价值。

（1）开发者：友好的开发环境，丰富的公共服务，高质量的产品化交付能力。

（2）IT 职能部门：统一平台管理实现精细管理和控制，简洁高效的应用生命周期管理（ALM），提升研发团队价值。

（3）企业信息部门：高效的投入产出比，有利于 IT 资产保护，缩短产品上线周期，避免被供应商锁定，提升业务敏捷性，提供更好的用户体验。

5.6.3　PaaS 云平台总体架构设计

面向 PaaS 公共平台有着通用型、安全性和复杂度等方面的问题，不同的企业发展阶段、不同行业特征对 PaaS 定义、需求以及交付形态都存在着较大的差异，这也提供了三种不同的交付模式：PaaS 私有云、PaaS 公有云和 PaaS 混合云。

PaaS 云平台总体架构如图 5-19 所示。企业在面对众多 PaaS 平台服务商时，如何制定标准？如何设定自身的用例，以达到平稳高效的总体架构设计呢？可从常用 PaaS 平台用例场景及 PaaS 平台关键指标和标准两方面来进行分析。

图 5-19　PaaS 云平台总体架构

5.6.4　PaaS 平台需求用例场景分析

PaaS 在实际应用中有很多场景化的需求用例，主要包括基于技术中台的应用整合和集成、包括应用开发在内的应用全生命周期的管理以及"研发、测试、运营"一体化整合，还有对数据集成管理和服务输出等。

1. 场景一：基于 PaaS 环境的现存应用程序整合与集成

原有孤立的应用程序使用独立的技术栈，甚至很多应用系统都处于单体应用的状态，直接部署至 IaaS 云平台上，会造成大量资源浪费，数据交互困难，同时信息安全及漏洞仅依赖于应用自身，存在大量的安全隐患。采用 PaaS 平台的通用的基础架构服务以及基于开源增加的组件能力，将现有的孤立应用迁移或整合至整个企业范围内的应用平台，开展统一管理，实现企业信息系统高效管控和提升信息系统安全性。

2. 场景二：基于 PaaS 云平台的应用研发

开发人员可以从 PaaS 平台公共基础组件、应用运行环境、敏捷的研发框架等快速开发、测试和部署应用。PaaS 平台是开发新应用的理想选择，架构师和开发人员可以轻松搭建分布式、水平扩展、高可用、高性能的应用程序，以及利用云平台的经济性和灵活性，使得企业应用交付效率得到较大提升，产品交付时间从原来的数月为周期变成了数周为周期。

3. 场景三：研发、测试、运营一体化整合

PaaS 平台可以消除不同团队的环境差异和需求，使得研发、测试和运维运营等专注于自身的工作环节，不必受到环境差异、配置等的影响。DevOps 还可以轻松地在相同的环境中进行协作，缩短应用上线时间，简化应用调试、测试和部署。

4. 场景四：依托 PaaS 云平台的数据集成和数据能力开放

基于 IaaS 云基础设施和 PaaS 服务能力，实现从数据源管理、数据采集、数据存储和数据分析、数据可视化在内的全流程数据管理，打造相关数据服务能力，实现数据资源和数据资产管理，形成数据服务视图，并实现集约化能力开放，为上层应用提供全域数据服务，为"用数"和"赋智"提供基础和支撑。

5.6.5　PaaS 平台关键指标和标准

1. 应用程序的可移植性

绝大部分的 PaaS 组件及运行环境都提供 SDK 或 API，并在自己的基础架构上管理所运行的应用程序。轻量化的接入和对应用的嵌入影响是评估 PaaS 平台对应用的可移植性的关键要素。

2. 多云环境支持

在考虑 PaaS 平台的引入时，对于面向设备基础架构、虚拟化技术和数据中心能力的兼容性也是考虑因素之一，选择与 IaaS 平台无关、与基础架构无关、与管理平台无关的 PaaS 平台也非常重要，这有利于满足应用系统的安全性、扩展性等要求。

3. 编程语言和开发框架

大多数 PaaS 平台供应商提供的 SDK 限制了应用的编程语言及开发框架选型。这在应对专业类型的应用系统研发时，会造成适用范围大大缩小。因此，PaaS 平台的限定编程语言和开发框架选型时需充分与应用相结合。

4. 合规性和安全性要求

不同行业对于应用规范、安全性差异较大，如医疗行业、金融行业，其更倾向使用自建数据中心的私有云解决方案，这就要求 PaaS 平台具有融合公有云与私有云的混合云解决方案。

5. 应用迁移与投资性价比权衡

现有应用程序在基础架构层面的投资与将应用迁移至 PaaS 平台的投资需开展相应的投资产出比分析，同时，当决定迁移应用后，也需要评估应用程序迁移优先级，迁移至私有云或公有云。PaaS 供应商需提供应用平滑迁移的完善解决方案。

6. 架构灵活性与定制化程序

PaaS 平台致力于提升 IT 基础架构能力与提供灵活性，并利用云资源提供规模经

济效应。在基础架构层技术不断发展和企业应用需求越来越复杂的双重作用下，PaaS平台必须不断发展，提供更多的功能来满足不断变化的开发和部署需求，提供可定制化的解决方案，满足不同行业的差异化需求。

总之，IaaS 为 IT 资源基础架构提供了灵活性，但对已部署虚拟化环境的企业来说，其价值和投资回报率是有限的。PaaS 平台是云计算至关重要的能力层，企业必须围绕PaaS 平台构建云原生演变和转型。企业可借助 PaaS 在集成的应用程序基础架构堆栈上实现标准化，提供部署企业级应用的同构平台，提高开发人员的工作效率，降低管理成本并且缩短产品交付周期。

5.6.6　PaaS 云平台应用支撑设计

在"十四五"规划背景下，众多企业融合云计算（C）、大数据（D）、物联网（IOT）、区块链（B）、人工智能（A）等数字化技术实现企业全系统、全产业链、全价值链互融互通的互联网云平台，它是支撑企业数字化转型的关键基础设施。

按照企业数字化转型的总体定位和战略目标要求，云计算依托容器、微服务、DevOps 等技术，建设以容器平台为基础、集成 DevOps 工具链和微服务开发框架的企业云 PaaS 环境，并以此为基础，将企业业务与 PaaS 平台相结合，应用部署发布、应用运维监控、业务弹性自动化等能力使业务敏捷性与可用性获得极大增强，业务部署能力可从星期级向分钟级转变。PaaS 平台提供的敏捷 IT 能力为数字化企业业务创新提供了新型技术保障。

敏捷的 IT 工具及 PaaS 服务，为业务创新在业务开发、测试、集成、部署等环节提供平台服务和工具链支撑。

固化多种云平台开发/集成框架，解耦技术框架与业务创新逻辑，通过丰富的可复用的业务框架服务为业务系统创新提供架构支撑。

PaaS 与业务的紧密关联，形成以企业云 IaaS 平台为基础、以 PaaS 平台为核心的统一化云端应用运行环境，实现业务能力沉淀，助力业务平台数字化能力构建。

5.6.7　PaaS 云平台核心功能设计

PaaS 平台核心功能设计应围绕支撑业务需求的业务中台、数据中台、技术中台以及其他服务开展设计，如图 5-20 所示。

1. 技术中台的核心能力用来支撑业务服务

（1）分布式数据库，具备高吞吐量、高可用、海量数据存储的能力，支持分布式事务。

（2）分布式消息，基于开源消息中间件进行研发，使之大幅提升吞吐量，具备负载均衡、动态伸缩等能力。

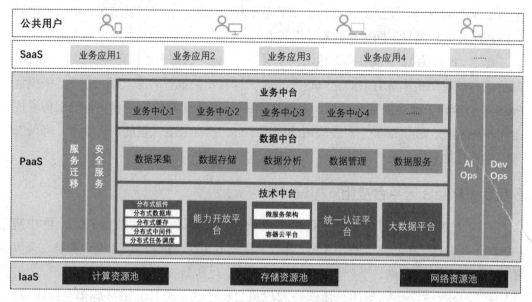

图 5-20 PaaS 平台核心功能

（3）分布式缓存，用于提供统一标准化的应用数据服务访问入口，对海量并发有效控制，保障平台稳定性及数据安全性。

（4）大数据平台，支持常用开源大数据技术，实现对结构化数据、非结构化数据的海量存储及分布式计算。

（5）容器云平台，具备强大的容器集群管理能力，自动化的资源调度实现容器的自动部署、故障恢复及滚动升级。

（6）统一认证平台，实现对企业组织和用户信息的统一标准、规范管理、高效应用、安全共享。

（7）企业门户平台，企业协同工作和信息汇聚的应用框架，将企业的所有应用和数据集成到一个信息平台，提高工作效率。

（8）能力开放平台，基于分布式技术，实现各行业 IT 服务、数据服务、基础通信为主的能力汇聚、开放及支撑管理平台。

2. 企业业务支撑 PaaS 应具备的其他核心能力

企业数字化转型的前提下业务如何敏捷化成了企业的关注点，在建设 PaaS 平台时需要的功能和能力包括但不限于以下内容：统一认证服务、统一流程服务、统一消息服务、统一接入服务、中间件集成、数据分析服务、统一服务注册中心、内部/外部服务网格、多微服务开发集成网关、多微服务框架治理工具、内部服务治理、外部服务治理等。

企业的中台核心框架是整个中台的底层基础支撑，中台核心框架依托 PaaS 平台，一般提供如下四大核心能力。

（1）公共服务：统一认证服务、统一流程服务、统一消息服务、统一接入服务。

（2）计量计费：计量/计费的对象分为两大类，即资源计量（费）和软件订阅计量（费）。前者以可独立计量（费）的资源或资源集合作为计量（费）单位，后者以软件服务的订阅作为计量（费）单元。

（3）容器功能：容器部署、弹性伸缩、组件高可用、灰度发布、滚动升级。

（4）DevOps 集成：DevOps 工具链集成，DevOps 流程可视化。

5.6.8　PaaS 云平台数据集成平台设计

1. 数据集成平台设计思路

数据集成平台设计在现阶段的重点是针对数据的全生命周期的管理，目的是让数据"活"起来，把数据从采集、存储、分析和使用这样的一个链条打通，盘活数据的价值。从这个角度上讲，传统中所谓的数据集成平台建设基本可以等同于数据中台建设，这里大可不必拘泥于名称是什么。

数据集成设计是为实现数据全生命周期的可视化采集（数据清洗、数据稽核）、分布式数据存储、数据建模分析、可视化展现等多方位的大数据业务功能。同时，为满足大数据平台管理需求，提供平台管理、安全管理及自动化部署等功能，并具有多租户、分权分域的功能，覆盖了大数据全生命周期管理中的各个环节，支持数据的全流程管理。

1）数据集成助力推动数据管理变革

数据集成从业务、技术、管理三个维度切入大数据管理实践过程，通过深层次的数据聚合分析和应用层面的业务数据支撑，站在业务整体角度，提供整体服务能力、架构规划服务能力、技术标准制定能力等服务，从而帮助用户实现业务创新、技术变革、管理策略更新等商业价值。

数据能力创新提升：① 可视化数据采集存储子系统支持结构化数据、非结构化数据（日志、文档、网页资料）和半结构化数据（流式数据）的采集存储，在数据集成过程中具备数据清洗、脱敏等 ETL 功能，打通不同部门不同平台，包括第三方数据通道提供技术平台；② 可视化任务调度系统支持不同级别租户编辑、提交和监控大数据计算作业，通过可视化界面的简单操作即可完成日常工作，降低了客户使用的门槛，客户可以自助完成大数据调度业务；③ 可视化平台管理系统支持自动化部署、监控告警和多租户管理等功能，方便管理员进行日常运维工作，在故障排除、集群扩容、安全控制等方面提供了较大的便利性。

技术变革：① 在现有技术的融合上，数据集成实现了用户已有 IT 系统数据存储模式的兼容，并在此程度上进一步提升数据管理能力；② 数据处理能力提升方面，提供批量和实时等多种数据处理手段,实现高效的数据处理分析,提升了技术对业务支撑的灵活性。

管理变革:数据从规划、采集、汇聚、存储、分析、应用、维护、归档等整个生命周期都需要不同的管理内容,数据集成需支持大数据的全生命周期的管理流程,并针对大数据的管理提供不同的规范方案。

2)数据集成平台需求重点分析

行业客户对数据侧的核心诉求,最重要的是让数据持续用起来,让数据方便地被业务使用,数据集成平台的重要价值就是屏蔽底层技术架构的复杂性,降低对技术的复杂需求,降低业务的数据使用成本。通过数据集成平台对数据汇聚、数据开发的整合,实现数据的资产化和服务化,从而建立完善的数据服务体系,最终实现数据运营的目的。

数据汇聚:把原来分散的数据进行采集和汇聚,实现异构数据源的整合,为后续的数据加工和建模做准备。

数据开发:首先要解决数据有序性的问题,然后是开发管理的问题,需要提供一个集约化的通用的标准一致的开发环境,重点需要面向开发人员实现离线和实时的开发工具,提升开发效率和效果。

数据资产管理:目的就是把分散的和已经集约的数据资源,进行有序的整合,实现资产化的过程,重点是实现主数据的识别和数据资产目录的管理,以及元数据、数据血缘分析等,更直观地实现数据有序化。

数据服务:通过能力开放的形式,把各个环节的数据服务能力进行整合和管理,解决服务能力的管理以及鉴权、计量计费等需求。

数据运营:数据集成平台的建成不仅需要运维,还需要关注平台持续安全稳定运行,更需要关注运营,持续发挥平台和数据本身的价值。

2.　数据集成平台技术架构

数据集成平台基于数据源由数据源、数据采集、数据存储、数据分析、数据应用五大功能组成,针对大数据管理的不同阶段,提供相应的模块能力支持,如图 5-21 所示。

这里最重要的就是构建数据服务体系,这也是传统的数据集成和大数据应用建设跟现在流行的数据中台建设根本的差异。数据服务体系的建设就是把数据变成一种服务能力,通过数据能力的开放,让数据参与业务,最终达到使能数据应用的目的。

1)数据源层

大数据平台第一个要素就是数据源,数据源的特点决定数据采集与数据存储的技术选型;根据数据源的类型将其分为结构化数据(如关系型数据库表、Excel、CSV 等数据）和非结构化数据（如文本、图像、音视频等数据）。

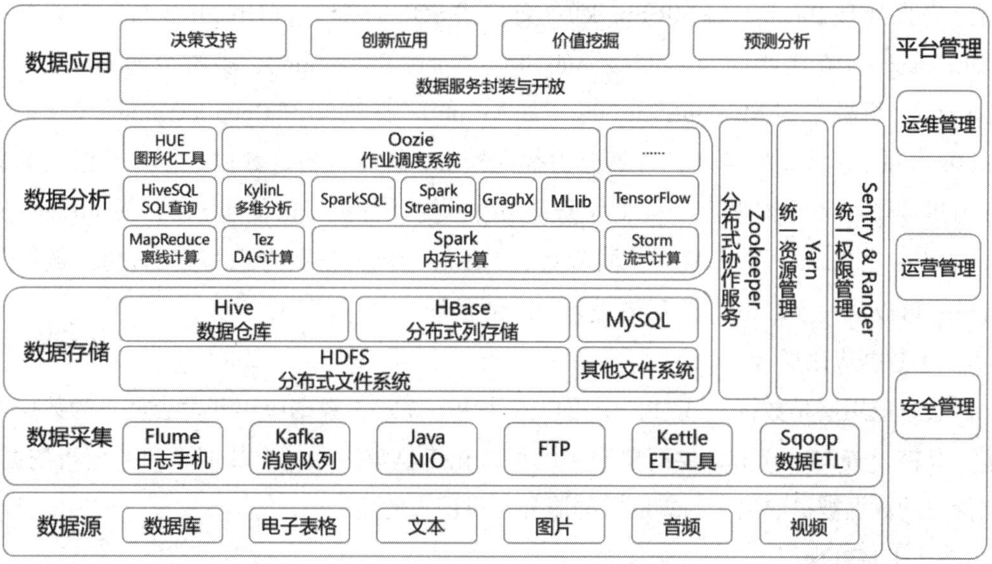

图 5-21　Paas 云平台数据集成平台技术架构

2）数据采集层

数据采集按时效性可分为非实时采集和实时采集；按采集粒度可分为批量采集和流式采集；数据源的类型决定了采集方式，如日志采集使用 Flume，关系型数据库使用 Sqoop 等。

3）数据存储层

数据存储的技术选型依据包括以下三点。

（1）数据源的类型和采集方式。比如非结构化的数据不可能拿一个关系数据库去存储。采集方式如果是流处理，那么传过来放到 Kafka 是最好的方式。

（2）采集之后的格式和规模。比如数据格式是文档型的，能选的存储方式就是文档型数据库，如 MongoDB；采集后的数据是结构化的，则可以考虑关系型数据库；如果数据量达到很大规模，首选放到 HDFS 里。

（3）分析数据的应用场景。根据数据的应用场景来判定存储技术选型。存储的目的是分析，所以要为了分析而存储，不能为了存储而存储，即存储的方式要满足分析的要求，存储工作就是分析的前置工作。

基于上述选型条件，数据集成要满足企业常用应用场景，应当支持分布式文件系统 HDFS、分布式数据仓库 Hive、分布式列存储 HBase、关系型数据库 MySQL 以及其他分布式文件系统（如 MPP、MongoDB、Elasticsearch）等。

4）数据分析层

数据分析从编程计算模型角度，细分为离线计算模型（如 MapReduce、Tez）、内存计算模型（如 Spark）、实时计算模型（如 Storm\Spark Streaming）；从技术角度，可细分为批处理 Batch（如 MR\Spark）、交互式 SQL 查询（如 Hive\Impala）、KV 查询（如 HBase）、流式处理 Streaming（如 Storm\Spark Streaming）、多维分析 OLAP（如 KylinL）、机器学习 Machine learning（如 MLlib）、深度学习 Deep learning（如 Caffe\TensorFlow）；从业务角度，可细分为查询检索、统计分析、数据挖掘。数据挖掘又分为机器学习和深度学习。从业务场景来看，统计分析可以使用 SQL、MapReduce、Streaming 或 Spark。查询检索，同步写到 HDFS 的同时还要考虑写到 ES 里。数据分析时，可以建一个 Cube，然后再进入 OLAP 的场景。

5）数据应用层

数据应用层是数据集成过程中用户需使用一体式大数据应用开发套件，为数据采集、存储、查询、分析提供简单易用的可视化工具集。通过大数据平台的分析挖掘，有价值的数据被提取出来封装成数据服务，供用户使用。

6）平台管理层

大数据平台的基础设施层有成千上万的机器设备，涉及的基础组件几十上百个，运行的应用程序也是多且复杂，如果没有一个管理系统将是无比混乱的。数据集成过程中的管理应主要包含运维管理、运营管理和安全管理。

5.7　迁云：系统迁移上云规划

随着越来越多的企业将自己的数据中心构建成灵活敏捷的资源服务，几乎无一例外，IT 架构师会通过云技术提升整体服务的效率和更好的用户体验。对于长期使用独立部署业务系统的用户，可以通过迁移的方式进行业务系统的云化，快捷方便地将已有的业务系统向云计算平台上迁移。

绝大多数企业云计算的建设都不是一蹴而就的，不是一开始进行数据中心建设时就使用云计算架构来搭建整个基础设施，而是随技术的革新而逐渐演进发展，才开始由传统的物理服务器向云计算架构迁移。因此，企业在业务系统云化过程中，势必会使用到一些方法、工具，结合人工服务，将业务系统从现有物理或虚拟环境下，迁移至搭建好的云计算资源池承载，从而极大地节约了用户对物理服务器的依赖和空间需求，使资源利用更灵活便利。

从狭义上来讲，针对业务系统的迁移上云是全省周期云服务的一个重要环节，实现了把应用负载从传统环境向云环境的转换。同时，从更大的范畴来讲，迁移上云是推动云计算平台从建设转向运营的重要标志，也是推动云平台持续运营发展的重要手段。

5.7.1　业务系统迁移原则

在实际案例中，针对企业客户业务迁移，根据不同企业应用系统及设备数量的多少、各应用系统的重要程度、服务时段、依赖的设备情况、业务迁移中断时长等因素，一般建议采用分批次逐步迁移的思路。整个应用迁移云化过程应按照以下原则科学平稳进行。

（1）整体规划、先易后难、分步实施。

（2）采用先简单后复杂的方式分阶段迁移。

（3）先普通业务系统，后核心业务系统。

（4）尽量避免异构平台迁移。

（5）优先考虑安全性。

（6）数据库系统谨慎迁移。

（7）尽量不改变现有业务网络。

（8）选择周末或节假日进行迁移，避免对日常业务工作造成影响。

如何对迁移应用系统进行有效的系统评估，为迁移和整合提供有效的支撑数据，是迁移前重要的工作，也是迁移和整合过程中的一个难点。针对系统评估分析，一般都会使用调查问卷、自动化评估工具或访谈等形式对客户系统的基础架构层和应用层进行系统评估。

同时，迁移前需要提前结合企业的 IT 发展规划、现有资源的现状、系统应用需求等因素来统筹确定上云前的规划和设计、上云的实施以及上云后的验证和维护。

5.7.2　业务迁移上云方法

在客户现场沟通交流的过程中，客户经常会问：现有的业务怎么迁移上云？所有业务都可以上云吗？需要购买什么才能完成系统迁移上云？一般用什么软件可以做这些事情？

实际归根结底都是在问一个总的问题：业务到底通过什么途径和方法迁移上云。通过多年的云化迁移项目实践，我们可以总结出以下几点来帮大家对业务迁移上云的方法有个整体的了解。

（1）工具迁移：利用迁移工具软件实现应用系统的在线迁移，在不影响生产系统对外服务的情况下，通过迁移工具将源服务器应用系统进行格式转换，移植到目标云平台之上。采用工具迁移对于业务影响较小，迁移计划中断时间窗口较短，对于业务可用性要求比较高的场景，可通过在线迁移工具执行迁移。此外，工具迁移还有迁移效率高、操作相对简单、不需要过多的人工干预等优点，缺点是市场主流的迁移工具仅支持特定的迁移场景，具有一定的局限性。

（2）手工部署：手工部署方式是传统的系统迁移方式，在目标平台上建立相应的主机和运行环境，然后将应用系统进行重新部署，完成配置后导入业务数据，获得一个与原系统功能一致的新系统。手工部署方式通用性广，对绝大多数的环境都适用，缺点是效率低，操作复杂，需要过多的人工干预。使用手工方式将现有的系统迁移到新环境下存在一定困难，如老旧的服务器系统，通常会遇到找不到相应的操作系统驱动、应用安装软件，缺乏部署的安装文档和厂商支持等问题。

（3）设备搬迁：由于业务系统的特殊要求，以及云平台稳定性、兼容性等因素限制，个别业务系统不适合迁移到云上。对于此类业务系统，通常会建议保持现状，采用物理设备搬迁方式，其间需要中断业务。

5.7.3　迁移方法的差异性及迁移风险应对

除了需要明确不同的迁移模式，在业务上云迁移时，还需要根据所收集的系统信息对整体 IT 系统进行业务迁移的风险分析，分析各种潜在危险，通过识别可能发生的危险事件，采取相应应对措施，如表 5-3 所示，最终达到使业务平稳健全地迁移运行在云计算平台之上的目的。

表 5-3　系统迁移上云风险识别与应对

环　节	风险识别	风险应对
现状调研	• 基础设施的异构环境不同风险 • 参数配置及系统架构变更	• 实际考察源环境及相关业务系统部署架构 • 对比系统实际配置信息及相关关联性
评估分析	理论方案不落地	• 进行 POC 测试验证 • 核对验证不落地因素
测试演练	• 测试环境过于理想 • 工具功能覆盖面不足	• 按照目标与源环境模拟测试环境，包括网络、存储、系统及平台等 • 测试评估前尽可能评估到系统类别、针对目标及源环境选取功能覆盖全面的迁移工具
迁移实施	系统上线失败风险	• 定制完备的系统回退方案 • 记录迁移全过程关键点，方便再次迁移时进行方案调整
验证优化	迁移完毕后数据缺失	定时数据备份、写入、回写方案，迁移前做好业务数据暂停工作

5.7.4　业务迁移上云的最佳实践

通过对业务系统做全生命周期的迁移管理，可以快速、平滑地将客户的传统业务系统向云计算平台平稳可靠地迁移，一般客户的业务环境比较复杂，存在一些不确定性因素，因此业务迁移需要进行缜密的调研和论证，制定科学、规范的实施方案和应急回退方案，选择合适的迁移路线，制定合理的操作规范，减少和避免发生人为错误导致的故障，并在规定的时限内完成整个业务系统的迁移工作，做到业务停顿时间最短、影响范围最小，否则不仅会给企业的生产和管理带来中断，甚至会带来大量的经济损失。

1. IT 整体现状调研，摸清迁移初步规模

调研评估阶段，通过调研问卷、工具、访谈等方式，收集用户信息系统现状信息，包括 IT 软硬件资产的信息、性能数据、业务流程及组织架构等信息。

有助于迁移服务团队或被迁移客户明确整体项目的规模、预算，同时可方便双方确定业务系统迁移的范围。

2. 信息评估分析，厘清业务关联、排除潜在风险隐患

信息调研后进行应用关联分析、风险分析，包括业务系统架构梳理、业务与 IT 系统关联分析、IT 之间关联分析、业务关联分析、风险定义、风险识别、迁移风险分析、业务影响分析等，图 5-22 展示了业务性能分析、业务架构分析、网络架构分析、业务安全性分析的具体说明。

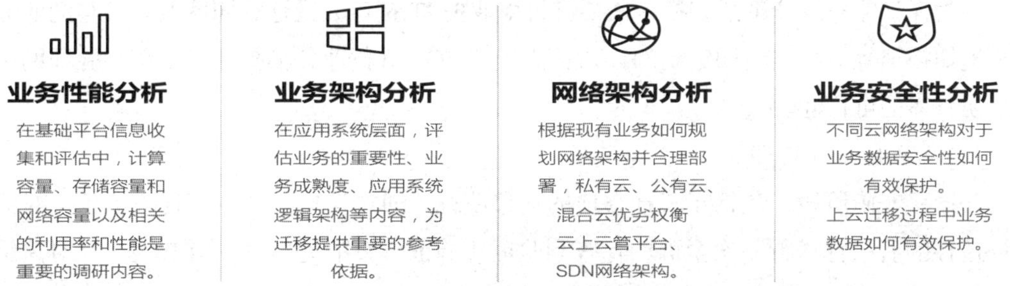

业务性能分析

在基础平台信息收集和评估中，计算容量、存储容量和网络容量以及相关的利用率和性能是重要的调研内容。

业务架构分析

在应用系统层面，评估业务的重要性、业务成熟度、应用系统逻辑架构等内容，为迁移提供重要的参考依据。

网络架构分析

根据现有业务如何规划网络架构并合理部署，私有云、公有云、混合云优劣权衡云上云管平台、SDN网络架构。

业务安全性分析

不同云网络架构对于业务数据安全性如何有效保护。上云迁移过程中业务数据如何有效保护。

图 5-22　业务迁移上云的评估分析

最后进行整合评估分析，包括业务系统迁移最小 RTO、RPO 指标分析，运行周期分析、网络流量趋势分析、性能基线分析、容量规划、可行性评估分析等。

通过采集 IT 设备信息和客户业务信息，在此基础上综合分析，得出业务可云化及可迁移性评估。

根据采集到的客户服务器信息、客户需求以及评估规则，对服务器进行虚拟化评估，识别出适合虚拟化的服务器及与云平台可兼容的服务器。

3. 制定迁移策略，做好整体迁移方案设计

规划设计阶段，基于调研评估的分析结果，首先，制定迁移策略，包括迁移目标范围、目标站点选择、链路规划设计、系统迁移顺序等。原则上能够虚拟化迁移的系统，全部迁移至虚拟化环境，现在的业务系统逐步在去小机化，所以之前用到小机的业务系统，还需考虑架构的拆分和分布式部署迁移，关键业务及不支持虚拟化迁移的业务依然采取 X86 物理服务器部署。

其次，进行目标架构设计，包括迁移方式的选择、迁移计划安排、方案的制定和审批，编制风险应对方案（风险案例库、风险应对计划、业务回退方案、迁移知识库、应急响应预案），明确计划与分工（项目实施组织人员、项目实施计划、项目管理）等，最后制定实施手册及相关脚本。

4. 模拟生产环境适时安排测试，充分演练业务迁移及连续性切换

在确定迁移方案和迁移工具之后，需要在云平台部署业务迁移工具环境，并对迁移工具、迁移方案进行测试、预演。

方案测试根据迁移方案和实施手册，运用合适的测试环境对方案进行测试，这个阶段主要成果是在技术上和流程上对迁移方案进行验证，并加以细化、完善，形成最终的迁移方案。

迁移演练主要是建立一个模拟的业务迁移环境，最大程度上模拟实际的迁移过程，以求锻炼方案实施中的每一位成员，深入体会迁移方案中的每个步骤并得到实施成员的密切配合。

为保证业务快速平滑切换，需要进行由业务 IT 接口人及迁移团队共同参与的业务模拟切换演练，根据前期定制的计划、流程和 SOP 进行业务模拟切换演练，验证网络切换方案的可行性。

5. 开始正式迁移

迁移实施阶段，包括正式迁移前的迁移演练，通过模拟一个业务迁移场景，对业务迁移的有效性进行一次全面的检查和验证，验证方案的完整性、有效性；针对演练过程发现各类问题提出改进措施和建议。

正式迁移目标平台环境准备，包括源端主机重要系统及数据库的备份，迁移工具客户端安装，目标平台环境准备及确认，目标平台连通性测试、性能测试、稳定性测试等。然后进行正式迁移的数据同步及验证工作，包括数据在线同步，系统功能/性能测试，准备相关测试方案、测试用例、相关测试脚本等，测试通过后，进行差异数据同步和数据验证测试。

6. 做好交付收尾工作，验证优化

验证优化阶段，首先进行完整的业务周期监控，包括关键 KPI 指标、每日监控巡检、性能监控等，然后进行业务评估，主要包括性能基线核对，与迁移前比对性能是否有所提升，是否满足业务部门诉求。基于评估的结果进行系统的优化，主要可分为硬件/软件结构优化两个方面，以便满足业务需求。硬件结构优化包括对虚拟机相关设置参数调整，如消除不必要的虚拟硬件设备、网卡等，调整 CPU 内核数、内存大小、磁盘空间大小，并设置资源竞争参数等。软件结构优化包括对操作系统 OS 优化、数据库

表结构优化等。

验证通过后，通过预制脚本实现一键切换，自动 IP 变更，并进行业务切换割接。

在正式的业务切换前，有必要选择一个时间点进行系统验证测试，由相关的业务流程参与人员登陆迁移目标系统，对系统进行功能性验证，确保迁移目标系统配置正常。

业务验证测试主要是检查系统迁移后，单个应用运行是否正常，各个业务应用系统同时上线使用是否正常，是否存在冲突情况，对服务器性能、网络带宽等资源占用情况是否正常。根据需要进行多点联测，检测系统可靠性，如果业务拉起正常，请客户对业务数据抽检正常，检查并确认数据一致，则可确认迁移成功完成。

验证测试内容主要包括应用软件执行功能测试、性能测试、稳定性测试、数据一致性测试等。测试验证可根据实际环境情况选择相应的场所，有些情况下测试环境没有承载压力的能力，不做大型稳定性和压力测试的考虑，而孵化环境可考虑做稳定性和压力测试。

（1）功能测试：对目标平台的业务应用系统进行功能性测试，并与物理服务器进行对比，确保应用系统在平台迁移后所有功能工作正常，可采用手工测试或者自动化测试工具。对于迁移后应用系统，重点测试虚拟环境下对应用业务的影响，可不过多地进行业务逻辑性测试。对于新的业务系统，需要进行完整的业务逻辑性测试。

（2）性能测试：在测试目标平台的性能测试中，主要采用压力软件在压力机上对应用系统进行压力测试，或者采用人工脚本进行压力测试，从而衡量应用系统对虚拟机系统的资源消耗及由此产生的对物理机的资源消耗，从而更好地掌握应用系统的性能需求，验证目标平台是否能满足业务系统的性能需求。性能测试可在验证环境平台进行，如测试目标平台条件满足也可进行相关测试。

（3）稳定性测试：在稳定性测试中，可以利用一些压力工具软件（如 Loadrunner 等）进行压力测试，在一定周期内测试系统的稳定性，以保证应用系统在割接后能稳定运行。稳定性测试可在验证环境平台进行，如测试目标平台条件满足也可进行相关测试。

（4）数据一致性验证：对迁移后的业务应用进行数据一致性验证，为了验证迁移前后数据的一致性，在数据迁移完成后，在系统迁移前和迁移后分别进行相同的验证测试方式，并对比两次测试结果，如果一致，则说明迁移前后数据一致。

事实上，迁移的基本过程是现状调研、评估分析、方案设计、测试演练、正式迁移、验证优化，其基本逻辑和步骤在 IT 的发展历程中并没有发生多大变化。不过在将大量遗留应用程序迁移至云端的过程中，由此带来的显著变革要求有时可能给组织造成恐慌。现代企业中 IT 环境正变得愈发庞大也愈发复杂，而组织原有系统实现云化迁移，是一个艰巨而长期的任务，在这个过程中不只是迁移一个动作，还会涉及很多 IT 历史债务的清偿，无论是服务商还是客户自身，在实操过程中宜珍之重之。

5.8　用云：应用上云与应用重构

5.8.1　应用架构发展与演进

应用架构有两层含义，一是企业级应用架构，也就是 EA 的概念，EA 层面的应用架构起到了承上启下的作用，向上承接了企业战略发展方向和业务模式，向下规划和指导企业各个 IT 系统的功能和定位。这个层面的应用架构更关注企业的应用架构蓝图、架构标准/原则、系统的边界和定义、系统间的关联关系等方面的内容。还有一层含义是单个系统的应用架构，也就是狭义的应用架构，主要是单系统的实现逻辑和组成架构，从前端展示到业务处理逻辑、后台数据，整体设计需要遵循企业总体应用架构原则。

首先应该明确应用架构的定位和目的，应用架构是为业务服务的，是围绕业务需求展开的，是从需求出发利用各种新技术实现架构上的演进和优化，而不是单纯的技术落地实践。应用架构演进是一个渐进明晰的过程，从小到大，从集中到分散。

1. 单体架构

单体架构，顾名思义，就是所有功能以 all-in-one 的方式实现，以高内聚的单机方式构建系统。随着系统负载上升，应用和数据库也可以通过拆分的方式来增加性能和访问承载能力。

单体架构在应用初期成本较低，相对容易部署，适合负载相对小、功能相对简单的场景，但其缺点也是显而易见的。随着需求复杂度的增加，开发人员和代码量直线上升，单体应用本身变得越来越庞大、越来越臃肿，失去了本身的灵活性，维护的复杂度和维护成本都居高不下，随之而来的就是可靠性变差，可扩展性受限。同时，这种单体架构应用所背负的技术债务越来越多，维护成本居高不下，架构风险也不可控。

2. 垂直架构

垂直架构是单体架构的演进和变种，是基于单体应用架构做的功能拆分。单体应用初期，业务流量小，对资源的需求也小，所有的应用打包在一起，部署在一台物理机上，运行很流畅；在第二阶段，出于提升安全性和可用性的考虑，开始做主备拆分，部分实现了高可用；在第三阶段，由于负载的提高，会考虑把数据部分拆走，形成了 APP 和 DB 分开部署的模式，并且用负载均衡等手段实现应用服务的负载分担。这种架构虽然解决了部分性能和扩展性的问题，但是单体应用的问题没有从根本上得到解决。

3. 分布式架构

分布式架构是在单体架构和垂直架构的基础上，重点针对性能和可扩展性问题所进行的架构延伸。在工程实践中，一个大的系统往往根据业务属性、领域属性以及功能属性等因素被分为多个模块，分别部署在不同的服务器上，各个模块之间通过 API 接口进行数据交互，并由专门的组件负责分布式环境的管理和调度。

分布式架构相对于单体架构和垂直架构来说，以模块化的方式实现了系统的灵活性，模块内部采用负载均衡的方式，提升系统整体性能，解决了系统高并发的需求。

首先对模块进行拆分，使用接口进行通信，降低模块之间的耦合度。同时从项目管理的角度也可以把项目拆分成若干个子项目，由不同的团队负责不同的子项目，责任边界变得更加明晰。功能的增加和扩展通过增加子模块的方式实现，提升了系统的灵活性。同时，开始使用 RPC 和消息中间件等办法来解决系统各模块分开部署以后也带来协同工作的问题。

但是这样做也存在一定的问题，系统之间的交互通过使用远程通信实现，接口开发增大了工作量和复杂性，给系统带来一定的不确定性风险。

4. 微服务架构

微服务是一种服务化架构风格，不是一种技术。微服务通过将功能分散到各个离散的服务中以实现功能上的解耦。在架构实现上主要是将中间层分解，系统被拆分成很多小单元，可以部署在不同的服务器和虚拟机上，也可以部署在相同的服务器和虚拟机的不同容器上。某个应用的故障不会影响到其他应用，其负载也不会影响到其他应用，其代表框架有 Spring Cloud、Dubbo 等。

微服务的目的是对应用进行有效的拆分，实现敏捷开发和部署。拆分以后的服务可以独立的部署、运行、升级，还可以让微服务与微服务之间在结构上实现"松耦合"，在功能上表现为一个统一的整体。这种所谓的"统一整体"表现出来的可以是统一的界面风格、统一的权限管理、统一的安全策略、统一的上线过程、统一的日志和审计方法、统一的调度方式、统一的访问入口等。

应用系统采用微服务架构后，具备了一些显著的优点，具体包括以下几点。

（1）微服务代码量小，应用系统启动快，更加敏捷灵活。

（2）当微服务需要关注和强调某个特定的功能时，开发和维护单个微服务变得相对简单，整体应用系统可控性更强。

（3）与单体应用相比，微服务的部署和修改更容易，单体应用只要有修改，就得重新部署整个应用，而要对某个微服务进行修改，只需要重新部署这个服务即可。

（4）微服务在技术栈的选择上更灵活，可以根据微服务的具体需求进行差异化选择。

同样，微服务也是需要付出代价的。首先分布式架构是微服务的基础，分布式架构固有的复杂性，加上微服务本身的架构理念，直接拉高了微服务的使用成本，同时微服务的运维成本也非常高。

我们通过表 5-4 对四种应用架构模式进行了对比。

表 5-4　四种应用架构对比表

对　比　项	单体架构	垂直架构	分布式架构	微　服　务
架构复杂度	低	低	较高	高
耦合度	高	高	较低	低
扩展性	差	较差	较好	好
部署难度	简单	简单	较复杂	复杂
可靠性	差	较差	较好	好
运维成本	低	低	较高	高

总的来说，适合自己的才是最好的，有一个清晰明确的 IT 规划蓝图还是非常重要和必要的。在数字化转型的大背景下，云化后的 IT 基础平台需要有一个稳定、敏捷的架构，需要从技术驱动、业务驱动等多方面考虑。

5.8.2　PaaS 时代的应用上云

1. 应用上云进入 PaaS 时代

首先，在数字化转型驱动下，云计算作为 IT 基础设施的底座已经确立了其在架构层面的重要地位，同时其架构也开始在数字化转型影响下发生了一些变化。

（1）应用部署模式变化：应用架构全面 X86 化，通过分布式部署模式，提升实时并发处理能力和应用的敏捷性。

（2）应用和数据解耦：传统应用和数据是通过私有化的方式耦合在一起的，新的应用架构实现了应用和数据的分离，通过接口的方式进行对接，并且建立规范化的数据服务接口，为能力开放奠定基础。

（3）应用架构从封闭走向开放：从传统的单体应用架构向分布式和微服务架构转型。应用从独立系统向开放平台演进，平台通过开放 API 等方式实现企业内部的核心能力开放，形成能力的共享和复用，实现价值链的整合。

（4）开源＋自主研发的新模式：商业软件因其封闭性，在大容量、高并发的需求响应方面往往困难重重。因此，很多企业客户试图通过对架构的拆解，合理引入开源软件，实现了应用功能的升级和性能的提升。这种做法也有成本因素的驱动，商业软件高定价策略，也激发了开源软件的使用。互联网公司大多采用"开源＋自主研发"的研发模式，主流互联网公司的 IT 平台已经很少使用商业软件。

从工程实践上看，行业性大规模上云的 IaaS 时代基本结束，行业客户关注点从IaaS 向 PaaS 转移，应用上云也从简单粗暴的 IaaS 方式进化到以云原生为核心的 PaaS

阶段。所谓 IaaS 方式，就是基于计算、存储和网络的虚拟化实现应用的部署，在 PaaS 上云这个阶段就需要使用更多的云产品和云服务，包括中间件、存储、缓存甚至应用托管平台等。

就上云方式来讲，IaaS 阶段和 PaaS 阶段差别还是比较大的，主要是资源层和服务层对应用的侵入性。在 IaaS 阶段，应用重点关注资源，也就是 IaaS 提供的云资源服务，包括虚拟机和容器等，这种模式下，IaaS 云对于应用架构没有任何侵入性。到了 PaaS 阶段，首先 PaaS 比 IaaS 多了一层分布式组件层，为应用提供缓存、消息队列等分布式支撑服务，然后 PaaS 还包括应用全生命周期的管理，所以 PaaS 阶段的上云对应用架构本身会有较强的侵入性，需要应用在架构上做出改变，这是作为一个架构师必须考虑的问题。

作为 PaaS 来讲，"厚平台、薄应用"是一个趋势性的架构原则。厚平台是因为需要把各个应用系统中重复的日志服务、监控服务、告警服务、统计服务、权限服务、认证服务等基础公共组件从各个应用系统中剥离出来，形成公共服务能力层，这是非业务功能服务，还有跟业务相关的一些业务功能服务。这样中间这一层就变厚了，同时业务层只关注业务逻辑，业务层就变薄了。

2. 应用上云的架构选择

对于数字化转型的基础支撑，在做好统筹规划的前提下，IT 规划始终应该坚持最小化原则，一味追新不一定是件好事，适合的才是最好的。所以在综合考虑架构、运维、部署、扩展性和开发工作量等因素以后，如果用单体应用架构能轻松解决的问题就没必要用微服务架构。只有遇到有快速敏捷交付、弹性扩展等强需求的情况，才需要考虑微服务架构。微服务架构的初衷和目的在于重构，重构应用架构，甚至重构业务流程。服务化是微服务的基本理念，也是业务层一直秉承的理念，服务化的核心要义在于重用，核心思想就是避免重复，提高效率。

微服务不仅仅需要框架支持，更重要的是要有方法和理论支持。康威定律就是微服务的基础理论，其核心思想有以下内容。

（1）人与人的沟通是非常复杂的，一个人的沟通精力是有限的，所以当问题太复杂需要很多人解决的时候，我们需要做拆分组织来达成对沟通效率的管理。

（2）组织内人与人的沟通方式决定了他们参与的系统设计，管理者可以通过不同的拆分方式带来不同的团队间沟通方式，从而影响系统设计。

（3）如果子系统是内聚的，和外部的沟通边界是明确的，能降低沟通成本，对应的设计也会更合理高效。

（4）复杂的系统需要通过容错弹性的方式持续优化，不要指望一个大而全的设计或架构，好的架构和设计都是慢慢迭代出来的。

通过康威定律的运用可以有以下认知：① 系统架构是公司组织架构的反映；② 应该按照业务闭环进行系统拆分和组织架构划分，实现闭环/高内聚/低耦合，减少沟通成本；③ 如果沟通出现问题，那么应该考虑进行系统和组织架构的调整；④ 在合适时机进行系统拆分，不要一开始就把系统/服务拆得非常细，虽然闭环，但是每个人维护的系统多，维护成本高。

根据康威定律的思路和启示，我们采用微服务做应用重构时，核心思想是必须从客户的业务需求入手，要么从业务流程切入，要么从数据资源切入，要么双管齐下。具体从哪个方向入手，还是得看具体情况，一般来说从主数据的梳理和治理入手相对容易一些，不管怎么说都需要对业务有深入的认知。

微服务不是一个一次性的过程，不能拿做项目的思路去做微服务，做微服务要做好打持久战的准备，一定得找到一个合适的业务系统去做尝试。第一批试点的业务系统需要做的工作是巨大的，从投入产出比来讲也是不划算的，但是一旦成型，也是一劳永逸的，将会给企业架构带来深远的影响和长久的价值。

微服务的拆分应该如何来做呢？

首先需要明确一个很重要的问题，服务拆分的目标并不是搞出一堆很小的服务，真正的目标是解决巨型应用在业务急剧增长时遇到的问题。

服务拆分对系统而言，是通过某个维度做到服务责任单一。服务拆分的关键是拆分粒度，应该保证微服务具有业务的独立性和完整性，要围绕业务模块进行拆分。整体要考虑以下几个因素。

业务因素：在服务拆分时，先从业务角度确定拆分的方案。拆分的边界要充分考虑业务的独立性和专业性，按服务的业务功能合理地划出拆分边界。

投入产出：衡量拆分收益的标准是拆分后的维护成本要低于拆分前的维护成本，不能因为拆分而带来更大的维护工作。

组织结构：拆分不仅仅是架构上的调整，而要在组织结构上做出相应的适应性调整，确保拆分后的服务由相对独立的团队负责维护，尽量不要出现在不同服务之间的交叉调用。

系统扩展：用户对不同的服务有不同的并发和性能方面的要求，因此服务具有不同的扩展性。把具有不同扩展性要求的服务拆分出来分别进行部署，可以降低成本，提高效率。

变动频率：系统中经常变动的部分大约只占20%，剩下的80%基本不变或极少变化，可以把不变的80%分离出来，单独部署，单独管理。

信息安全：不同的服务可能对信息安全有不同的要求，因此把需要高度安全的服务拆分出来，进行特别的部署。

系统和应用拆分具有复杂性和长期性，需要持续投入精力。

5.9　管云：云计算平台运维与运营

5.9.1　运维的实质

运维总是 IT 行业绕不开的话题。在传统的认知里面，运维是基于人开展的活动，随着认知的加深，逐渐认识到运维工具和平台也很重要，但是可能很多人没有仔细想过运维的实质到底是什么。在云计算火红如斯的现今阶段，云计算已经数字化转型的核心架构和核心形态，已经成为整合 IT 基础设施的核心手段，IT 的整体集约化程度越来越高，运维平台和运维体系的建设也越来越趋向复杂。云平台运维的发展和演进，根据原来运维所处的水准高低，往往选择不同的切入点，一般有以下几个方向。

（1）从资源数据和业务可视化角度切入，以监控系统建设为基础，实现全要素监控。

（2）从运维流程管理的角度切入，以运维工单管理为基础，推动 ITSM 建设，实现运维流程标准化。

（3）从高阶运维应用切入，如运维大数据分析、运维 AI 应用，通过大数据和 AI 实现系统的建设和整合。

经过这么多年的发展，传统 IT 下的运维建设，其发展程度和思路不尽相同，因此向新 IT 转型的路径自然也不会相同。

运维的本质是什么，成为一个值得探究的问题。有人说运维的本质是可视化，这话粗听起来似乎没错，但是有点本末倒置。可视化是手段不应该是目的，监控是实现运维对象的可视化，ITSM 是实现流程可视化，运维数据分析更是实现指标可视化。这些都是手段，不是根本目的。运维的本质应该是可控，让 IT 的一切环节变得可控，这才是运维的本质。实现稳定性、性能以及安全等各方面的可管可控，这是运维最根本的思路。运维应该是推动企业 IT 架构落地和持续优化的手段，是让 IT 贴近业务的重要抓手。

5.9.2　运维的发展和演进

依据行业普遍认知和行业发展的必然规律，基本上都把运维分成了四个阶段：手工运维、工具运维、平台运维和智能运维，如图 5-23 所示。

（1）手工运维：主要是关注资源监控，关注资源的运行状况，侧重于手工和脚本。

（2）工具运维：开始使用工具替代人工作业，开始关注业务运行状况，但仍然属于自下而上的被动运维方式。

图 5-23　云平台运维发展阶段

（3）平台运维：运维管理维度从设备和资源转向业务转移，开始"自上而下"地考虑运维的问题，推动运维流程的闭环，但核心仍然是"事件"和"故障"。

（4）智能运维：从运维数据分析的维度助力业务价值提升，以大数据为基础，利用 AI 和机器学习算法对运维数据价值进行挖掘，强调问题的解决，最终实现 IT 整体价值的提升。

按照运维手段的差别可以把运维工作分成三个阶段：① 传统运维，基于人和简单工具的基础运维，更多的是以被动的形式提供技术支撑和保障；② 自动化运维，基于工具和平台的高阶运维，采用自动化的手段为更复杂的系统提供支撑，这个阶段除了工具和平台的使用，也开始关注流程，ITOA 和 ITOM 系统进入行业客户的视野；③ 智能运维，在自动化运维的基础上，更依赖数据和模型，去实现智能化的分析和预判，在提升效率的基础上，更关注运维价值的提升。

随着云计算从 IaaS 上升到 PaaS，系统复杂度日益提高，业界普遍认同一个观点，那就是智能运维的时代到来了。

Gartner 认为，自动化运维是通过工具或者平台，实现 IT 基础设施和应用的日常任务和运维流程自动化，从而提高效率，降低风险，促进组织内部业务能力提升，主要包括日常任务处理自动化、运维流程自动化、IT 服务自动化、业务服务自动化以及整体运维运营能力升级等内容。从成熟度模型上说，Gartner 将企业实施自动化的成果分为起步、基本、标准、合理、动态五个阶段，在每个阶段定义了企业应该达成怎样的目标。

由于自身 IT 规模、投入、IT 效价和发展时间的差距，国内 IT 发展水平差异明显，特别是传统企业和 BAT 之间存在明显的代差。整个 IT 运维处于整合新老工具、更新替代旧架构的转型关键时期。未来 IT 运维的方向，就是打造涵盖硬件监控、性能调优、资产管理、报警中心、故障自动修复、故障预测、智能节能的一整套基于混合 IT 架构的新“监、管、控”的闭环解决方案。需要从原有的基于人工的被动响应，转变为更高效、更智能化的运维体系，实现基于运维数据的分析能力，对数据进行洞察。

现阶段的运维已经脱离原始的意义，不再只是针对运维对象的一些维护管理工作，也不仅仅是用工具和自动化的手段解决原来人工无法处理的维护管理动作规范化、批量化、自动化，而是在向运营方向演进。运维，只能解决“活着”，运营才能实现“活得好”。

在数字化转型的大背景下，所有行业的 IT 都存在新旧两种架构模式，需要在传统 IT 架构和新的 IT 架构之间寻找一种平衡和结合点，使 IT 架构达到一种动态的平衡。

5.9.3　从传统运维到智能运维

IT 技术和行业业务发展日新月异，IT 运维也变得前所未有的复杂，人工运维和工具运维已经成为过去，随着自动化运维工具的广泛应用，自动运维的概念也开始进入人们的视野。2016 年，热衷制造 IT 概念的 Gartner 正式提出了 AIOps 的理念。自动化运维以及 AIOps 等概念一经提出就受到业界关注，特别是 AIOps，在 AI 热潮的加持下，这一概念很快就成为运维领域最热门的词汇之一。

1. 传统运维手段的问题和局限

IT 运维方式经过了一个发展的过程，从最初基于人工的运维，到后来基于工具和平台的监控式运维，再到叠加大数据手段的运维，再到现在涌现的 AI 包装下的智能运维，实现了从人工到工具到自动到智能的一个演进。传统运维除了众所周知的问题，如机制、体制、流程层面的不足，还存在过于依赖核心人员、缺乏有效的信息处理工具等问题，关键是传统的 ITOM 工具往往缺乏分析能力，虽然也能实现运维数据的采集，但无法对这些数据所包含的信息进行洞察，更加无法将数据进行知识化的本质提升。

2. 智能运维概念解析

智能运维 AIOps 是 Gartner 定义的概念。AIOps 是一个以实现持续洞察和改进为目标，运用大数据和机器学习技术作为支撑的软件平台。按照 Gartner 的看法，AIOps 会增强或部分取代现有的 IT 运维流程和工具，包括可用性、性能监测、事件关联和分析、IT 服务管理和自动化。AIOps 重点关注运维数据全生命周期的管理和利用，从不同数据源的获取、海量运维数据的存储和处理以及基于 AI 和机器学习算法的数据分析。

智能运维把 AIOps 的概念从原本的基于大数据及算法，扩充为基于 AI，期望通过大数据、机器学习及更多高级分析技术，提供具备主动性、人性化和可视化的能力，直接或间接地提升目前传统 IT 运维的能力，总结来说就是“监控、定位、预测”。

（1）监控，是指通过监测手段发现异常，及时告警，通过监测实现平台和系统的状态可视化。

（2）定位，是指准确地定位故障位置，不能过分依赖自动恢复。

（3）预测，是对业务运行基线的智能预测，比如过去只能手工指定服务器的响应阈值是 100ms，现在可以基于监控数据和对业务的深度钻取自动判断，可以沿着业务运行轨迹自动发出异常警告。

现在行业普遍认为，AIOps 的愿景是解决四个方面的问题，即故障分析、根因分析、趋势预测和决策支撑，AIOps 为 IT 运维提供了全新的管理思路，AIOps 是帮助企业 IT 从运维走向运营的关键。

AIOps 的确可以对 IT 系统进行预警和预测，辅助决策，从而为企业的 IT 管理从 IT 运维向 IT 运营转型提供帮助。IT 从运维走向运营不是一个简单的事情，至少不是一个工具和平台能解决的，关键还是思想和观念的转变，要从自身出发让企业和 IT 的用户认识到 IT 的价值，认识到 IT 人的价值，认识到信息化的价值。

数据是智能运维的核心和关键。在当今的形势下，大家都认识到数据是最重要的资产，而现实情况不是没有数据，而是数据太多，又多又乱又无序，而且价值密度低。打开 AIOps 的技术栈可以看到，跟 AI 和大数据平台几乎没有什么区别，几乎可以认为 AIOps 是大数据的一个场景化应用。

实现全栈数据采集：监控对象从 IaaS 层的动环、主机、网络、虚拟化、CMDB 到中台层的数据、中间件、应用/微服务、应用代码覆盖范围比过去大了很多，采集内容也更丰富，除了以前 IaaS 的采集内容，更多地增加了中台层的采集内容，如单个服务的响应时间、错误率、吞吐、JVM 状态、SQL 执行情况、缓存命中率等。采集方式也更多样化，如日志采集、基础监控协议采集、网络流量采集、拨测、探针、SDK 等。

海量运维数据的存储和处理：这里更多的是大数据和数据中台的范畴，这里不细分析。

算法与分析：常用的如 KPI 异常检测、KPI 关联分析、故障关联分析、调用链分析等。

IT 运维乃至 IT 的整体发展，与云计算大数据等技术的发展趋势是相呼应的，IT 运维不可能孤立存在。AIOps 是否必要，是一个比较个性化的问题，需要结合行业客户的实际情况来考虑。重点有几个因素，IT 规模、运维标准化和成熟度、IT 对业务的价值体现、运维体系和团队等都关系非常大。

厘清一些概念，自动化运维不等于 AIOps。在很多场合人们往往会把自动化运维和 AIOps 划等号，实在是大为不妥。在这里有一些基本的认知和概念还是要进一步厘清。

运维的自动化是重点关注资源管理、应用管理、故障应急、日常变更等场景，可以看出，运维自动化的前提是标准化，重点是流程和服务的标准化。在运维实践中，如果能把运维工作设计成标准流程，那自动化就可以发挥更大的价值，如果不能那只能通过工单解决。自动化运维的上层是流程编排入口，中间自动化运维平台的互操作层，对系统进行止损和修复等操作，下层是运维对象。可以看出来自动化运维是个执行机构，不是一个思考和决策机构，无法做到根因分析，无法做预测和决策。由此可以看出，自动化运维是 AIOps 的一部分，是包含与被包含的关系。

怎么形容 AIOps 的整体架构呢，用一个人来比喻会比较恰当，监控系统是 AIOps 的眼睛，用来发现问题；自动化运维是手，用来执行和操作；AIOps 的核心层是大脑，用于思考和决策；CMDB 是心脏，是平台的关键和要害。

3. 智能运维的基础和关键

1）标准化是基础

智能运维应该先做好标准化的工作，主要是运维对象的标准化和流程的标准化。想要实现标准化，首先识别各个运维对象，然后我们日常做的所有运维工作都应该是针对这些对象的运维。第一步应该是基础设施的标准化。例如，识别物理对象服务器、交换机、机柜等硬件；识别这些物理对象的属性，服务器的序列号、IP 地址、厂商等信息。第二步应用的标准化，应用服务、中间件、数据库等，如数据库的表、视图、存储过程的标准化等。第三步流程标准化，如备份、软件升级、杀毒、新业务上线等流程的标准化。此外，还需要关注建立完整、全面的运维管理制度，为自动化运维的实现保驾护航。

2）需求是关键，场景很重要

在运维实践中，需要反复关注的应该是场景和需求，重点是场景化的需求。把用户的需求和痛点抽象成若干个场景，进一步明确用户解决的问题，始终应该坚持问题导向。

3）AIOps 不是空中楼阁

基础很重要，AIOps 不可能一蹴而就，需要在指标可视化、流程标准化上下一些功夫，有了这些才好做下一步。自动化的前提是标准化，其实故障处理等应急场景很难标准化，过去对高端技术人员的依赖很重，那 AIOps 的机会和价值也在于此，借助 AI 和大数据手段实现从信息到知识跃迁，我们的目的也就达到了。可视化、自动化、智能化，一步步来，这其中还有标准化和服务化，是跟流程和体系相关的，需要协同考虑。

4）关注点是什么

在运维实践中，可视化是一个普遍认同也普遍关注的环节，也是很多客户在运维平台建设过程中的第一个关注点。在实现可视化的基础上，智能运维和 ITSM 流程管理开始进入行业客户的视野，但这两部分内容需要结合行业客户的现状和需求适时推进，需要谨慎，建设的时机和先后顺序等关键问题都需要仔细论证。做好了这两部分，AIOps 就顺理成章了。

5）智能运维的成熟度模型

Gartner 认为，智能运维是通过工具或者平台，实现 IT 基础设施和应用的日常任务和运维流程自动化，从而提高效率，降低风险，促进组织业务能力提升，主要包括日常任务处理自动化、运维流程自动化、IT 服务自动化、业务服务自动化以及整体运维运营能力升级等内容。从成熟度模型上说，Gartner 将企业实施自动化的成果分为起步、基本、标准、合理、动态五个阶段，在每个阶段定义了企业应该达成怎样的目标，基本可以分成基础架构自动化、应用自动化、IT 服务自动化以及业务运营自动化等几个层次。

从实际落地层面来说，比较容易切入的是自动化监控平台，然后是运维平台，同时需要实现对 ITSM 的对接和联动。

6）康威定律与智能运维

转型一直是近几年的一个热门词，行业需要转型、业务需要转型、个人和团队也都需要转型，具体到运维也是这样。从朴素的道理来讲，IT 变了，架构变了，工具和平台也变了，与之配套的团队必然也需要随之而变。康威定律从某种程度上可以用来指导运营架构的转型。

康威定律：系统架构是公司组织架构的反映；应该按照业务闭环进行系统拆分和组织架构划分，实现闭环/高内聚/低耦合，减少沟通成本；如果沟通出现问题，那么应该考虑进行系统和组织架构的调整；在合适时机进行系统拆分，不要一开始就把系统/服务拆的非常细，虽然闭环，但是每个人维护的系统多，维护成本高。

团队与系统的关系：如果各运维系统开发团队和运维团队分属不同组织，在推动运维系统建设这件事上一定会遇到正面或暗地里巨大的困难，尤其在一些体制内单位中，人是问题的关键。因此，很多方法论中才强调，自动化运维系统建设一定要获得高层理解和支持。应跟管理层反复解释这个逻辑，从公司整体运维架构出发，利用组织强大的执行力自上而下推动，但是自动化运维系统建设又得自底向上进行，这一点需要明确。自动化运维系统建设远不仅是个技术方案，更应从组织和管理视角促进运维团队的理解、支持和融合。

5.9.4　智能运维平台基本架构

一个完整的智能运维架构模型，是一个包含数据层、能力层、应用层和门户层的智能运维功能框架。各个厂家在具体的功能实现上会有一些不同，但是在功能层面基本都参照了一个从数据管理到场景化运维应用的基本框架，如图 5-24 所示。

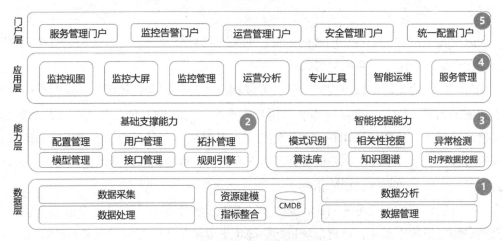

图 5-24　智能运维平台基本架构

（1）数据服务能力①：以新一代 CMDB 为核心，建设从数据采集、数据处理、数据分析和数据管理在内的运维数据服务能力体系，这里包括机房环境信息、设备运行参数、云平台运行态等运维信息，同时需要做好统一资源模型的构建和监控指标的整合，实现一体化的运维数据汇聚。

（2）基础支撑能力②：与以传统运维平台不同的是，智慧运维需要实现核心能力的平台化和能力复用，其中基础支撑能力主要包括检测调度、监控规则、批量和流式计算等引擎，还包括配置、模型、用户、接口等管理模块，通过以上能力和模块进一步实现拓扑可视化。

（3）智能挖掘能力③：核心能力层还包括大数据和 AI 为核心的数据挖掘能力，主要有跟时序数据有关的波动模式识别、相关性挖掘和异常检测等，还包括关联性分析和知识图谱等，重点是应用于智能异常检测、故障定位与容量预警。

（4）智慧运维应用④：这部分可以分成一体化监控分析和一体化运维管理两部分，其中一体化监控分析包括监控视图、监控大屏、监控管理以及运营分析等模块；一体化运维管理重点包括运维自动化工具、智能运维应用和服务流程管理等部分。

（5）运维服务门户⑤：门户层是智能运维平台的用户界面，面向服务管理、监控告警、运营管理、安全管理和统一配置等环节提供了服务和资源的聚合，当然也可以按照角色进行分类。

以上是智能运维平台的核心功能设计和架构模型，这跟具体的产品实现没有直接的必然联系，产品实现的过程是以上模型和框架具象化的过程，进而在具体落地过程中也需要更深入地跟行业客户的需求相结合。

5.9.5　从运维到运营的升华

1. 什么是运营

运营其实没有一个特别明确的定义，如果非得有个说法，一般认为运营是在普通用户和产品之间建立联系的过程。

（1）运营的关键因素。提到运营，互联网公司的认识会比较深刻。运营里面有几个关键的因素：用户、产品和市场。用户和产品是运营的对象，市场是运营的目标。从技术维度说，从产品到用户，我们经历了产品规划、产品研发、方案推广和用户服务的过程；从运营维度说，我们将会经历产品运营、内容运营、活动运营和用户运营。这就像一个硬币的两面，相辅相成。

（2）运营的核心任务和目标。运营有一定的商业目的，其核心任务和目标就是提升用户和市场的连接度，达成市场目标。简单来说就是让更多的用户来买我们的产品，已经买了的要提高黏性，心甘情愿地付更多的钱。

2. IT 运维与运营

现在越来越多的客户关注 IT 运营，关注 IT 价值如何体现，还有一层隐忧就是 IT 部门如何更好地生存。IT 运维是 IT 系统的伴随服务，是基于系统、人和流程的一种服务交付的过程。首先它肯定不能跟运营画等号，它应该包含在 IT 运营范畴内，运维只能让 IT 停留在活着的层面，运营才是 IT 的未来和方向。

（1）IT 运营的关注点。IT 运营的对象或范围不只是软硬件设备，应该包括基础 IT 资源和所有驱动业务运行的 IT 设施和服务。首先我们关注的应该是资源和服务的标准化，只有标准化才能被集约管理，标准化是后续服务化的基础，服务化之后是清单化，然后是可视化和可计量。而运维也只是保障以上活动的必要服务流程而已，是我们改变的对象。但是这里有很多不成熟的技术洼地，如标准化，越靠近业务越难以标准化，没有标准化就没有对话的基础，就逃不出项目型思维的藩篱。再如计量，PaaS 部分现在只能实现可计量，离合理计量还有距离。

（2）这就结束了吗？当然不是，这才是开始。有了这些就完成了传统 IT 的重塑，需要以此为基础开始 IT 市场化的探索。比如，一个集团总部要以集约化的方式建设云平台，这很容易，但是如果让全集团接受云平台，绝不仅仅是行政命令那么简单，既包括云平台的技术架构以外的升级，又包括市场层面的考量。就好比一个饭店，需要让炒菜和服务各个环节尽量标准化，需要有一个清楚明了的菜单，也需要搞明厨亮灶，更需要适当推广。

（3）模式的探索更为关键。适合自己的商业模式和市场机制是至关重要的，钱绝不是唯一的尺度，这里需要的是可量化的价值，IT 回归价值在这里得到最终的体现。

第6章 数字化产业架构

目前，我们也正在通过大数据、互联网、5G等构建未来的数字世界，而产业作为社会经济发展的基础，传统产业的转型升级也势在必行。伴随数字化时代的到来，传统产业也迎来了深度变革的新机遇。通过打破以往传统的运营模式，从物联网、大数据、云计算、区块链等新一代信息技术对产品、技术、运营、管理、服务等方面进行转型升级，不断夯实大数据及新基建等应用场景，厚积产业发展的新动能，构建产业发展的新生态体系。

6.1 数字化产业发展模型

数字化产业的发展模型可以归纳为"1+4"的进阶模式。"1"表示企业数字化，是以企业自身的视角来观察数字化产业的发展；"4"是以产业视角来看数字化产业的发展，包括产业的网络化、数字化、智能化和生态化，如图6-1所示。

发展路径	企业数字化	产业网络化	产业数字化	产业智能化	产业生态化
核心理念	信息化基础建设	产业资源优化配置	垂直产业资源聚合	运用数据资产升级产业资源配置模式	智能产业跨界融合与共生
主要特征	企业核心业务触网	资源整合型平台（产品）出现；产业（企业）运营数据通过平台（产品）开始沉淀	数字化已经渗透到全产业链，供给侧数字化水平显著提升；产业数据形成数据湖	产业运行方式从流程运营向智能决策跃迁	在产业智能平台赋能下形成新商业业态
关键路径	企业营销数字化	产业资源平台建设	产业大中台建设	智能驱动业务决策	产业生态变革与再造
	企业产品数字化	数据产品塑造	产业大数据治理	智能驱动产品制造	共生网络下的产品制造
	企业渠道数字化	产业资源服务体系建设	龙头产业商业模式裂变	智能驱动商业模式创新	智慧决策赋能新业态
	企业运营数字化	产业数字标准建设	大数据征信体系建设	完善供应链金融体系	知本/资本赋能体系建设

图6-1 数字化产业发展模型

产业链中的企业按照影响力的大小和业务的复杂程度可分成龙头企业、核心企业和中小民营企业三个类型。在产业链中，龙头企业扮演了至关重要的角色，成为产业链物流、资金流及信息流的中心。核心企业借助地区性的资源优势，依托国家重点行业扶持政策快速成长。而中小民营企业则面临资金周转困难、生产技术落后等问题。

数字化产业生态建设以企业数字化转型为核心向外辐射，如图 6-2 所示。基础的数字化建设包括营销、产品、渠道、运营四部分。企业内部信息化建设之后，生态建设就开始向外部进行拓展。根据基础建设的四个部分，生态建设要求企业建立和整合相应的平台。首先，通常情况下，国有大型企业作为头部企业起着产业改革的牵头作用，腰部企业随之起到跟随作用，而后平台整合步骤以长尾企业覆盖结束。平台整合完成后，进入产业深耕阶段，包括各个垂直产业，都进行生态化建设。就发展速度来说，第三产业的深耕程度（除金融、房地产）是遥遥领先的，因为第三产业直接连接末端用户的需求，相对数字化水平和互联网水平较高。以第三产业作为切入点，如零售行业，包括衍生服装制造相关产业，实际上是依托前端的商务零售的产业数字化新业态。下游的供给侧端进行延伸，由此进行互联网的垂直产业建设即产业互联网建设。第三产业建设之后是民生产业建设，二者都和消费者息息相关。受 2020 年以来新冠肺炎疫情的影响，果蔬配送等生态农贸产业得到了较好的发展。民生产业后金融服务产业陆续跟进。第二产业，包括农牧产业，也会陆续进入数字化产业的生态建设中。最后是高精尖的核心制造业，相对来说高端制造业的供应链条相对较长，位于数字化产业生态的顶端位置，一般发展会相对靠后。数字化产业生态建设的最外层依然需要政策牵引，比如先形成以经济为主的地方产业集群再到区域领域产业集群，最后达到国际化综合产业集群引进路径。

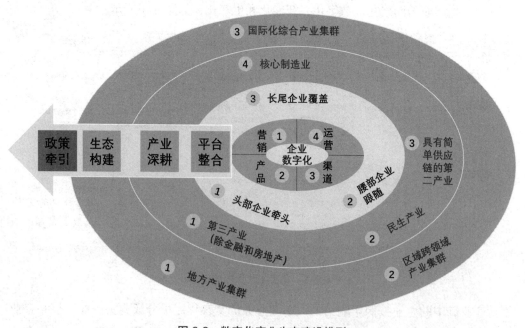

图 6-2　数字化产业生态建设模型

6.1.1 企业数字化

企业数字化是数字化产业发展的先决条件。随着国资委《关于加快推进国有企业数字化转型工作的通知》等政策相继出台，传统企业数字化转型开始加速。企业从哪些着力点来进行信息化、数字化建设，以解决企业内部数据要素的识别和保障数据要素的流通，是企业数字化最需要解决的问题。

企业数字化的核心是信息化基础设施建设，包括企业内部各职能及其相互之间的信息网络建设，这是保障数据要素流通的基础。企业数字化的主要特征是企业核心业务触网，实现业务与产业生态的链接。

企业数字化的关键路径可以分为以下四个阶段。

一是企业营销数字化，由于消费互联网的发展，消费侧的数字化水平较高，企业做到营销数字化是比较容易的。

二是产品数字化，是实现产品最大限度地与数字网络链接。产品可分为有形产品和服务两种形态。对于生产制造企业，实现产品原生命周期链路的数字化运营、数字化网络建设，产品溯源管理是典型的产品数字化的内容。

三是渠道数字化，渠道分销网络是商贸流通类企业的核心竞争力，渠道建设由线下走向线上，实现线下与线上有机融合，是渠道数字化的关键所在。

四是运营数字化，对于企业而言，信息系统建设是数字化转型的基础，为了实现最终转型，需要有配套的组织机制保障，运营数字化是对营销、产品、渠道等提供组织、制度、流程等保障性的数字化建设，是企业数字化转型成功的关键所在。

6.1.2 产业网络化

产业网络化的核心理念是产业资源的优化配置，包括如下内容。

一是资源平台建设。资源平台的出现，将产业链中的资源断点进行链接，实现了产业内同质资源的整合，在此期间，产业运营数据通过平台沉淀和积累。

二是数据产品塑造。例如，服务于企业职能的数据分析工具大量出现，有用于广告投放的营销推广工具，有用于运营的决策分析工具等。数据产品的本质是通过挖掘数据价值为企业提供更高阶的服务。

三是产业服务体系建设，这一阶段是对已有数据产品进行整合。数据产品不再是为单一功能服务，将更具有灵活性，按需定制为企业提供综合服务，包括品牌建设、营销推广、决策运营等。

四是产业标准体系建设，由于数据的积累，数据资产开始初步形成，需要标准化体系建设来规范其发展，牵头完成此项工作的通常为政府机构及行业龙头企业。

6.1.3　产业数字化

产业数字化是一个由点到线到面的过程。以企业为原点完成垂直产业的资源链接，通过数字化建设实现从设计、研发、生产、流通、销售等环节的资源上云、上链。与此同时，产业中同类功能的模块也可以实现横向的资源聚合。例如，大型营销类平台的出现，可以汇集产业中多垂直板块的营销需求，进行按需赋能。基于横向和纵向的资源贯通，形成产业的数字化网络。数字化服务能力渗透到全产业链，通过数字化运营积累大量的数据资产，形成产业的数据资源池。

6.1.4　产业智能化

产业智能化是在产业数字化的基础上资源配置的再次升级，通过对数据资源的价值挖掘、赋能，最终实现产业价值网络由面到体的升级。产业智能化的主要特征是流程驱动全面向智能决策驱动的跃迁。

6.1.5　产业生态化

产业生态化的核心是智能产业的跨界融合，在产业智能平台上形成新的业态，对企业而言无论是组织模式、商业模式、运营模式都会有很大的变化。

产业生态化的形成可以分为四个阶段。

第一阶段是产业生态圈的形成，产业网络上的每个节点都会形成以自己为核心的生态网络，产业链生态主体之间的角色会发生相应的转变。

第二阶段是共生网络下的产品制造，此时的产品制造可以理解成无边界制造或者生态制造，由共生生态完成产品制造，而不受限于地域。

第三阶段是智慧赋能新业态。新业态包括新的商贸集群、新型生态产业园区、产城融合的智慧城市等。

第四阶段是资本和知本体系建设，是将已有的产业积累，再重新应用到产业的建设上去，促进产业形成螺旋上升式的发展态势。

6.2　数字化产业的总体愿景

6.2.1　数字化产业发展的商业愿景

随着垂直产业链平台的快速发展，特别是移动互联网、大数据、云计算、物联网、人工智能等新技术的不断发展和应用，未来二十年将成为数字化产业爆发的黄金时代，B2B 平台将成为数字化产业的主要形态。面向企业服务型 B2B 电子商务平台是数字化产业非常重要的组成部分，它们是产业链上的企业提供涉及采购、推广、营销、技术、资金、管理等环节服务的平台，图 6-3 展示了产业平台的生态定位。

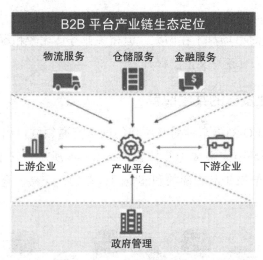

图 6-3　数字化产业平台生态定位

数字化产业不仅把产业链上下游企业连接起来，还积累了大量的生产运营数据。B2B 平台通过在线交易，将信息流、订单流、物流、资金流进行整合。随着 B2B 电子商务的高速发展，其服务内核已从在线交易扩展到物流配送、供应链管理、SaaS 服务等范畴，盈利模式也扩展到交易服务费、自营交易差价、物流服务费等。

从如图 6-4 所示的当前国内主要电商上市公司市值可知，生活服务类电商，淘宝、京东的市值规模已达到中国电商上市公司市值总规模的 80%，而产业电商的市值水平仅为 0.9%。数字化产业市场基本处在蓝海状态，未来有非常大的增长空间。电商上市公司中有代表性的数字化产业公司国联股份，已处于数字化产业龙头的位置。

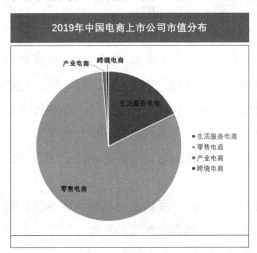

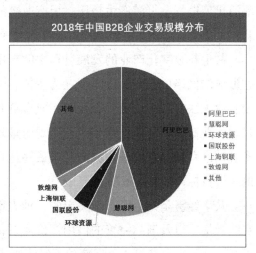

图 6-4　B2B 平台 TOP10 企业市值 & 交易规模分析

（资料来源：CCID 欣思博分析整理）

基于 2019 年中国电商上市公司财报分析，B2B 电商的营收情况在过去三年保持 50% 以上的环比增速。但值得反思的是，虽然整体水平在提升，毛利率水平却在下降。这意味着虽然产业电商市场盘子在做大，但相关业务还比较粗糙，盈利率较低。B2B 要做细做精，才能带来真正意义上的提升。

6.2.2 数字化产业发展的共生愿景

2014 年，京东 CEO 刘强东针对其所在的商贸流通领域提出了一种经营理念，将商贸流通领域的盈利环节定义成十节甘蔗，如图 6-5 所示，其中创意、设计、研发、制造、定价这五个环节属于品牌商的利润空间；营销、交易、仓储、配送和售后属于零售商的利润空间。

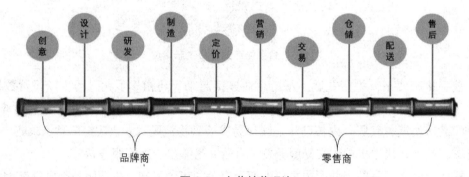

图 6-5　十节甘蔗理论

十节甘蔗理论认为商贸流通价值链上的利润总值是恒定不变的，每个节点可以通过提升竞争力使所在节点的单个利润空间发生改变，获取更多的利润，同时会对商贸流通价值链的上下游产生挤压。但产业链的上下游不是单纯的竞争关系，也可以通过合作共生来获得更大的利润空间，实现整个产业链的收益共享。

共生在数字化产业的发展过程中的作用日益凸显，共生是基于顾客和领域高效合作形成的网络中的成员，实现互为主体、资源共通、价值共创、利润共享，并实现单个企业无法实现的价值。企业在完成自身升级的同时也在助力产业升级，核心价值是打通产业链多个环节，在生产上实现质量管控，在分销上实现追踪溯源，在零售环节实现精准营销，在服务体验的升级最终达到价值的提升。这也是数字化产业生态建设的终极目标，如图 6-6 所示。

共享经济是共生形态最突出的一种表现形式。飞速发展的信息科技、高频泛在的在线社交，以及渐趋完善的信用评价体系，为未能得到有效配置的资源提供了成本趋近零的共享平台和渠道，促使共享经济快速兴起，图 6-7 是共享经济示例。

数字化产业推动新一轮产业升级，深耕消费互联网，做好连接器，为各行各业进入数字世界提供最丰富的数字接口，做好工具箱为产业升级提供前沿的技术，同时更要做好生态的共建者。一起在共生、共创、共赢三大理念指引下，打破数字世界与物理世界的鸿沟，实现跨产业、跨科技边界的融合创新。在全球范围实现技术开源、能力开放、收益共享、生态共建，与合作伙伴一起建立数字生态的共同体。

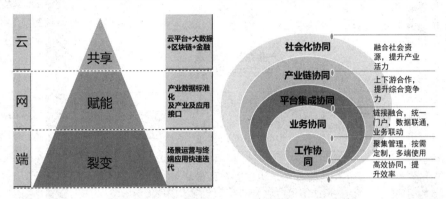

共生型组织是一种基于顾客价值创造和跨领域价值网的高效合作组织形态，所形成的网络中的成员实现了互为主体，资源共通，价值共创，利润共享，进而实现单个组织无法实现的高水平发展。

陈春花《共生》

图 6-6　数字化产业发展的终极目标——共生生态愿景

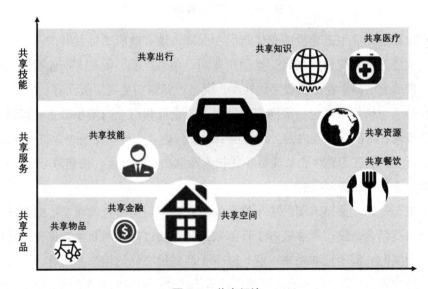

图 6-7　共享经济

6.2.3　数字化产业发展的生态愿景

产业生态发展的主体要素包括政府、产业平台运营方（产业龙头企业或核心企业）、基础设施服务提供商以及应用服务提供商等。产业生态的建设是以政府为综合统筹，通过龙头企业或产业内核心企业进行主体建设，带动产业链上下游中小微企业发展的一项系统工程，如图 6-8 所示。

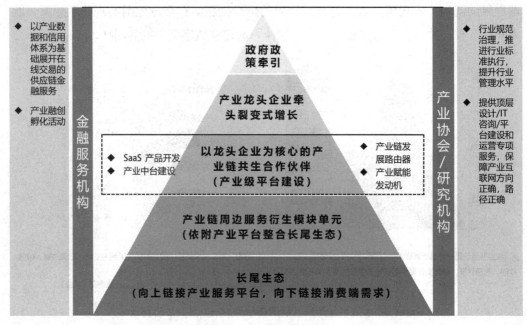

图 6-8　区域产业经济生态

产业政策是产业生态建设的总体牵引和保障，地方政府支持具有产业链带动能力的龙头企业搭建网络化协同平台，推动企业间订单、产能、渠道等产业资源共享、有效协同，带动上下游企业加快数字化转型，促进产业链向更高层级跃升。

产业链周边衍生服务包括面向产业链上下游企业和行业内中小微企业提供需求撮合、转型咨询、解决方案等内容。政府也引导平台企业、行业龙头企业整合开放资源，以区域、行业、园区为整体，共建数字化技术及解决方案社区，构建数字化产业平台，为中小微企业数字化转型赋能。

长尾生态是指产业链末端的中小微企业，它连接着消费者的需求。数字化产业与传统产业集群结合，使得产业链各个环节数据化，通过互联网与大数据技术将消费者与生产企业实时、紧密地联系在一起，减少了产供销之间的信息不对称，通过平台企业对供应链的运营，将消费者的需求信息技术传达到产业链的各个环节，并且通过"逆向"互联网化来推动传统产业集群的转型升级。在新的发展背景下，数字化产业为传统产业集群的转型升级提供了突破发展瓶颈的手段。

与此同时，作为产业发展的有力保障，地方政府会积极培育企业技术中心、产业创新中心和创新服务综合体。

6.3　数字化产业的能力规划

如图 6-9 所示，数字化产业核心能力分为 12 类，可以辅助企业识别其在产业链中的价值定位。

品牌能力	营销能力	产品能力	渠道能力
◆ 品牌影响力 ◆ 品牌文化价值传播能力	◆ 流量导流裂变能力 ◆ 关键话语权 ◆ 公关能力	◆ 明星产品 ◆ 产品创新能力 ◆ 产品体系构建能力	◆ 品牌影响力 ◆ 品牌文化价值传播能力
经营能力	**运营能力**	**技术能力**	**供给侧能力**
◆ 战略管理能力 ◆ 业绩提升能力 ◆ 业务裂变能力 ◆ 组织人才建设能力	◆ 物流体系运营 ◆ 服务网络运营 ◆ 社群组织运营	◆ 掌握核心技术能力/标准 ◆ 核心知识产权 ◆ 技术平台建设能力 ◆ 新技术应用	◆ 掌握核心原材料/元器件 ◆ 具备垄断性资源
知识转化能力	**数据能力**	**生态整合能力**	**产业金融能力**
◆ 知识内容生成能力 ◆ 知识内容聚合能力 ◆ 知识内容商业转化	◆ 掌握核心数据资产 ◆ 数据标准化能力 ◆ 数据标准制定 ◆ 数据治理能力	◆ 合作伙伴构建能力 ◆ 上下游产业链整合能力 ◆ 行业整合能力（平台组产融能力）	◆ 资本实力 ◆ 融资/筹资/投资能力 ◆ 组建价值网络

图 6-9　数字化产业核心能力

（1）品牌能力，主要是自身具有的品牌影响力或文化传播能力，塑造企业品牌个性策略，如图 6-10 所示。

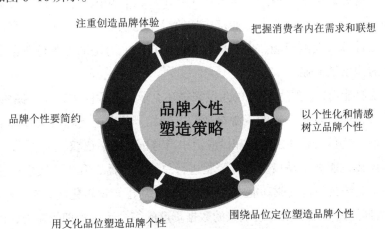

图 6-10　数字化产业品牌建设模型

（2）营销能力，在互联网时代，掌握大型的流量入口，或掌握关键的话语权，例如微博上的"大V"是具有一定营销和裂变能力的。营销能力目前是数字化产业发展较为成熟的一种能力，具有传播速度快、传播范围广、扩散性强的特点。企业具备较强的营销能力可以实现数字营销、广告投放、危机公关等，如图6-11所示。

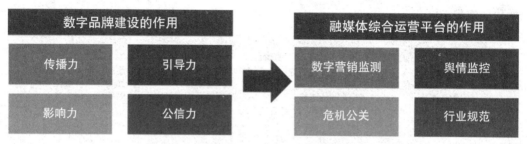

图6-11　数字化产业营销能力模型

（3）产品能力，指企业产品塑造的能力，包括产品定位、产品创新和产品体系建设等。较为典型的代表就是老干妈，依托核心产品将企业做大做强，立足于市场，辐射上下游产业链。

（4）渠道能力，基于当前O2O的迅猛发展，渠道分为线上和线下两种。一是线上渠道，即互联网流量入口；二是线下渠道，即传统的分销渠道、零售门店建设。无论线上还是线下都是在产业链中掌握核心供销能力的关键节点，并且具有渠道定价溢价的能力。

（5）经营能力，主要是指企业自身的经营运作能力，需要企业的管理层具有对市场敏锐的观察力。精准经营的能力包括对组织的绩效管理、经营水平、盈利水平等。

（6）运营能力，区别于经营能力，运营能力偏重于企业的执行能力，如物流体系的运营服务、网络运营、社群运营等。

（7）技术能力，包括掌握产业链卡脖子技术、核心知识产权及高新技术科技成果转化的能力。技术能力是企业在产业链中构筑壁垒的核心资源。无论是用户服务还是企业服务，云计算、人工智能、大数据等先进的技术能力是助力各行业数字化升级的抓手，技术的积累是基础。

（8）供给侧能力，主要从资源的角度来描述企业的竞争能力，如掌握核心原材料、元器件资源等，通常具有一定的资源垄断性。例如，日本电子业巨头爱普生公司掌握移动终端市场的核心元器件供给，在供应链中具有核心的话语权。

（9）知识转化能力，是指对原有经验进行总结、传播、升华，实现产业发展的自我迭代，使产业链具备自我驱动能力，现在的市场对于知识转化能力越来越重视。

（10）数据能力，主要指对已积累的数据资产的综合运用管理的能力，以及数据的分析利用能力，包括算力、算法和算能。在产业建设中，能够形成价值输出。

（11）生态整合能力，很多企业可能本身并不具备资源型的能力，但是其生态整合能力非常强，可以聚集很多合作伙伴，把整个的产业链上下游打通，形成产业中台的服务体系，由此提升企业的综合实力。

（12）产业金融能力，强调的是资本的能力。如果有一定的资本复制能力，企业就可以对产业链的一些具有高价值点的文化进行价值网络的重组等。

6.4　数字化产业的商业规划

从数字化产业发展的不同时代来看其盈利模式，可分为 1.0 信息服务时代、2.0 撮合交易时代和 3.0 生态融合时代，如图 6-12 所示。在早期的 1.0 时代，数字化产业形态以 B2B 平台为主，服务内容以提供信息服务为主，盈利模式主要通过广告费、会员费的方式实现。

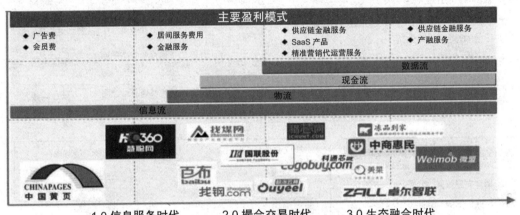

图 6-12　数字化产业的盈利模式

随着数字化产业信息服务、金融服务、物流服务的建设逐渐完善，数字化产业在产业链交易过程中起到越来越重要的作用，进入 2.0 时代。基于汇聚到数字化产业平台上的在线交易场景，通过人工撮合与互联网技术的有机结合，将信息流、订单流、物流、资金流通过 B2B 平台整合实现。随着 B2B 电子商务的高速发展，其内涵已从在线交易扩展到物流配送、供应链管理、线上线下融合、SaaS 服务等范畴，其盈利模式主要是交易服务费、自营交易差价、物流服务费等，在提供服务的同时进行了产业生态的建设。

大宗商品的对接服务平台是数字化产业 2.0 时代的一种典型应用，如找钢网、国联股份、欧冶云商等。这类平台多以产业内的龙头企业为主导，它们在产业内具有一定的主导性，对产业链上下游具有一定的议价权。

随着数字化产业平台建设的完善和数据资产的积累，出现了跨产业的交易服务体系。数字化产业的建设进入 3.0 时代。例如，卓尔智联是多产业的 B2B 平台集合体，它旗下既覆盖了农产品、化工原料，也面向中小型的批发、配件市场等，是众多垂直产业综合服务平台的集合体。另一方面，随着消费互联网的发展，接近消费侧的产业服务平台也陆续出现，如美菜网、中商惠民、冻品当家等，都是更贴近民生的垂直领域服务平台。它们都是在完成垂直产业打通的同时也进行着跨产业的生态资源的整合，最终形成一个综合型的产业生态服务平台。

围绕数字化产业的服务内容，将数字化产业的盈利模式（见图 6-13）归纳为以下三个方面。

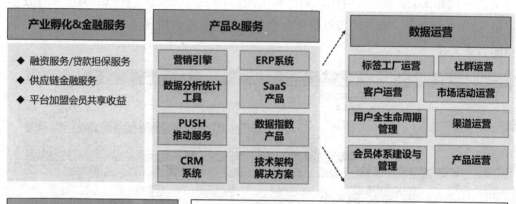

图 6-13   数字化产业的盈利模式

1. 以资本为导向的产业孵化和金融服务

借助资本力量，对数字化新品牌产业链进行赋能，加快资源变现、渠道扩充以及资本溢价。基于产业链金融服务的总体服务，提供融资担保贷款的盈利模式，逐步形成以商流为基础的数字化供应链金融服务生态。

2. 集成产品服务

SaaS 产品在数字化产业中的作用不容小觑，它将中小微企业以及消费者进行连接，对整合中小微企业资源起到了关键的作用。此外，标准化产品的使用沉淀大量的数据，虽然软件厂商没有数据的使用权，但一些企业会基于数据提供相关数据运营服务，如数据标签加工服务、数据集市运营等，从而实现业务增收。

3. 产业链供需交易及衍生服务

在线交易平台通过人工撮合与互联网技术的有机结合，将信息流、订单流、物流、资金流通过 B2B 平台整合实现。随着 B2B 电子商务的高速发展，其内涵已从在线交易扩展到物流配送、供应链管理、线上线下融合、SaaS 服务等范畴，其盈利模式主要是交易服务费、自营交易差价、物流服务费等。

以找钢网为例，产业链供需信息类服务营业模式可分为自营和联营两种模式。自营是平台自己进行钢材的采购和交易，最终形成收益。联营是指通过生态合作提供综合交易服务，比如获取需求方的钢材信息后，找钢网去寻找平台供应商的信息，然后提供供需双方综合服务，从中收取居间服务费用。

从总体的交易额来看，2017 年找钢网联营模式的交易额比重比较大，大约占到交易总额的 68%。但分析交易的毛利构成发现，毛利的贡献主要来自自营业务，自营业务占交易总额的 32%，却贡献了 69% 的毛利，这也反映了撮合交易类平台的整体运营生态。

对比图 6-13 中配套服务和它的毛利构成，配套服务比例占总体营收还是比较低的，只有 2%。未来，产业链配套服务体系会随着产业链的发展日趋完善，其中存在较大的利润空间。

6.5　数字化产业的服务规划

要了解数字化产业的运营机理，需要从供给侧到需求侧捋顺其价值链的运行情况。价值链传导的内容包括信息流、资金流、物流和数据流四条主线，这四条主线也是企业数字化转型的基础。打造产业数据供应链，以数据流引领物资流、人才流、技术流、资金流，形成产业链上下游和跨行业融合的数字化生态体系，构建设备数字化→生产线数字化→车间数字化→工厂数字化→企业数字化→数字化产业→数字化生态，是数字化产业发展的典型范式。

信息流包含产业链中从供给到销售的商业全周期的信息传导流转，包括原材料供给、商品流通、商品销售信息等。信息互通后，交易活动逐渐活跃，伴随而来的有更多货物的流转，出现对物流体系以及资金结算体系的需求。信息流、物资流和现金流随着产业的运转都会沉淀大量的数据信息，即形成产业链中的数据流，如图 6-14 所示。

在产业链的运行过程中，价值流的传递存在非常多的断点，现在出现的众多资源服务中心，在一定程度上实现了价值流的断点整合，如交易中心、金融中心、信息中心、物流中心等。产业链中的供需交易信息对接，通过算法实现供需最优匹配，减少产业链中的商品流通环节，畅通企业融资渠道，节省企业物流成本，降低社会库存风险，最终提升产业链中的价值流转效率，如图 6-15 所示。

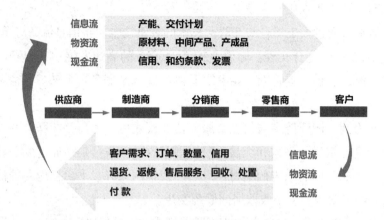

图 6-14　数字化产业链中的数据流

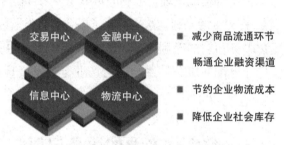

图 6-15　数字化产业的服务功能

资源服务中心是维持数字化产业运行的重要载体，它联通了产业链中的资金流、信息流、物流、商品流、客户流、数据流、工具流等内容，承担了数字化产业的路由器的作用，是实现全产业链的在线化、数据化、智能化的重要抓手。优鸟科技落地县域的"云上数创产业园"，就是典型的县域数字经济产业化建设路由器。

6.5.1　产业链金融服务体系建设

金融服务体系是产业链的重要组成部分，产业链金融服务体系整合多种资源，并且引入上下游企业、核心企业以及第三方企业，能够实现资金有效利用，分担单个不可控风险并转变成可控的风险。

产业链金融业务模式是一种以数据为基础、以产业升级和创新为驱动的信用模式。通过云计算、大数据等技术的综合运用，针对供应链上的各个企业的需求和定位推出预授信服务，大大提升了融资效率，降低了业务的综合成本。

产业链中各参与者信息化水平的提高，将助力打通金融数据链条。相较于传统金融机构的静态监控，产业链金融服务更加强调对动态数据的掌握。数字信任是产业链金融服务体系发展的前提，需要基于商业过程中收集的数据，通过对企业的交易信息比对，构建产业链金融服务的评级模型、授信模型、风控模型，对数据进行深度挖掘与深刻研究，得出贷款企业的授信区间，保证信贷资金安全。建立数字信任的模式如图 6-16 所示。

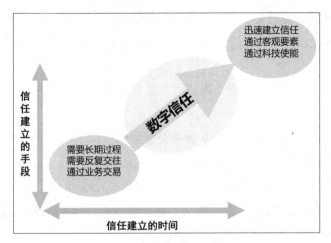

图 6-16　建立数字信任模式

产业链金融服务为产业链中小微企业提供各种类型的金融服务，持续促进生产者、代理商、供应商、消费者之间的互助。例如，国美金融产业链金融服务业务推出的账云贷、信云贷，将目光瞄准汽车、B2B、物流、化工、精工制造、贵金属、农业、餐饮、商超等主要领域；同时，还为特殊行业、特殊用户制定个性化融资方案，图 6-17 描述了电商平台产业链金融运行的过程。

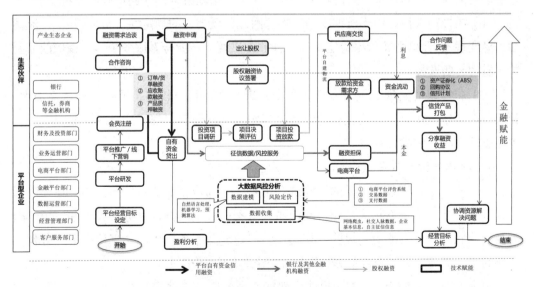

图 6-17　电商平台产业链金融运行案例

B2B 电商平台是数字化产业金融服务的主要应用场景，主要包括以下三种融资模式。

1. 订单/货单融资模式

将订单/货单应收账款进行抵押以获得现金贷款。

应收账款融资主要是企业核心供应商的融资方式。在这种模式下，产业金融服务主体关注以下风险点：核心企业的资信、融资企业的经营情况、应收账款质量、供应链整体情况。

（1）核心企业的资信。产业金融服务主体应评估核心企业在行业中的地位、市场份额、规模和盈利能力。

（2）融资企业的经营情况。产业金融服务主体在信用审核时会着重考核融资企业的发展状况、经营绩效、核心企业对融资企业的依赖程度等。

（3）应收账款质量。应收账款质量的好坏关系着融资企业的还款意愿和违约时产业金融服务主体的损失能否得到弥补。产业金融服务主体会审查应收账款的合法性、真实性和可转让性等。

（4）供应链整体情况。产业金融服务主体会从供应链所在行业的发展、供应链的长度和资金流、供应链中企业之间的业务关联度和信息共享程度等方面着手进行信用审计。

2. 预付账款融资模式

预付账款融资是一些下游分销商的主要融资方式，其抵押是实物。除了上述核心企业信贷的风险点和融资企业的经营状况，预付费账款融资模式还具有以下特点。

（1）质押物选择。由于质押物是实物，因此，质押物的稳定性（不易损毁）、流动性（易变现）、保值性（价格稳定）等特性非常重要，产业金融服务主体在授信前需要关注质押物的选择。

（2）质押权的实现。预付账款融资中，参与主体相对较多，导致操作风险加大，如核心企业缺少供货源、物流企业监管过程中出现问题等，都容易造成产业金融服务主体质押权的延后或者落空。

3. 动产质押融资模式

动产质押融资模式最重要的风险点在于第三方物流企业能否发挥作用。在动产质押融资模式下，第三方物流企业对动产质押融资模式下的抵押物进行管理和评级，因为其信用状况和监管能力与风险密切相关。产业金融服务主体应认真检查第三方物流企业的经营管理能力、仓储能力、运输监管条件和信用记录。

国内产业链金融为"1+N"模式，即产业金融服务主体根据核心企业信用评级支持情况，为N家中小微企业提供融资和信贷支持。产业链金融服务在探索过程中与B2B平台进行了深入的合作，去中心化地打造"N+1+N"的产业链金融服务新型模式，实现了核心企业与中小型企业之间"产—供—销"的有效连接，为提升整个产业供应链的核心竞争力提供有力的支撑。

由于我国众多中小微企业融资成本居高不下，产业链融资的诉求一直较强，将大数据征信施用于供应链，为中小微企业拓宽了资金来源。产业链金融服务体系灵活多维、智慧高效、协调共赢，作为一条并行线路一直伴随着产业链平行发展，并辅助各产业链进行升级。

与此同时，各地政府也积极探索完善产融信息对接工作机制，丰富重点企业和项目的融资信息对接目录，鼓励产业链龙头企业联合金融机构建设产融合作平台，创新面向上下游企业的信用贷款、融资租赁、质押担保、"上云"保险等金融服务，促进产业和金融协调发展、互利共赢。

6.5.2　产业链物流服务体系建设

围绕数字化产业建设的核心价值链主要解决产业内部的运行效率，自 2005 年以来，电商行业飞速发展，物流业随之崛起，庞大的发货量对物流行业的运输效率有了更高的要求，物流亟待从劳动密集型行业向自动化、智慧化行业转变。一方面，依托大数据和云计算技术搭建物流平台网络，得到最优仓配模式，提升企业库存周转率；另一方面，加大智能硬件设备的研发和应用，以提高分拣、配送效率。产业链物流服务运行案例如图 6-18 所示。物流服务体系建设的作用主要表现在以下几个方面。

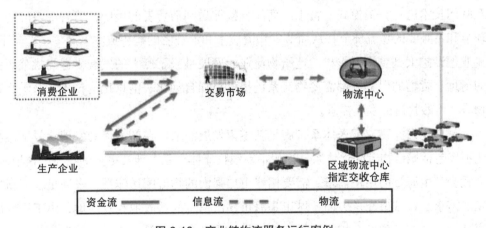

图 6-18　产业链物流服务运行案例

（1）通过物流服务平台，企业可随时了解物资的现货价格、库存数量，并进行采购和销售，不仅有效地减少了物资流通环节，同时也有利于将企业库存转化为社会库存。

（2）社会库存的集中将导致商品的物流方式和物流路径发生改变，同时平台的服务集成和供应链协同管理所产生的集约效应和规模效应，将带来社会总体物流成本的降低。

（3）通过供应链协同和流程再造，促进市场资源的有效配置和扩大消费，将有利于传统产业的转型升级，向价值链高端延伸。

传统物流转向智慧物流的内在需求促进数字化技术系统升级，在数字化产业时代，提升用户的体验水平已经是提供产业服务的重要任务。一方面，运用大数据收集用户的物流信息，如对用户的网络购买频率、快递信息等进行统计分析，并依据其信息安排各种物流活动，有效降低物流成本。另一方面，加快物流供应链的整合，运用大数据分析技术将各个城市的销量进行有效统计，并全面实现从工厂到消费者的云仓物流模式，优化物流环节，突破企业与区域的限制，打造全渠道物流系统，提升物流能力，缩短用户接收货物的时间，提升用户体验。

通过构建全渠道物流系统，各种物流信息可以在全渠道物流系统中进行快速响应、共享信息，为用户提供更加便捷、及时的物流体验，并有效提升物流系统的系统化、智能化、时效性，提高投递效率，为用户提供更加智慧化的服务，主要可以通过以下几个方面进行提升。

一是规划物流空间，提升物流空间的利用率。与线上零售相结合，完善线上商品的展示，适当减少线下商品的展示空间，增加商品的存储空间，根据用户订单等信息构建"供应商＋配送中心＋用户"的物流仓储系统，加快物流的传送速度，并减少运送成本。

二是创新共享物流模式，提升智慧物流技术水平。创新共享物流模式就是充分运用互联网技术进行直销模式，将工厂商品直接配送到消费者的手中，节省更多的中间商环节和不必要的物流环节，从而节省物流成本和消费者的购买成本。新零售背景下，物流业逐渐扩大到乡镇、农村，这给物流业的发展带来了巨大的发展机遇与挑战。路程的遥远、货物的保鲜等都需要物流系统提供更加自动化、信息化的技术，来满足跨境物流、冷藏物流的发展需求。

三是构建强大物流配送体系，满足新零售发展需求。在新零售的发展背景下，物流业不仅包括城市物流配送体系，还包括乡镇物流体系，涉及更多的物流配送地区，这样就会产生海量的用户需求，需要构建更加强大的物流配送体系，来满足智慧新零售发展需求。在城市配送方面，城市是海量物流信息的接收地和发出地，由工厂发出的商品都是先配送到各个城市区域，然后发送到各个乡镇等。所以，城市物流配送体系是整体物流配送体系中的重要部分。

6.5.3 产业链基础信息服务体系

产业链基础信息服务体系主要包括供需交易信息服务和大宗商品价格监测服务。

1. 供需交易信息服务

以钢铁、煤炭、纺织等供给侧的大宗商品类的交易为主，它们是连接工业产业链上下游的关键节点。按照利润规模和风险等级的不同，可将产业平台供应链业务分为四种，如图 6-19 所示。

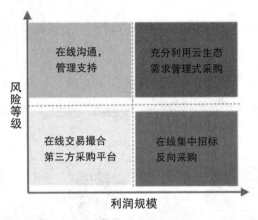

图 6-19　数字化产业平台供应链业务分类

（1）风险等级、利润规模都最低的是撮合交易类平台，它们以提供交易信息为主，通常是一次交易服务，不具备可持续性，后续的持续服务合作较难进行。

（2）利润规模较大、风险等级较小，这类项目通常情况下采用线上招标、线下反向采购的方式。由于大宗商品采购时资金规模相对较大，所以在线上交易体系、金融风控体系没有十分完善之前，很难在线上交易完成大笔资金交易。

（3）利润规模较小、风险等级比较大，通常利用在线沟通、管理支持，在企业经营或者平台运营中会尽量回避这种业务。

（4）利润规模和风险等级都较大，该种业务主要利用云生态的方式进行需求管理式采购。

行业信息来源分散且可靠性低，企业自身缺乏整合能力。市场的透明化使得不同地域市场之间的联系更加紧密，信息传播速度加快，行业数据收集也因此具有高门槛和来源分散的特征，需要专业的数字化产业平台来维护。

2. 大宗商品价格监测服务

对于大宗商品而言，来自外部的价格波动具有突发性和不可预见性。大宗商品的价格受到各种因素的影响，包括汇率波动、法律法规及政策变化、地缘政治事件、产业链企业事故、金融腐败及投机活动等。商品价格的不可预见性使得企业在运营各方面面临不确定性，由于经济全球化的进程，国内许多商品对外依赖度高，许多国际突发事件常波及大宗商品价格，企业受价格波动导致的利润波动会反过来影响企业的资信条件，加大融资难度。

价格监测服务可以快速将信息传导到企业，对于控制企业经营风险具有重要作用。

6.6   数字化产业的迁移规划

欣思博数字经济研究中心通过众多案例分析，提出了数字化产业迁移路径的四个阶段，包括第一阶段的塑造新渠道，第二阶段的构建新网络，第三阶段的挖掘新价值，第四阶段的赋能新生态，如图 6-20 所示。

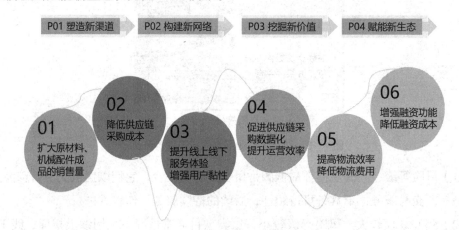

图 6-20   数字化产业的迁移路径

支持在具备条件的行业领域和企业范围探索大数据、人工智能、云计算、数字孪生、5G、物联网和区块链等新一代信息技术应用和集成创新。加大对共性开发平台、开源社区、共性解决方案、基础软硬件的支持力度，鼓励相关代码、标准、平台开源发展。

这四个阶段的建设是一种递进式的状态。

第一阶段塑造新渠道，是构建产业的公共支撑模块，比如整合产业链中同质的营销资源建立产业营销推广平台，对产业链其他环节进行赋能，形成生态效应。

第二阶段构建新网络，是在第一阶段已构建的公共支撑模块的基础上，围绕产业链从供给到需求垂直打通，形成整个产业链的网络建设。第一阶段是产业链同质功能的横向打通，第二阶段是围绕产业链的纵向打通、纵横交错，最终形成新的价值网络。

第三阶段挖掘新价值，主要是利用第一、第二阶段产业价值网络沉淀下来的数据资源，进行数据价值挖掘，包含智能化数据运营、智能化决策分析等内容。

第四阶段赋能新生态，通过前三阶段积累的新价值，为已有的产业生态进行赋能，并实现整个产业的升级。比如建立产业原材料集采中心，归集产业链共性数据，通过智能化数据运营、智能化决策体系，降低产业供应链采购成本，提升整体运营效率。

6.6.1   面向新渠道的数字化迁移

在数字化产业建设的初期，面临企业信息化水平较低、市场推广渠道单一、供求信息不对称、生产效率低下等问题，需要通过改革或创新来激发产业活力。数字化产业通过信息化的技术手段，改变了信息交互的方式，提升了信息交互的效率，可以帮助产业除"旧"布"新"。

创新力量推动数字化产业的产业模式革新，在国家政策的支持鼓励下，技术及应用创新将成为数字化产业发展的重要驱动因素，通过领域内龙头企业推动整个行业发展。服务于中小微企业的供应链平台商业模式，为诸多中小微企业提供高质量的供应链管理服务，充分发挥中小微企业自主触达客户的能力。在需求侧，企业根据消费者需求的变化改变自己的市场策略，如针对消费者个性消费、定制化消费、场景式消费等，制定精准营销方案，打造可视化体验平台、O2O 开放式体验等，如图 6-21 所示。

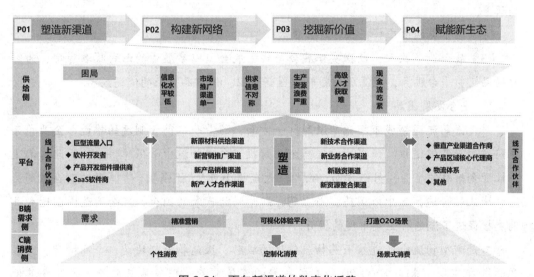

图 6-21　面向新渠道的数字化迁移

数字化产业进阶的第一阶段是聚集产业内的优质资源，塑造新渠道，如营销推广渠道、产品销售渠道、人才合作渠道、业务合作渠道、技术合作渠道、融资渠道等。与此同时，通过数字化产业吸纳更多的生态企业，形成虹吸效应，把平台的能力和范围逐渐扩大。

在这个阶段，数字化产业逐渐向垂直细分领域裂变。每个垂直领域都有其特定的属性，并可能裂变出千亿级的市场。在电子商务领域，一些大型综合 B2B 电商利用自身用户基础和资源优势，向垂直 B2B 电商布局，如国联股份旗下的涂多多、玻多多和卫多多，慧聪网旗下的元器件垂直平台慧聪商城等。在产业链金融服务领域，未来融资将更加精细化和集成化，在垂直行业精耕细作，开辟新市场。如教育、培训等，选择现金流相对较好的行业，纵深发展产业链金融服务业务。

数字化产业建设案例——九州通

九州通医药数字化产业交易平台（简称九州通）在销产品主要分为西药、中药、医疗器械、计生用品和其他生活产品五大类，销售板块包括活动专区、展销会、九州特供和热卖推荐四大板块，主要提供医药批发B2B服务，背靠国内最大民营九州通医药集团，庞大的数据库成为其强劲竞争优势。

九州通在医药产业链上游解决了原有产品难以宣传营销、同类型药品竞争激烈的问题，它提供的B2B服务还能方便各医药、保健品企业获取自身想要的药品原材料。

该平台的商业模式和赢利点包括以下内容。

（1）提供会员服务，以会员费的形式收取费用，为会员提供额外的推广及信息相关服务。

（2）展示类网络广告，收取广告费。

（3）展会业务收入，包括实体展会与线上展会，以参展费的形式收取费用，为客户提供交易平台服务，提高原材料转向医药企业、保健品企业的流通效率。

1. 平台发展困局

一是医药流通领域市场竞争激烈。一方面，随着基本药物制度的推进，企业争夺医药健康产品配送权，使得地方医药企业需投重金建物流中心保障供应，因此将淘汰一批资金短缺的企业；另一方面，由于"大鱼吃小鱼""强强联合"式的并购在医药流通领域比较普遍，其中以国药、新上药、新华润为代表的国企，在全国范围圈地式并购直接促进了流通行业集中度的提升。

二是新型物流企业进入医药物流领域的威胁。医药物流领域是一个高增长、大容量的潜在市场，未来10～20年有着良好的发展前景，很多第三方物流企业及其他B2B商务网站已做好进军这一领域的准备，这将使传统医药物流公司面临更大的威胁。

2. 平台发展机遇

一是行业发展机会较多。随着我国基本医疗保险制度的实行，人们对医药的方便获得需求不断增加，这必将加速医药零售业和医药物流业的发展。

二是九州通医药集团体量大，前景广阔。它作为医药流通行业三大巨头(国药集团、上药集团、九州通)之一，保持着较高的市场占有率。2011年，商务部公布了《全国药品流通行业发展规划纲要（2011—2015年）》，内容显示，2015年前，全国要"形成1～3家年销售额过千亿元的全国性大型医药商业集团"，九州通医药集团作为最大的全国性医药流通企业之一，将在行业结构调整和集中度提升中受益。

6.6.2　面向新网络的数字化迁移

第二阶段，构建新网络。这一阶段数字化产业的特点是集成型服务的出现，如集成型技术平台、数据平台等，为产业链中的营销、产品、金融、综合运营等平台提供公共支撑，提供从供给到需求全产业链服务。此时的产业链面临的主要问题是龙头企业如何发挥行业引领作用、企业/产业云网建设以及产业数据沉淀和治理等，都需要从全产业链的视角审视和解决上述问题，如图 6-22 所示。

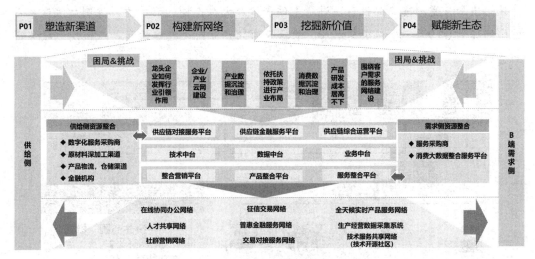

图 6-22　面向新网络的数字化迁移

通过整合供给侧的资源，包括规划服务采购商、原料生产、加工包装、产品仓储等，完善数字基础设施，推进企业级数字基础设施开放，促进产业数据中台应用，向中小微企业分享中台业务资源；推进企业核心资源开放，支持平台免费提供基础业务服务，从增值服务中按使用效果适当收取租金以补偿基础业务投入；鼓励拥有核心技术的企业开放软件源代码、硬件设计和应用服务。平台企业、行业龙头企业整合开放资源，鼓励以区域、行业、园区为整体，共建数字化技术及解决方案社区，构建数字化产业平台，构建普惠金融服务网络、交易对接服务网络、在线协同办公网络、人才共享网络、社群营销网络等为主要内容的新型价值网络。为全产业链提供支付结算、加工配送、技术服务、大数据分析等综合服务延伸，提升平台运营服务能力，为中小微企业数字化转型赋能。

数字化产业建设案例——欧冶云商

欧冶云商的云采购平台是产业龙头企业平台建设的典型案例。在建设之初明确了由制造型企业向服务型企业转变、形成生态的商贸服务平台定位，如图 6-23 所示。

（1）大宗商品交易的服务者，培养企业和客户线上交易习惯，形成资源集聚。

（2）基础设施的提供者，集成仓储服务、加工服务、运输服务、金融服务等供应链要素，通过统一的平台建设金融总体的服务支撑。

（3）信用体系的构建者，利用云服务的数据积累实现资源配置的智能化，提高资源利用效率。

2015 年，宝武集团和宝钢国际等三家公司通过混合所有制改革引入战略投资，为欧冶提供了强大资金支持和信用背书，带来了巨大的战略效应。欧冶云商还引进员工持股的概念，增加员工黏性，通过资本的手段放大生态圈的影响力，改制后宝武系占股比例降到 60.9%。外部资本介入使欧冶云商的产业链生态建设和产业链周边服务得到了加强。

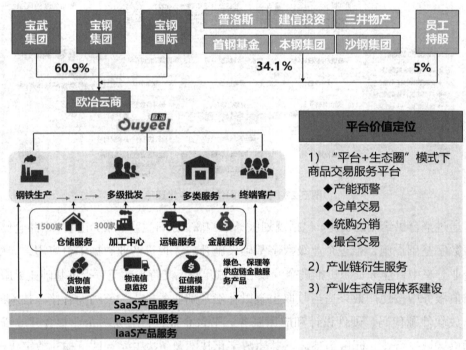

图 6-23　数字化产业建设案例——欧冶云商

6.6.3　面向新价值的数字化迁移

数字化产业迁移路径第三阶段是挖掘新价值，对应产业的智能化发展阶段，该阶段的主要建设内容是通过数据价值挖掘赋能产业生态，如图 6-24 所示。如果流量是消费互联网的驱动力，那么大数据就是数字化产业的驱动力。

数字化产业通过将数据与产业中的各环节融合，搭建生产、采购、交易、流通、融资各环节中供应商和客户的无缝对接平台，通过采集、存储、脱敏以及数据结构化等操作，将源数据转变为可快速加工的数据，最终将数据快速转化成生产力且快速流通。同时，大数据的应用有助于个性化定制和创新型商业模式的形成，使传统产业链信息流、物流、资金流等关键要素的流通更灵活高效。

图 6-24 面向新价值的数字化迁移

数字化产业建设案例——滴滴

平台服务模式是数字化产业最典型的商业模式，以出行行业为例，滴滴平台利用互联网拉近了客户和出租车主之间的距离，建立了网约车线上平台，利用的是出租车主和客户之间的信息差，通过提升交易效率获得过程服务费。

从滴滴的盈利模式来看，运营前期使用补贴策略促进用户养成使用习惯，这一阶段着重发展用户数据，提升市场占有率。随着用户积累，在用户忠诚度较高的时候其盈利模式主要可以分为以下几个方面：界面广告的收入、信息挖掘服务、收取平台服务费、融入互联网金融。

从企业核心能力看，滴滴在移动出行领域拥有的关键资源是领先于同类企业的，大数据和算法已成为其核心优势。在关键资源方面，滴滴以互联网移动平台成功吸引了众多的兼职或专职司机与车主、庞大的用户群体，积累了海量的出行数据，以丰厚的薪资吸引了一批互联网、交通、人工智能等领域的专业人才，品牌知名度也已享誉全球。在核心能力方面，滴滴已具备平台规模、大数据获取及处理、算法、车辆与信息调配、平台管理与运营、资源整合以及资本运作等多方面的综合能力。利用大数据建立出行数据库，通过大数据持续提升出行效率和用户体验，而算法能提供快速的供需匹配、规划驾驶道路、自动派单等。

除此之外，滴滴 2018 年发布了"交通大脑"，通过运用其数据、分析、控制三大中枢，进行交通数据的处理分析、辅助决策和调度优化，将企业的发展与城市的发展相融合。

6.6.4　面向新生态的数字化迁移

数字化产业是以产业链应用创新为核心、以资源配置型平台企业为载体，以互联网、物联网、大数据、云计算等现代信息技术为手段，融合产业链，提升价值链，通过社会生产组织形式的优化，实现市场资源配置效率的提高，形成的一种新型经济形态。

数字化产业迁移路径第四阶段是赋能新生态，如图 6-25 所示。产业发展到这个阶段，已经沉淀了丰富的数据资源，包括消费大数据、产业大数据，并且围绕智能化运营也具备了一定的场景，如智能风控、智能营销、智能服务、智能生产、柔性供应链等。

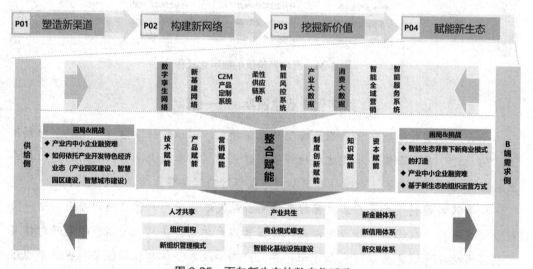

图 6-25　面向新生态的数字化迁移

这个阶段，征信体系已经建设完成，可以适当解决产业链中中小微企业融资难的问题，有利于开发特色的产业经济生态，促进智慧园区建设、智慧城市建设、智能生态下新的商业模式的打造等。产业赋能方式包括资本赋能、知识赋能、制度创新赋能等。

该阶段受技术开源化和组织方式去中心化的双重作用，创新成本大幅降低，速率显著加快，群体性、链条化、跨领域创新成果屡见不鲜，颠覆性、革命性创新与迭代式、渐进式创新并行。创新不再受到既定的组织边界束缚，跨地域、多元化、高效率的众筹、众包、众创、众智平台不断涌现。

数字化产业建设案例——微盟

微盟是面向消费需求侧的产业生态服务平台。

微盟由资本赋能（腾讯），自带流量优势。将流量的价值延伸到商业平台上，实现

C2C/B2C 的在线电商交易和服务，微盟是非常好的抓手。

如图 6-26 所示，微盟的服务主要包括 SaaS 产品和精准营销服务。围绕这两条主线，一方面，它集成线上生态合作资源，包括营销插件、运营软件以及个体软件开发者，这大大加强了其营销和生态运营能力。另一方面，微盟不断拓展线下渠道合作模式，增强自身渠道分销、运营能力。与连锁性品牌的合作是微盟在垂直领域开拓的重要方式，如房产服务、保险公司、娱乐产业、医院门诊等。

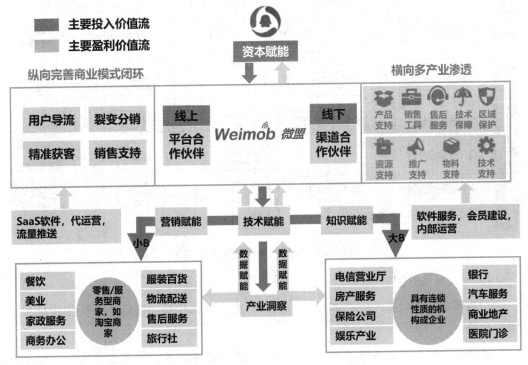

图 6-26　数字化产业建设案例——微盟

微盟的服务平台在线上集成了很多功能模块，包括营销推广服务类、SaaS 产品服务类、技术开发服务类，形成了一个小的产业生态。

微盟的生态合作模式分为三种，其商业模式运作示意图如图 6-27 所示。

1. 资本赋能计划

资本赋能，即微盟通过参股或控股的方式进行渠道建设，合作伙伴可以根据协议进行利润分成。

2. 知识赋能计划

知识赋能主要指对生态内的合作伙伴进行即时的信息同步，并给予专业的培训，以保证渠道合作伙伴信息能准确地向下传导，将整个产业生态做大做强。

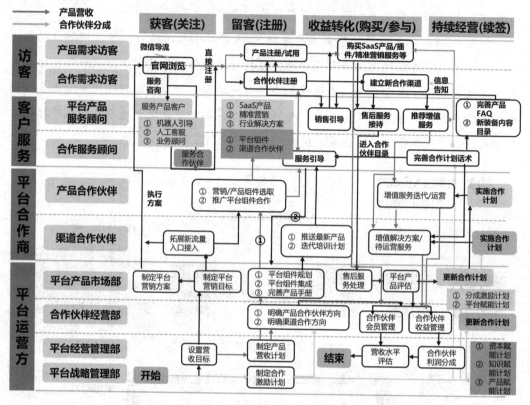

图 6-27　微盟商业模式运作示意图

3. 产品赋能计划

产品赋能指平台在生产产品时，也提供给生态合作伙伴，包括产品销售机制、渠道政策等。

产品赋能的收益方式分两种，一种是自有产品收益，另一种是通过生态合作伙伴协同售卖获得营收。

微盟依托自身平台创新型的"轻量应用""微服务"，对生态内的中小微企业开展低成本、低门槛、快部署服务，培育了一批细分领域的"瞪羚"企业和隐形冠军。

6.7　数字化产业的创新赋能

互联网向生产、交易、融资、流通等产业链各个场景下沉，随着在各个场景不断深入，逐渐形成了数字化产业的四个细分领域：工业互联网、B2B电商、产业链金融服务、现代物流交付。除了在产业链中各场景的应用外，数字化产业还包括为企业提供互联网相关服务的支撑服务平台。1999年阿里巴巴成立，B2B电商平台开始发展，开启了互联网与产品交易场景的结合。21世纪初，互联网迅速融入物流场景，传统物流企业开始向信息化发展，并且电子商务开始呈现爆发式的增长，电商物流随之崛起。2012 年开始，数字化产业在工业生产场景的应用，为智能制造发展提供了保障。2013 年电商平台、P2P 平台介入产业链金融服务业务，使得互联网在金融场景进一步深化应用。

由于数字化产业应用场景出现的时间有所差异，其各领域发展的成熟度也有所不同，其中物流环节信息化转型时间较早，目前发展成熟度较高；工业互联网提出时间较晚，目前处于起步阶段。从数字化产业各细分领域来看，各领域的生产经营模式都在信息化的基础上继续向智能化发展，并且商业模式逐渐从产品向服务过渡，领域内各参与者也在努力营造生态闭环，以期达到产业链内互惠共赢的良性循环。

6.7.1　数字化产业的数据业态展望

在信息化建设早期，产业或企业数据资产积累主要靠内部的流程数据沉淀，如销售数据、采购数据、人力资源数据等。随后，由于消费互联网的快速发展，围绕着用户的消费行为积累了大量社交数据、营销数据。企业在数字化转型过程中，由内部的管理视角向外扩展成以用户需求为视角，对大数据治理能力和分析能力提出更高的要求。

数字化治理能力提升。一方面，建设数字政府是实现治理从低效到高效、从被动到主动、从粗放到精准、从程序化反馈到快速灵活反应的转变。近年来，我国从中央到地方政府公共服务供给能力显著提升。另一方面，我国新型智慧城市已经进入以人为本、成效导向、统筹集约、协同创新的新发展阶段，发展重心逐渐从整体谋划、全面建设向营造优质环境、设计长效可持续发展机制转变。

数据价值化加速推进，由企业级数据进入产业级数据阶段，数据业态发展历程如图 6-28 所示，数据已成为数字经济发展的关键生产要素。从产业角度来看，我国已形成较为完整的数据供应链，在数据采集、数据标准、数据存储、数据安全、数据运营和数据赋能等环节形成了数据产业体系，数据管理和数据应用能力不断提升。值得关注的是，由于产业级平台的建设，基本都是由产业内的龙头企业来带动的，龙头企业天然地具备了数据资产积累的条件。而中小微企业由于缺少数据积累的渠道，可能会丧失发展机会，但这又是政府特别是地方政府极不愿意看到的结果。如何赋能数千万计的中小微企业推进数字化转型、沉淀积累数据资产，可能孕育出新型的数字化产业建设和运营服务提供商。

当前数字化产业的主体仍然是企业，从供给侧到需求侧，企业的最终目的是获取利润，节约成本，提升效率，包括生产效率、组织协同效率、资金周转效率等。

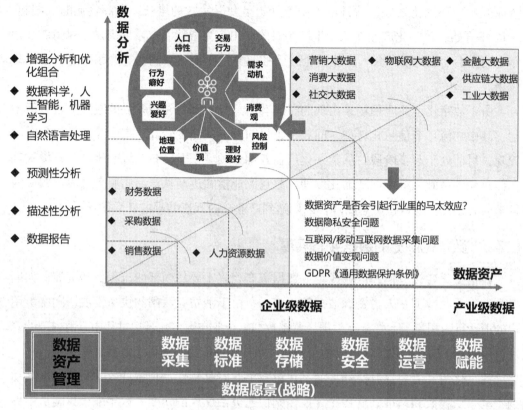

图 6-28　数据业态发展历程

6.7.2　数据驱动向企业转型赋能

信息化建设时期，企业内部运营模式基本是以标准流程驱动企业运行，比较典型的就是外资企业。流程模块非常清晰，信息系统开发遵循标准化规范，所以企业管理链条也非常清晰，具有先进性。

到了数字化产业时代，因为市场以需求为主导，变化非常快，如果企业无法跟上外部环境的变化，就会很快被淘汰。过去 10 年间，如摩托罗拉、诺基亚等巨头都出现了类似的问题。排除企业自身的管理因素，对外界市场变化反应不及时也导致了这类企业的倾覆。

如图 6-29 所示，流程驱动的企业自底向上设计，从固定软/硬件设施、标准化流程，然后开展业务数据事后分析；而数据驱动企业自顶向下设计，从大数据实时分析，触达个性化的终端需求，然后根据需求设计建设基础设施平台。

典型流程驱动企业的优点是标准模块、流程清晰、开发规范；缺点是创新乏力，无法快速适应变化。

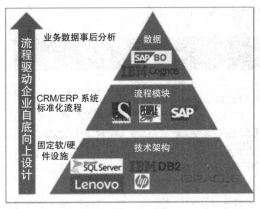

图 6-29　企业从流程驱动向数据驱动转型

典型数据驱动企业的优点是以客户需求为出发点，快速适应市场变化，根据实际效果快速调整；缺点是要求数据思维贯穿整体业务链条，对企业业务能力及调整能力要求较高。

基于企业的业务需求，数字化运营以业务目标为出发点，进行整体需求识别，如图 6-30 所示，通过需求识别形成分析场景，建立多维度的分析模型，进行价值挖掘、数据选用、决策分析和评估优化。价值挖掘是将企业内已有的数据进行更新、改造，获取新价值的过程，包括风险识别、新价值开发，目的是为管理和运营提供分析依据。决策之后，要进行结果的评估和复盘，把参数返回到系统中，形成数据循环迭代的链路，进而优化企业内部运营机制。

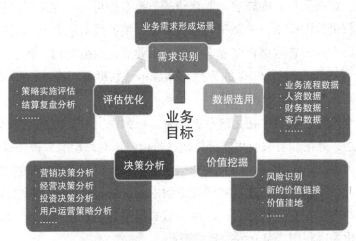

图 6-30　以业务目标为驱动的数据运营

6.7.3　数据治理

数据治理本身并不是技术问题，而是管理问题，它主要解决全域数据治理实现数据标准化、数据资产化和产业智能化。数据治理示例如图 6-31 所示。

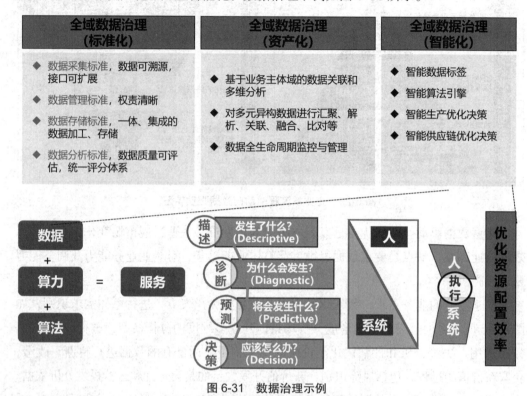

图 6-31　数据治理示例

（1）数据标准化，可以将其分为数据采集标准、数据管理标准、数据存储标准、数据分析标准。数据采集标准要求产业获得的数据有源可溯，并且可扩展。数据管理标准要求数据权责分配清晰，有统一的运营规范，使各环节能有效地衔接，提高运行效率。数据存储标准面临数据存储成本问题，因此通过数据架构、技术架构的合理设计，可以为企业降低 60% ～ 90% 的数据存储成本。数据分析标准，指通过数据模型定义并建立规则，统一指标分析体系。

（2）数据资产化，又名主题化的数据融合。数据由资源变为资产的关键环节是找到数据应用场景，数据只有被应用才能体现其价值。面对跨层级、跨领域的孤立数据，通常要找到各方的公共需求点，即公共数据应用场景，以用促融是解决数据统合问题的抓手。基于此，对于企业要进行基于数据需求的顶层设计，从全局视角自上而下完成数据治理，将各类信息进行整合，利用全域数据治理的规则和制度，将未利用、未开发的数据转化为可利用、可开发的数据资产。

（3）产业智能化，包括智能生产、智能数据、智能算法引擎、智能供应链等方面。数据智能化的实现需要数据、算力和算法三个关键要素通力配合，进而形成整体的服务能力，对内提升沟通效率，对外提升交易效率。

数字智能化运营在生产制造领域有广泛的应用场景，如图 6-32 所示，在生产制造、商业运营服务、供应链综合服务、金融服务等场景领域都有广泛应用。将物理世界的生产映射成数字世界，可以进行精密制造，提升生产的精度和效率。商业的智能化运营聚焦消费者提供精准个性化服务，如无人门店的数字化运营、数字化货柜陈列等。

生产制造

· 数字化生产
· 智能制造

商业运营服务

· 门店客户数字化运营
· 数字化货柜陈列

供应链综合服务

· 智能物流　　　· 产业园区综合服务商
· 数字化供应商

金融服务

· 消费金融
· 供应链金融

图 6-32　数据智能化运营场景

6.7.4　用户数据的管理和运营

商业运营服务的场景，主要针对个人消费者的用户价值挖掘和用户管理，其过程包括数据采集、数据分析和数据应用三个层级，如图 6-33 所示。

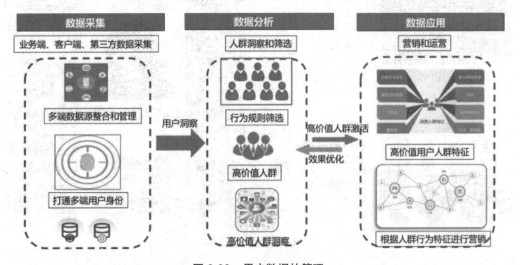

图 6-33　用户数据的管理

1. 数据采集——构建营销管理数据库

数据运营的第一步是收集大量真实的业务场景数据。零售实体店中的用户、产品介绍、产品服务、供应链、管理和其他信息可以数字化和智能化，并与在线数据集成，以创造新技术的价值应用和挖掘。例如，通过存储安装的具有 AI 识别功能的摄像头可以保证即使在离线的情况下，也能保证信息的有效。AI 技术通过面部识别、产品识别和人体识别来提取、对应和分析信息，以便管理人员可以实时了解关键的营销信息，例如商店在特定时期的流量和趋势、用户画像和消费者的属性和轨迹。

2. 数据分析——挖掘高价值顾客需求

基于大数据形成的目标用户画像，能够帮助品牌商设计、生产更符合高价值需求的产品和服务。例如，名创优品选择试点的方式在某一家商店安装面部识别摄像头，从商店中捕获数据、获取消费者的用户画像以及访问的频率用来指导新产品的设计。通过短期小样本测试，小范围地收集客户购买和反馈信息，对数据加以分析后做出新的产品决策。名创优品可以向数百个供应商同时进行采购，实现数量可控的价格，通过规模经济降低成本，并使高质量、低价的产品成为名创优品的核心竞争力。

大数据消费者画像过程如图 6-34 所示，通过时间和空间的数据聚合，可以组合成一个相对完整可靠的用户图像，有助于深入了解用户的消费动机和规律，放在更长的时间维度上，还可以监测用户消费轨迹的变化。大多数人在生活中都有稳定的消费规则，无论是高消费还是低消费，一旦出现峰值，将表明用户存在某种消费异常。例如，当用户的消费轨迹变慢时，或消费进入极低点时，可以提供更多的增值服务。

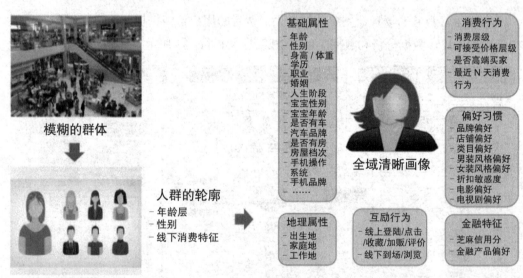

图 6-34　消费者画像

只有更了解客户，才能采取更有效的行动。为了提高点击率、购买率、利润等，

RFM 模型是评估客户盈利能力和价值的重要工具，它在已有用户数据如消费记录、浏览历史记录等的基础上，将客户进行分群，判断客户价值。它解答了下述问题。

- 谁是我们最好的客户？
- 哪些客户是在分类的边界的？
- 哪些客户有可能被转化为更有价值的客户？
- 哪些客户流失了但不需要过多地关注？
- 哪些客户我们必须维持？
- 谁是忠诚客户？
- 哪些客户最有可能回应我们现在发起的销售活动？

伴随技术的成熟，一批人工智能企业开始采用人脸识别技术进行零售行业的客流统计。这种客流统计系统可以在不影响顾客体验的情况下，精确分析每一个顾客的性别、年龄、表情和服饰风格等信息，自动排除重复进店人员，提供准确、实时、全面的客流统计数据，帮助商户进行针对性的策略调整。

人脸识别，系统还能自主识别分析客流身份，帮助店员及时知晓 VIP 客户的到店情况和用户画像，提升服务质量。系统还可以通过检测客流的移动轨迹，描绘门店的热区分布，让商户直观掌握进店顾客在门店内的长时间逗留区域和高关注度货架，从而帮助商户优化产品陈列及人员配置。在对用户数量进行统计的同时，还可以对用户属性做归集分类，让商户更了解到店客户的风格属性。

3. 数据运营——个性化营销提高转化

通过细分目标市场，对客户进行个性化分析甚至个性化营销，可以更好地满足潜在客户的需求。数字营销策略是可以不断优化和发展的策略。除了使用个性化营销来吸引客户外，商家还可以根据 AI 统计的信息不断地调整营销策略，以满足客户的需求，减少客户流失，扩展客户关系并逐步将客户转变为忠实客户。在实体商店中，产品的选择和展示对消费者的购买行为有很大的影响。因此，可以通过优化产品选择和展示来提高购买率。

6.7.5　建立企业数字生态融合一体化

未来没有一个企业是可以孤立存在的，企业都生存在产业生态之下。上游厂家和终端客户通过数字化产业连接赋能，形成一套有机的系统。

对于集团型企业，组织机构跨层级、跨领域的情况非常普遍，由此造成的信息系统建设散而不统、各自为政、数据体系割裂分散的现象也屡见不鲜。

图 6-35 中的企业总部产业板块覆盖教育培训、医疗建康、金融理财、消费购物等多个内容，希望把子公司的数据系统整合，由总部进行资源管控和调配，积累沉淀集团数字用户资产。将上述场景中的用户数据打通，全方位了解用户消费行为，挖掘新

的商业价值和产品，进行整合营销，为客户提供更多维度的、更贴切的服务内容。

图 6-35 企业数字生态建设案例

　　企业数字化的运营场景的层次是非常多的，从业务端到管理端，每个层级都有数字化运营的需求。建立企业数据生态是非常必要的。数字生态的建设是一个复杂的过程，如图 6-36 所示可分四步走。

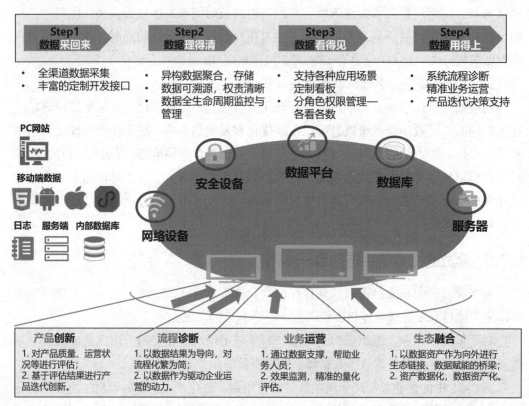

图 6-36 企业数字生态建设过程

（1）数据采回来。对于集团型企业，如何汇聚分散在各层级的数据资源往往是最难的。"上云、用数、赋智"是国资委指导国有大型企业数字化转型的行动路径，"上云"可以将多层级分散数据如百川归海一样形成云上数据湖。与此同时，还可以利用新一代信息技术进行全渠道数据采集。

（2）数据理得清，指对数据进行具有全局视角的自上而下的数据治理工作，需要进行顶层设计统筹规划，分层分步落实，包括异构数据资源的存储、数据标准的制定、主数据的管理、数据全生命周期的监控与管理，最终实现数据来源清晰可查、数据管理权责清晰。

（3）数据看得见，指数据内容的可视化呈现，包括可视化业务分析看板、领导驾驶舱等建设内容，提升企业内部总体运行效率。

（4）数据用得上，利用已掌握的数据资产，企业开展会员管理、订单管理、支付结算、售后服务等核心业务，并持续进行数据价值挖掘，为用户提供多维度、立体式的智能服务。

最终通过教育培训、医疗健康、金融理财、消费购物等服务业的跨界融合，推进整合型服务，培育新消费场景。以数字化平台为依托，构建"零售服务＋商业模式＋金融服务"数字化生态，充分挖掘用户需求。

6.8　数字化产业的文化赋能

优鸟产业互联网研究中心认为，伴随工业互联网、产业互联网的深化演进，以及脱虚向实大力发展实体经济等政策导向的引领，传统产业数字化必将迈入新的历史发展阶段，发展新机遇、产业新赛道将不断涌现。为确保数字化产业的商业属性与人文属性相得益彰，极有必要在产业数字化转型过程中贯穿新的价值观、商业观和实践观，以"新三观"助力数字化产业路径不跑偏，发展高质量。

6.8.1　秉持守正出新、数创报国的价值观

在传统产业数字化转型的历史进程中，必将涌现一大批掌握海量生产要素、生态资源的头部企业、独角兽企业或产业集群。这些主体应当具备这样的高度历史自觉——在社会主义核心价值观范畴内，从底层逻辑上架构设计自身的发展理念、发展模式、经营模式、运营模式乃至决策机制，将守正出新、数创报国作为发展数字化产业的价值观一以贯之。

出新和数创，强调的是追求资源红利、数据红利、发展模式红利等，在商业责任方面追求自身的价值链迈向高端。

守正和报国强调的是要着眼于创造社会和谐红利，以实现企业/产业自身与自然、环境、社会、生态等的和谐共生，在社会责任方面追求更令人心潮澎湃的星辰大海。

6.8.2 遵循以人为本、品牌赋能的商业观

助力解决人民群众日益增长的美好生活需要和发展不平衡、不充分之间的矛盾，是数字产业化的历史责任。近年来，消费升级的需求日益旺盛，供给侧发力快速，但供给侧整体上仍不适应持续上升的旺盛需求，特别是一二线城市居民以及 Z 世代群体的消费需要。与此同时，大量地掌握着优势沉睡资源的传统企业却一筹莫展，对消费市场、产业形态的新变化反映比较滞后，对新品牌引领新消费的底层逻辑、方法路径等理解不到位，面临错失转型发展机会窗口的风险。

另外，同时作为品牌价值的消费者和品牌价值的输出者，越来越多的传统产业从业者特别是身处数字产业化大潮中的脑力劳动者们，他们需要的不仅仅是物质回报，也越来越关注精神回报，更加关心自身的新价值创造是否被外部市场认可，也被内部机制认同。

因此，传统企业/产业的掌舵者们既要高度重视外部消费者和合作商、内部从业者的人文属性，也要重视品牌共情的强大作用，找到品牌塑造的切实路径。

6.8.3 落实品牌＋产业＋技术的实践观

数字化产业是我国经济社会生活中全新的系统性工程，是在价值观引领、商业观指导下的实践性特别强的领域。实践就意味着要落地、要有效。从优鸟产业互联网研究中心服务的案例来看，主要从以下三个方面着力推进数字化产业的实践。

一是品牌定位，这里的品牌定位是广义的概念，不仅包括一般意义上的消费文化定位，还包括商业领域定位、产业链条定位、竞争空间定位等。消费文化定位关乎的是企业/产业与特定或潜在消费群体的强关联性。商业领域定位关乎的是企业/产业选择赛道的明确性和精准性。产业链条定位关乎的是企业/产业在产业链协同上的策略选择与具体安排。竞争空间定位关乎的是企业/产业在市场策略上能否选择精准的细分领域或进入"蓝海"市场。

二是产业开路，包括数字化商业模型设计、产品设计研发、精益运营、渠道合作等诸多方面。这里着重介绍一下数字化商业模型设计。数字化商业模型的设计要基于已有存量资源、资源配置能力、品牌定位选择等要素的综合分析，结合自身发展愿景来架构设计，一般都是围绕 F2B2C 或 S2B2C 两种基础模型来推演设计，可演化出不少于 10 种具体的数字化商业模型。比如瑞幸咖啡开始阶段是 S2B2C 模型，此后进一步演化为 F2S2B2C 模型；找钢网则是 B2B+F2B2B 混合模型。不同的数字化商业模型，

对产业主体的资源配置能力、运营能力、营销能力、组织能力等的要求是截然不同的，应根据自身资源、愿景规划和实施步骤等来设计安排。

三是技术支撑，包括两方面：一是传统意义上的核心技术和配套技术；二是新一代信息技术的适配应用。传统意义上的核心技术和配套技术，关乎产业品牌的基础性建设，是企业/产业掌舵者的基本功。新一代信息技术的适配应用，目前也已成为一项"必答题"。一般来讲，新一代信息技术的应用，既关联着前端的私域流量，也关联着中后端的商品数据、财务数据、供应链数据等。实际操作中，要贯穿数据采回来、理得顺、看得见、用得上，既有助于科学决策，又能形成数据资产。

6.9 数字化产业的典型案例

6.9.1 智能制造产业链建设

当前，中国经济发展进入了"新常态"，处于从高速增长转向中高速增长的过渡阶段，实体经济优先发展的关键在于促进制造业发展，以及先进制造业和新兴服务业融合发展。

智能制造，如果范围定义得更广，可以把它理解成工业互联网。早在"十二五"时期，我国就提出两化融合，即工业化和信息化深度融合。"中国制造 2025"对两化融合提出了更高的要求。"中国制造 2025"类比美国的工业互联网计划，以及德国的工业 4.0，都是国家层面的战略规划。工业互联网可以说是其他所有传统产业的基础，包括底层的传感器、精密仪器的制造零件以及中间的网络层的建设等全部都依赖于核心的制造业，所以智能制造的升级不仅仅是工业产业的问题，它同时广泛地影响着所有产业。

如图 6-37 所示，智能制造包括四大模块：生产智能化、协同网络化、产品定制化和服务化延伸。同时智能制造要达到三个目的，一是提高整体生产效率，二是降低整个工业制造成本，三是提升产品质量。智能制造还包括如下四个特点。

首先，在产业链条中，数字化和智能化会渗透全部生产流通过程，数字孪生系统将大面积地应用。数字孪生不是一个新概念，数字孪生概念正式产生于 2010 年。在美国 NASA 和国防部两大力量推进下，目前数字孪生体已经融入工业设计、生产和管理体系中。数字孪生的数字化设计环节可以跟生产制造的个性化结合，这样就不仅实现了生产线的自动化，还可以包括设计环节，有助于个性化定制的实现。

由于传统制造业的流程比较封闭，在企业内部，可以通过产品生命周期管理工具贯穿设计和生产之间的过程，但要把工业设计独立出来，形成一个数字化产业平台。虽然数字孪生体设计与生产的专业化和融合是数字化产业发展的趋势，但短期内还有不少困难需要克服，其实现过程仍任重道远。

图 6-37　智能制造

数字孪生的概念大多数应用在工业制造业，它把整个工业生产流程形成虚拟生产环境，并用数字化来进行描述，由此进行智能化的判断和决策。因此，在未来工业制造的过程中，数字智能化会被大面积应用。

其次，生产逻辑链条。生产的链条将发生很大的改变，因为工业互联网从供给侧到需求侧的打通，会发生形式的改变。比如，C2M 也可以是 C2B 到 C2M，M 是指 manufacture，就是制造，缩短相应生产链条的转变过程。

再次，互联网智能制造，将实现质量成本核心体系的重构。原有的工业互联网，工业生产体系中的质量成本和效率是平衡的。整体网络在重新优化之后，通过赋能都会得到相应的改善。

最后，因为工业互联网本身就是全产业链的基础，它的智能制造能相应地为其他的传统产业进行赋能，如农业、服务业中的报业等，包括医疗产业很多的核心其实都来自工业制造业。图 6-37 中智能制造的十个重点领域，基本都是高精尖的精密仪器、智能最新的技术产业、新材料、航天工业等。

工业互联网是我国推进产业数字化转型的主要突破口，其重大意义至少包括以下几点。

（1）优化存量。通过数字技术的广泛深入融合应用，降低企业人员投入和综合运营成本，优化生产资源配置，显著提升研发设计、制造加工、销售服务等各环节的工作效率，重塑、巩固和提升产业核心竞争优势。

（2）做大增量。通过跨越设备、系统、厂区、地域的互联互通，实现生产服务体系的智能化升级、产业链延伸和价值链拓展，催生大规模个性化定制、网络化协同制造、服务型制造等新模式新业态。

（3）融通发展。依托信息网络平台，实现各类要素资源跨行业、跨地域、跨时空的快速汇聚和高速共享，推动先进制造业与现代服务业的深度融合，促进一二三产业、大中小微企业的融通发展，培育形成新增长点。

6.9.2 智慧农业产业链建设

农业产业链运营模式有如下四种。

1. "批发商 + 农户"为主导的模式（农贸市场）

如图 6-38 所示，批发市场为整个供应链的核心与主要节点，连接供应链的上游生产与下游销售。

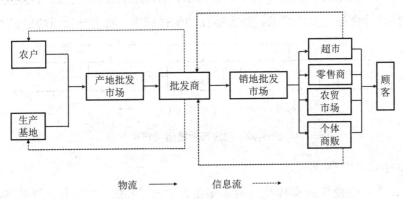

图 6-38　农业产业链运营模式 1

2. 由龙头企业主导的农产品供应链

主导者是龙头企业（一般指生产加工企业和连锁超市），连接了初级农产品的生产者和与最终消费者相连的批发及零售企业，主要指的是以连锁超市为主导者的供应链。如图 6-39 所示，以连锁超市为核心，向上整合农产品供应资源，向下整合农产品需求资源，下联农产品的最终消费者，上接农产品的供应商。连锁超市与上游供应商之间的交易行为由相对严格的合作契约约束，这种体系可以有效地控制生鲜农产品来源，而且进货合同使供应商能够对农产品的质量安全进行控制。与此同时，大型零售商的物流配送更加标准化，可以保证生鲜农产品的品质，从而提高质量控制水平，增加农产品的附加值。

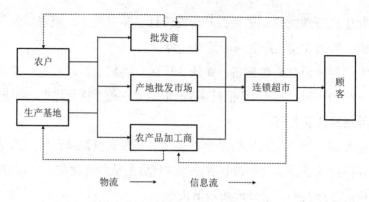

图 6-39　农业产业链运营模式 2

3. "农超对接"模式

由商家或企业与农业合作社直接签订意向协议书，由农业合作社组织农户向便利店、菜场及超市等直接提供生鲜农产品，该模式为优质农产品快速进入超市搭建了便捷通道。如图 6-40 所示，农超对接供应链模式有可能会因为农户或农业合作社的小农经营方式以及对市场需求把握不准确，生鲜农产品的供求容易失衡，再加上生鲜农产品的易腐性以及食品安全的要求，加大储存和配送成本，都会导致供应链成本上升。

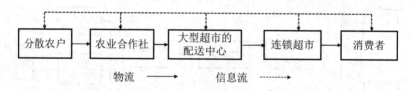

图 6-40　农业产业链运营模式 3

4. 数字化产业模式

我国农产品电商模式多样化，最基本的是 B2C 模式，如京东、阿里巴巴和顺风等，最近两年在此基础上衍生了很多新的模式，如 B2B、C2C 和 O2O，如图 6-41 所示。还出现了 F2C（农场直供模式）、C2B（消费者定制模式）、C2F（订单农业模式）和 CSA（社区支持农业）模式等。

智慧农业典型应用场景如图 6-42 所示，实现了从种植、农场管理、产品加工、安全溯源、供应链和流通营销的全程数字化产业场景服务。图 6-43 展示了具体的农产品溯源管理、智能畜牧养殖和农机自动化应用场景。

国家发改委及各地发改委相继出台农业扶持政策，鼓励和完善农业相关的平台，包括孵化平台等，来扶持智慧农业的建设。利好的产业政策也培育了智慧农业的典型应用场景。

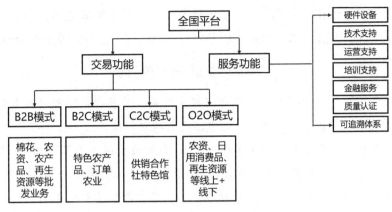

图 6-41　农业产业链运营模式 4

图 6-42　智慧农业典型应用场景 1

01　农产品溯源管理

◆ 依托区块链、物联网等技术实现农产品溯源管理。

◆ 沃尔玛从 2019 年开始，其新鲜蔬菜供应商使用 IBM 区块链技术，实现产品实时、端到端的可塑性。

02　智能畜牧养殖

◆ 使用智能图像技术，对农作物病虫害、动物行为进行建模、识别、分析。

◆ 在生猪养殖领域可通过图像识别技术，为每一头生猪建立档案，结合声学和红外监测技术，通过猪的体温、叫声等预警疫情。

03　农机自动化

◆ 机器人、无人驾驶等应用于农业生产不同环节，降低成本，提升效率。

◆ 例如，无人驾驶拖拉机会自动直线行进，进行播种、起垄、接行等作业，千米行驶误差不超过 3 厘米。

图 6-43　智慧农业典型应用场景 02

首先，农产品溯源管理是智慧农业的典型应用。通过应用区块链技术和互联网实现农产品生产、流通电子标签化管理，通过扫描查询了解该农产品的流通环节，实现真正意义上的农产品溯源管理。

其次，智能畜牧养殖。现在很多平台正推出类似的垂直产业的项目，如京东农牧，其运营扎根于最基础的农业，实现从畜牧环节开始到后续的物流环节的整体智能化。智能畜牧实际上是把新兴科技包括从养殖端的疫情防控等，应用到传统的畜牧养殖中，有效实现生猪各项指标的调控，从而提升整个畜牧养殖产业的效益。

最后，农机自动化。农机自动化的发展其实还是要根据前面所提到的工业互联网的发展，使用智能图像技术，实现动物行为建模识别等来提升农业生产效率。

产业发展案例——美菜网

美菜网在餐饮产业链中的定位是原材料供应商，为餐厅提供原材料采购服务，类似于 B2B 平台；但在农产品产业供应链中，美菜网的定位应该是需求侧的产品销售商，餐饮企业只作为该产业链中的消费者角色存在，此时美菜网的运营模式又为 B2C 模式。

美菜网前期以中小型餐饮商户为切入点，专注为全国近 1000 万家餐厅提供一站式、全品类且低价、新鲜的餐饮原材料采购服务，为客户提供省时、省力、省钱、省心的原材料，实现全程无忧的采购，通过对采购、质检、仓储、物流等流程科学精细化的管理，解决农民农产品滞销问题。

但企业在发展过程中还面临诸多困局，具体如下。

（1）美菜网的成本支出巨大，这主要来源于高额的物流成本和顾客补贴上的盈亏不平衡，美菜网的主要资金来源还是融资，本身的盈利并不能完全覆盖其成本。

（2）美菜网的产品品质也是一个发展的瓶颈问题，如何保障美菜网的产品能够有足够的质量水平，高效低成本保证运输过程中产品的新鲜度，降低运输过程中的生鲜损耗，这都是关乎美菜网产品品质方面的困局。

（3）美菜网的产品并不具有辨识度，农产品的同质性使得美菜网的产品与其他销售平台的产品并不具有严格意义上的差别，而且产品的质量标准并不一致，美菜网本身的品牌也并不是家喻户晓，所以如何扩大美菜网本身的品牌影响力和品牌渗透度也是美菜网要解决的发展困局。

（4）农村信息化程度较低。美菜网的供应端主要连接农村的农户，但是农村信息化程度较低，使得美菜网在供应端还需要做大量的线下交流工作。

企业发展的机遇有以下三个方面。

（1）国家对于农特产品的发展提供政策保障。国家一系列相关政策的出台，有利于农业电商的发展。

（2）农特产品的未来发展趋势被看好，容易获得大量的资本支持，很多产业巨头纷纷入股农特产品的产业链企业，农特产品的未来发展具有良好的前景。

（3）国民收入不断增长，消费能力不断升级，对于产品供应的需求也越来越个性化、多元化，这就要求农特产品的供应商能够提供个性化的服务，这也是产业供应链平台的发展方向与发展机遇。

6.9.3　新零售产业链建设

新一轮的消费升级以及新兴技术的飞速发展，正在推动新零售产业蓬勃发展，这将形成近万亿的市场规模。数据显示,我国社会消费品零售规模稳步增长,2019 年达到 41.2 万亿元。网络零售额占比也不断上升,2019 年占社会消费品零售总额的 25.7%,达到 10.6 万亿元。

新零售产业正在呈现线上线下融合的趋势,整体呈现全渠道、数字化、社群化等特点。由数据、供应链、物流、支付、金融组成的新零售生态系统不断完善,促使面向细分人群、细分品类、细分市场的多种新零售业态快速发展。

如图 6-44 所示,新零售产业以移动支付、仓储物流、新零售服务商等行业为依托,衍生出生鲜超市、无人零售、线上线下融合、社交电商零售等几大行业,同时“新零售”的概念也逐渐与餐饮、服装、电子产品、家居、金融等多个领域融合。

图 6-44　中国新零售业态分布

目前新零售行业的主要商业模式有如下三种。

(1) 实体零售与 O2O、电商等模式融合:随着国内电商生态的不断成熟,更加便捷、专业的 O2O 全渠道模式开始成为当前零售行业主流的渠道模式,线上门店与线下门店融合,线上推广与线下推广融合。以三只松鼠为例,其传统的线上销售模式虽然很成功,但也进入了增长瓶颈期;之后打通了线下渠道,通过建立品牌实体店、进驻零售商店货架,销售量实现了新的增长。

(2) 零售便利化、移动化:移动终端的互联网消费场景主要呈现碎片化特点,人们越来越注重对生活品质的追求,这推动大规模商场开始向小而美的社区便利店转型,这种小型零售便利店能够提升消费者在日常生活中购物的便捷性和品质性,还具备成本优势,使得新零售的渠道可以较好地符合当下零碎的、分散的、移动的、多变的、全新的消费特点。典型的企业有京东便利店、便利蜂、猩便利等。

（3）快捷支付催生的无人零售：支付是零售过程的重要环节，支付方式更便捷可以提高整个零售行业的效率。以支付宝为例，在无人便利店、自动售货机上推行刷脸支付。

由于电商的获客成本不断提高，导致电商企业吸引新用户增速放缓，纯电商模式低价获客的时代已经过去。此时纯电商企业迫切地需要找到新的增长点，如三只松鼠，作为网红电商，坚果品牌曾经创造销售奇迹，后来开始逐步尝试向线下转移，探索线上线下的深度融合。

智能手机的普及、移动支付的全面推广以及其他领域的技术进步，已经使零售业采购、生产、供应、营销和其他环节发生转变，为新零售后续发展提供了基础支持。数据分析、地图、室内外定位等技术能够帮助企业端和客户端互相了解彼此；CV技术为无人零售商业模式提供强有力支持；AR/VR技术也为消费者全面的线上线下消费体验提供保障和支持；物联网则可以将流通中的一切商品数据化，这样使得物流、信息流和资金流得以真正整合；区块链技术可以解决交易中乙方或丙方的基本业务问题，如身份认证、信用担保、合同、结算等。尽管这些技术尚未完全成熟，并且在商业上实施可能需要一些时间，但是当技术达到一定水平时，将应用于提升零售效率和用户体验。

与此同时，新零售行业也面临突出的问题。

（1）低端同质化竞争十分突出。中国新零售在无人货架等技术要求相对较低的行业竞争激烈，而在人工智能和物联网领域缺乏创新，出现低端市场的同质化问题。

（2）高昂的运营成本减小盈利空间。新零售行业线上线下相辅相成，需要该行业的相关企业投入比较大的人力和财力资源，一方面运营线下实体店，另一方面建立线上物流，高昂的运营成本会减少零售商的盈利空间。

（3）快速扩展导致管理不完善。对于许多新零售商店而言，只有扩张才能迅速获得更多用户。例如盒马鲜生，为了抢占市场大规模开设实体店，过快的扩张也给其带来很多管理、资金问题。

（4）传统线下零售企业的转型非常困难。目前，零售商多集中于线下，而在这个电商快速发展的时代，很多线下零售商受到电商冲击，本身都面临经营困难的问题，很难投入巨额成本进行线上线下融合。

阿里巴巴、腾讯和亚马逊三大互联网巨头是零售基础设施的主要供应商，它们在以下五个关键基础设施领域，为众多新零售项目提供基础设施支持和平台建设保证，促进了新零售的发展。

（1）流量方面，互联网巨头凭借自己巨大的无可比拟的网络流量，包括社交流量、IP流量和商业流量，赋能零售商。线下零售商构建自己的移动应用程序，将流量引至线上，实现线上线下融合，并逐渐融合渠道，创建以客户为中心的商业模式。

（2）物流方面，模式的创新如前置仓、以店为仓有效降低了物流成本，也给零售旧有的物流模式带来冲击，提供更多选择空间。

（3）支付方面，移动支付正在遍及全球，人们逐渐养成的移动支付习惯推动新零售的发展；支付宝、微信支付通过运用人工智能、人脸识别技术相继推出刷脸支付功能，未来将把新零售的支付效率推至新高度。

（4）物业方面，相较于对物流和选址要求极高的传统型的零售业态，通过线上线下融合的新零售模式，门店物业选址的灵活度得到了明显提高，可选择范围进一步扩展。

（5）技术方面，互联网巨头为零售商提供技术支持，为零售业态升级提供更多空间，具体包括以下几个方面。一是基于位置的服务（LBS）。应用于供给和履约都在线下的零售企业，如饿了么等外卖 App。根据用户位置信息建立消费社区，如口碑、美团等。通过周边用户的推荐和消费评价，向人们推广商家、景点，为品牌传播提供新方法。二是智慧物流。"无人仓"技术使货物的供应流程智能化，提高了物流效率、存储空间的利用率。如京东物流、菜鸟裹裹等都引入了智慧物流的概念。三是 AR、VR技术。这些技术可以带来全新的消费体验，线上和线下零售商可以运用 AR/VR 技术搭建虚拟购物场景。四是云服务与大数据。阿里大数据助力高鑫新零售升级：天猫线上商品上架大润发门店，通过数据分析使营销更加精准化；重构会员体系，推出"大润发优鲜"应用软件；利用大数据技术，使供应链技术变得越来越精细，提升后端的运营效率。

腾讯在体验与数据方面帮助家乐福赋能：实现客户扫码标签，可获得商品原产地、比价信息；通过社交流量转化为电商流量，腾讯帮助商家降低获客成本；依靠其先进的 AI 与云服务功能和技术，企业可以更加精确、更加深刻地观察到用户的行为数据。

新零售经常和数字化营销联系在一起，如图 6-45 所示，数字化全域营销、数字化分销渠道、终端门店数字化运营等，新零售领域发展时间较长，产业的数字化水平和智能化水平相对较高。

数字化营销应用较广泛，并且在市场中它的成熟度也非常高，并且已经形成商业闭环。新零售一个重要的环节，就是终端门店数字化运营。现在许多零售商打造 AR 体验门店，基于大数据系统，根据历史信息判断客户进店需求，给予客户沉浸式体验。

互联网企业正在成为新零售生态中不可或缺的产业基础设施供应商，为生态中的其他成员提供数字化服务系统，主要包括三大部分：客流优化系统、智能商品系统和数字化供应链系统。未来零售商和品牌商对这些系统的依赖程度，将像办公室白领离不开 Office 软件一样。产业平台基础设施供应商届时可以通过各类轻资产的衍生服务变现，无须直接参与零售运营。

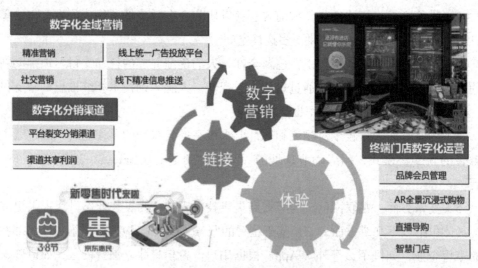

图 6-45　新零售与数字化营销

　　在新零售时代，企业间的竞争在数据信息的基础上更加智能化地为供应的各环节补充相应的产品。零售行业的竞争在很大程度上不再是价格的竞争，而是信息的竞争、数据的竞争和供应链的竞争。由于零售通常是面向终端消费者的最后一环，因此零售的供应链管理，不应仅是零售企业内部的供应链管理，更应是包含上游整体供应链在内的管理。从原料供应商到生产商，从物流服务提供商到用户，环环相扣、相互依赖。在现阶段，零售端对上游供应链的改造推动在合作方式、流程体系、信息系统上的配合相对容易，但设计模式、生产工艺、生产设备的改变很困难。因此，当前，在新的零售环境下，企业管理正由品牌和制造商向产品需求驱动的供应链转变，其具体方式有：① 与零售商和分销商深入合作，包括产品设计、供应计划等方面的协调；② 减少各种提前期，具体包括产品开发生产周期、采购提前期，采用延迟策略、一揽子计划同步优化生成等。

　　京东和美的建立了高度协作的供应链，双方在电子数据交换方面进行了深入的合作。这一举措有力地支持了京东与美的的战略合作伙伴关系，大大提高了双方的经营管理效率，降低了库存率和出库风险。美的拥有完整而复杂的线下销售渠道，尤其是在县乡市场；京东等电商在一二线城市发展较好，但相比较地域辽阔、范围较大的三四线城市甚至县乡村要建立足够的库存基地，要投入大量的资金人力物力。京东与美的的强强合作充分发挥了两者的优势，回避了短板，既帮助京东实现"落地"，又在大数据、云计算、AI 等方面帮助美的，双方实现了双赢。

　　小猪电商定制的新零售电商平台系统实现了渠道场景多样化和运营一体化，不同营销渠道带来的订单由统一的运营中心后台处理，所有商店共享统一的信息系统、数据、管理和服务标准，可以实现整体的无死角运营，专为零售连锁企业提供个性化解决方案，是互联网营销和供应链运营的先行者之一。

运用供应链管理中的"精益"思维，将生产过程中一切无用、多余的东西精简。精益与数字化结合是充分利用现代技术服务于现代运营的成果。数字化是互联网企业的基因，精细化运营是线下传统零售的基因，两者融合产生了"基于数字化的精益运营"思想。

经过过去数十年的发展，零售业已经在成本和效率上达到了极高的水平，其精益流程往往是靠一分一厘地在细节和不断地摸索实践中逐步总结提炼出来的；线上互联网企业在过去十几年的发展中形成了一套数字化的运营思想，一切事物数字化，然后通过算法进行数字化和智能化运营。两种思维的完美结合，必然驱动生产力朝着更高的方向发展。

产业发展案例——永辉超市

一、永辉超市——"超市＋餐饮＋互联网"

"超市＋餐饮＋互联网"，永辉超级物种的运营板块主要是产业链的下游，对面向消费者的2C端进行了深加工，提升了用户体验；对餐饮服务和超市、互联网进行整合，节约了成本并且拓宽了市场。

超级物种以"超市＋餐饮＋互联网"为核心。

永辉以轻时尚、轻奢华为基础为超级物种提供了线上平台支持，给予它们一定的品牌和资源引流优势，通过线上线下的融合，超级物种形成了以线下业务为主、线上业务为辅、通过线下门店到线上排产的业务模式。超级物种的收入主要来自零售收入、自有品牌收入和烹饪食品加工费。

在供应链方面，超级物种依赖于永辉超市强大的供应链支撑。借助永辉强大的平台支撑，超级物种可以实现零售业竞争优势的三个核心要求：低成本、高效率和良好的体验。永辉在生鲜食品领域已有十多年的发展历史，系统成熟，积累了大量的线下零售经验，它能更好地控制生鲜食品的流失率，提供良好的线下体验，使超级品种能够快速迭代、扩大门店。

目前，超级物种存在两大弊端：商业模式容易被模仿，网络资源不足，物流体系不完善。前者不易形成自身的垄断力量和行业优势，而后者作为新零售的重要组成部分，也阻碍了其进一步的发展。此外，超级物种的整体商业规划还存在不少问题。对于小商店主来说，如果要做餐饮超市的商业模式，首先要考虑餐饮占据的地理空间比较大。因为如果就餐面积占比太高，楼层使用效率不高，租金很贵，同时要考虑餐饮超市的翻台率。最初，超级物种受到了盒马鲜生的影响，但它们的模式有很大的不同。从玩法上看，盒马的大商店模式与超级物种的小商店模式有很大的不同，它们在运营成本、网上销售等方面有很大差距。

正在进行的超级物种门店调整，是其在探索改善商业模式和探索更优的商业模式的过程中，对以往门店进行的主动调整。永辉的优势在于其丰富的实际超市运营经验，其团队非常重视新零售创新。线下与线上相结合是一种发展趋势，作为传统的线下零售企业，永辉还将凭借自身在门店、供应链、客流资源等方面的优势，探索适合自己的零售新模式，具体可以从三个方面发力：与其他平台型企业合作，通过长期战略的合作开拓市场，提升自身内在实力，实现全渠道零售；实行差异化战略，包括超品种与其他业态的差异化，与同类商业模式的差异有利于形成自己的核心竞争力；在供应链资源合理配置的条件下，结合自身情况，快速扩张并占领市场。

二、盒马鲜生——"个性化定制＋线上购买＋线下体验"

盒马鲜生是阿里巴巴在新零售方面的尝试，旨在完全重建线下超市。它使用数据和经验作为阿里巴巴的"新零售探路者"快速开发、迭代商店模型并探索新的业务领域。以盒马鲜生为代表的新零售模式基本上具有阿里新零售的一切特征，并已成为新零售领域最重要的一块内容。其商业逻辑闭环如图 6-46 所示，通过"个性化定制＋线上购买＋线下体验"模式，加快新鲜产品的流动，降低仓储成本，然后降低售价。

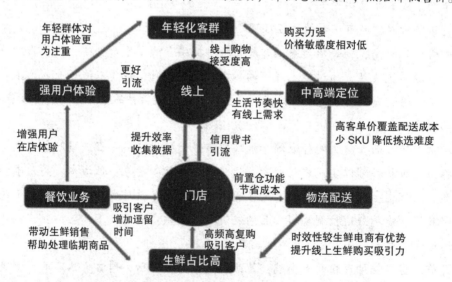

图 6-46　盒马鲜生商业逻辑闭环

以盒马鲜生为代表的新零售模式主要包括以下几个特点。

（1）近距离快速配送。距店 3km 范围内，可享受半小时内免费送货上门服务。

（2）顾客信息收集。门店附近 3km 范围内，顾客信息、消费习惯收集。

（3）引入新区域。在购物区之外，开辟了餐饮区、休息区等。

（4）线上线下深度融合。消费者既可以在线下购买，也可以在线上下单。

（5）店仓一体。以门店为仓库，大数据驱动配送，降低库存成本。

（6）先进物流支持。以现有大平台的先进体系做物流支撑。

很显然，盒马鲜生的价值增长点主要在于通过线上线下收集顾客信息和消费习惯，并通过大数据处理分析，一方面为每一位消费者提供个性化的消费服务，另一方面精益运营，降低成本。

6.9.4　智慧大健康产业链建设

受政策环境、经济和人口因素以及科技创新的驱动，我国医疗健康产业增长动力充足。突发公共卫生事件对我国医疗健康体系影响深远，新一轮产业变革或将启动。

医药大健康产业是先进制造业和新兴服务业深度融合的产业，作为有益于社会民生和人类福祉、有利于消费升级和经济提速的产业，无论在政策获得、资本倾向或技术创新、人才聚集等方面都将获得更多发展机遇。

居民收入水平的上涨以及消费结构的升级，使得人民群众对医疗保健的需求不断增长，这将进一步带动医药大健康产业的发展。我国 2019 年 65 岁及以上人口达 1.76亿，占比达 12.6%；预计到 2023 年 65 岁及以上人口占比将超过 14%，中国将进入深度老龄化社会。因此，糖尿病、心脑血管疾病、阿尔兹海默症等慢性病病人数将随着人口老龄化进程而增加。

我国科技的进步为医药大健康产业创造了新的机遇。医药大健康产业是传统的药械制造及服务与新一代信息技术、生物、能源、电子等新技术融合的产业，不断享受科技进步带来的发展红利。免疫治疗、基因技术、干细胞等技术的发展带动了生物医药的发展；数字化技术、大数据及人工智能的发展带动了医疗服务行业的发展。

数字化产业的智慧赋能，使整个产业大健康生态更加的完善。智慧大健康实现了从药品供给到终端，对医院供应链全面智能化。比如，在整个产业链终端的医院管理，再向上一层医院的医疗场景，也将进行智能化升级改造。大数据产业将在医疗产业中得到非常有效的应用。医疗是依据历史经验进行决策的实用场景，智慧大健康产业如图 6-47 所示。大数据应用包括核心医疗场景、医院管理、保险、健康管理、慢病管理等，这些都可以依靠数字化产业积累下的大数据实现。

大健康产业是重要的民生产业，尤其是受新冠肺炎疫情的影响，大健康产业对我国医药大健康体系影响深远。在后疫情时代的常态化防控下，医药大健康产业的发展将长期成为社会关注的焦点。公共卫生体系升级已提上日程，医药新基建将拉动行业增长。

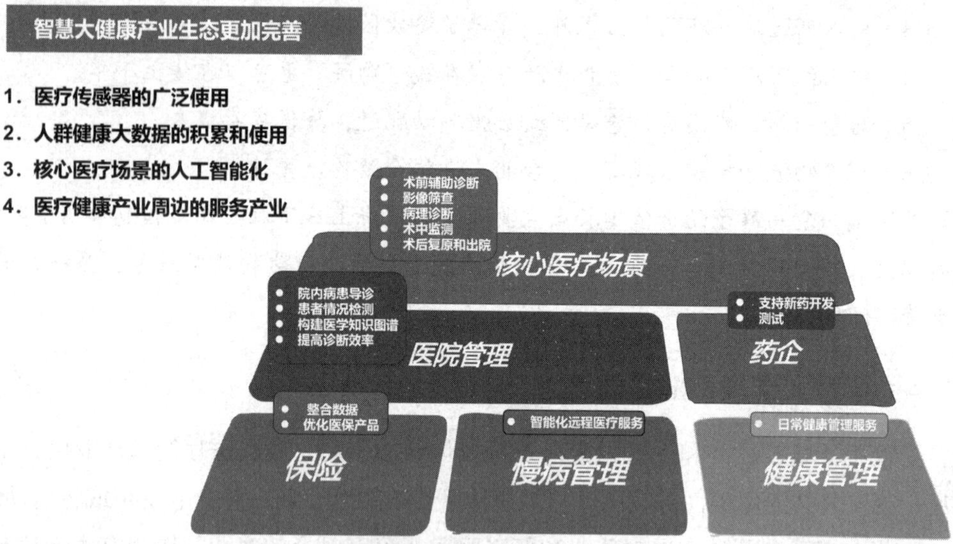

图 6-47　智慧大健康产业

产业发展案例——叮当快药

叮当快药于 2014 年成立，是基于药店 O2O 服务的互联网医药信息展示平台，提供医药咨询、药品订购及药品快速送达等服务。2015 年 2 月，叮当快药 App 上线；2016 年 6 月，叮当智慧药房揭牌，实现线上线下一体化运营；2018 年叮当快医业务发布，打通医检药闭环；2019 年获 6 亿融资，由招银国际、中金智德、国药中金、软银中国投资。

叮当快药与叮当智慧药房紧密关联，实现线上线下一体化运营的医药新零售模式。与上游企业达成战略合作协议，形成叮当 FSC 药企联盟，打通供应链与产业链，优化前端供应链。叮当快药秉承打造大健康生态圈的发展理念，建立"药企—叮当—用户"的生态链，一方面通过消除中间环节，把优惠的价格让度给用户；另一方面把终端数据反馈给药企，帮助其进行产品的优化，由此产生良性互动。叮当集团的线下智慧药房、叮当快药、叮当快医，打造了一个完整的产业链，站在了互联网和新零售双风口上，迎合了时代与社会需求。

叮当快药科技集团有限公司是一家医药新零售企业，通过自营线下药房、自建专业药品配送团队，创立"药厂直供、网定店送"线上线下一体化运营的医药新零售模式，拥有线上叮当快药平台和线下叮当智慧药房两大业务模块。

叮当快药手机购药服务平台为用户提供便捷的购药送货、咨询指导等服务，实现核心区域 7×24 小时、28 分钟送药到家、24 小时专业药师用药指导等健康服务，目前已覆盖北京、天津、广州、上海等 20 余座城市，叮当快药的时效性已成为其核心竞争力之一。

叮当 FSC 药企联盟包括汤臣倍健、小林制药、北京同仁堂、云南白药等知名药企。叮当快药集团共与 680 余家品牌药企达成合作，实现药企直供。与此同时，叮当快药还与春雨医生、美团、大众点评、百度外卖、奇虎 360 陆续达成战略合作，借助大平台流量优势拓展自身流量。

该平台目前发展的困局主要有以下两点。

（1）企业间竞争激烈。自 2014 年起，涌现了大批医药 O2O 企业，如叮当快药、快方送药、药给力等，同类型企业间竞争压力大。O2O 企业之间存在同质竞争，平台如何吸引用户、如何提高用户黏性与用户忠诚度是企业发展的核心问题之一。

（2）尚未与医保对接。医药 O2O 企业与 B2C 企业面临着同样的问题，平台尚未打通与医保系统的连接渠道，导致消费者无法使用医保支付，具有一定的局限性。

该企业目前发展的机遇主要有以下两点：叮当快药是国内首个提出并实行新零售理念的医药 O2O 平台，采用线上线下结合的新零售模式，保证线上线下同价，使药企有效避免了单一的价格竞争；相比传统医药电商，医药 O2O 具有特殊商品属性和特殊营销属性，也同样符合互联网时代的特征和社会需求。

第7章 数字化安全架构

7.1 数字化转型网络安全面临的挑战

国家发展改革委、中央网信办印发《关于推进"上云用数赋智"行动 培育新经济发展实施方案》积极布局中央企业数字化技术，包括在线监管、网络安全、数据治理等工作，进一步推动了我国企业将数据资源向数据要素的转化，并赋能业务生产和管理的深度数字化转型变革。

企业数字化转型将对产业变革产生深远影响，企业将形成新的生产方式、产业形态、商业模式，同时也带来新的风险和挑战；物联网、云、大数据、移动应用、5G、智能制造等新技术的应用也为企业引入了更多风险，同时大数据、人工智能等新技术也被黑客组织广泛用于攻击行动中，网络攻击呈几何级数增长。

数字化转型作为重要发展战略具备了经济驱动力，信息技术与业务的深度融合也将使网络安全风险更具有实质性的影响，网络安全问题对业务更加具有破坏性乃至灾难性。同时威胁态势升级促使网络安全防御水平提升，攻击方式从个人入侵者发起的普通攻击升级为由专业黑客组织发起的精准定向攻击，尤其是对关键基础设施的破坏，将对国家安全和社会安全造成极其严重的影响。因此，当前网络安全风险等同于业务运营风险，重要信息系统一旦被入侵或被破坏，以往所有来自数字化的收益将"一失万无"。

7.2 数字化转型带来新的安全模式

企业数字化转型将网络安全重要性提升至生产业务运营同等高度，而以往的网络安全主要以达到监管合规要求为目标，结合网络安全事件的驱动进行安全建设，形成了以"局部整改""辅助配套"为主的安全建设模式，该传统模式缺乏顶层设计、工程化考虑不足，已经难以达到保障数字化业务的更高要求，不足以有效地对抗日益升级的网络空间威胁。以"合规"和"事件"驱动的安全建设属于被动发展模式，导致安全工作难以落到实处，网络安全创新能力难以得到释放。

反观长期快速发展并演化到数字化转型阶段的信息化领域，大型企业采用企业架构（EA）方法论为引导，以顶层视角，全局思考信息化建设，使信息化与业务紧密结合，引导规划建设了大规模、体系化、高效一体的业务运营体系，而网络安全领域缺乏复杂系统思维引导的规划与建设实践，导致网络安全体系化缺失、碎片化严重，网络安全防御能力与数字化业务运营的高标准要求不匹配。

因此，需要探索和实践网络安全模式升级的新方法，将以往的"局部整改""辅助配套"为主的安全建设模式，转变为与信息化"深度融合""全面覆盖"并具备主动防御能力的安全模式。

7.3　数字化转型网络安全架构设计

7.3.1　网络安全架构设计方法论

在过去的信息化发展历程中，可以看到国内外大型企业在信息化建设时，多数采用 EA 思想与 TOGAF 框架作为指导思想，成功地推动了信息化建设，且很好地支撑了各行业的业务运营。因此，网络安全领域也需要借鉴信息化系统工程方法，形成一套与信息化相匹配的网络安全方法论，并形成网络安全框架，指导数字化转型的网络安全体系建设，引导网络安全从边缘走向核心、从应急式的被动安全转向常态化的主动安全。

在数字化转型和新基建等国家战略背景下，分析国内外网络安全态势和我国大型企业面临的网络安全挑战，结合企业面临的网络安全普遍性需求，研究国外先进的网络安全模型及安全标准，借鉴国内外众多大型机构运行多年的网络安全最佳实践，吸收最新网络安全技术研究成果，通过系统工程、项目管理的理论和实践经验，同时借鉴 EA 的思想和 TOGAF 的方法论，形成企业数字化转型网络安全架构设计方法论，为企业提供从"甲方视角、信息化视角、网络安全全景视角"出发的顶层设计思路。

7.3.2　网络安全参考模型

Gartner 在 2014 年提出的面向下一代的安全体系框架，即自适应安全框架（adaptive security architecture，ASA）模型，框架主要针对被动防御措施必然被突破的现实，提出了安全投资应该同时兼顾防御、检测、响应和预防四个方面。2015 年，Robert M. Lee 发表了一篇名为 *The Sliding Scale of Cyber Security* 的文章，吸收了 Gartner 自适应安全框架，提出了一种宏观角度的企业安全建设指导模型，即网络安全能力滑动标尺模型，如图 7-1 所示。

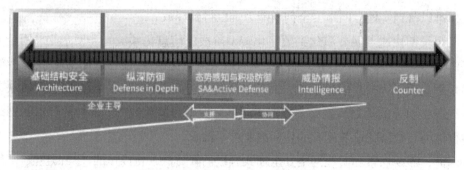

图 7-1　网络安全能力滑动标尺模型

我们以该模型对叠加演进的网络安全能力识别方法作为网络数字化转型的网络安全框架的指引方向，网络安全能力滑动标尺模型主要阐述了面对不同的威胁类型，企业需要具备怎样的安全能力，以及这些安全能力间的演进关系，从而帮助企业在网络安全领域，把有限的资源投入最合适的地方，实现安全综合能力最大化。该模型综合运用基础结构安全、纵深防御、态势感知与积极防御、威胁情报和反制这五个类别对安全行动措施和资源投入进行评估，摸清企业当前网络安全建设的现状，并对未来网络安全建设指明方向。

网络安全能力滑动标尺模型从左到右是一种演进关系，左侧是右侧的基础，如果没有左侧的完整能力基础，在实际中也很难完成右侧的安全能力建设。比如，基础架构安全类型的安全域划分、访问控制等能力未达标，纵深防御需要考虑的攻击面就会不断扩大，导致该类型应具备的安全能力难以有效落地，纵深防御的安全能力未达标，则很多简单的攻击事件无法快速处理，因此也无法建立态势感知与积极防御的能力，也就不会有威胁情报的生产能力，最终反制也不可能有准确的目标。虽然五个类别之间相互依赖，但没有强弱之分，随着信息化架构和网络攻防的变化，对基础架构安全和纵深防御层面也会提出新的要求，需要不断审视，寻找实际中的问题到底出现在哪个类型中。一般的企业需做好基础架构安全和纵深防御，可以有效地抵御非定向型的攻击，如勒索病毒。

为适应数字化转型的高标准要求，企业要以建设积极安全防御体系思想为指引，依据网络安全的叠加演进理念，即环境在发生变化，安全随着大环境的变化，在不同的阶段应该采用合适的策略解决当前最重要、最紧急、最关键的网络安全问题，在企业现有的安全体系基础上向积极安全防御演进。

7.3.3　数字化转型的网络安全框架

企业数字化转型的网络安全框架是对网络安全模式升级新方法的探索，应该通过网络安全架构设计方法论，采用网络安全能力滑动标尺模型，叠加演进的网络安全能力识别方法，参考国内外各类网络安全规范标准要求，以及大量被证明切实有效的最佳实践，全面枚举企业数字化转型所需要的网络安全能力，以网络安全能力体系建设为中心，识别在信息化各个层面需具备的安全能力，并将安全能力全面覆盖信息化各领域。

企业数字化转型的网络安全框架能有效应对数字化风险的新型网络安全服务化工作模式。将"一体之两翼、驱动之双轮"作为信息化和网络安全的战略定位，构建"关口前移，防患于未然"的网络安全防御体系，以"统一谋划"作为落实"四统一（统一谋划、统一部署、统一推进、统一实施）"的起点，在做好"关口前移"的基础上，推动网络安全从"局部整改""辅助配套"建设模式向体系化规划建设模式转变。明确安全服务所需要的安全能力之间的依赖协同关系，以及通过安全能力的协同提供信息化的安全服务。明确安全服务能力与信心化各层次的结合方式，建立以能力为中心的安全服务化模式。

在企业数字化转型建设工作中引入"零信任"安全范式，在做好网络边界及网络纵深防御的基础上，进一步围绕人员和资源进行安全防护，建立数字化环境内部无处不在的"免疫力"；以同步规划、同步建设、同步运营为原则，推进安全和信息化的全面覆盖、深度融合，建设网络安全基础设施和实战化运行体系，并通过网络安全与信息化的技术融合、数据聚合、人才聚合，为信息化环境各层面注入"安全基因"；以服务化思想开展安全保障工作，通过安全技术支撑、安全运行服务和安全生态建设等方式，持续为政企机构数字化业务发展保驾护航。

7.4 数字化转型网络安全架构实践

7.4.1 大型企业数字化转型网络安全总体目标

以企业数字化转型的网络安全框架为指导思想，以国内外网络安全形势为背景，以国家及行业安全标准为合规依据，以信息技术应用创新为基础，参考国内外最佳实践经验，在企业已有网络安全工作的基础上，进一步提升企业信息化生态体系的网络安全管理、安全技术能力、安全流程和安全运营能力，使融入信息化生态体系的网络安全保障体系具备广泛覆盖、全面感知、身份与设备可信、威胁可见、智能协同的保障能力，构建"可知可信、可管可控、闭环运营"的新一代网络安全保障体系，确保数字化基础设施的安全可靠运行、管理数字化业务的安全合规访问、生产业务的安全有序，为企业数字化转型提供强有力的网络安全保障。

1. 可知可信

全面掌握企业的数据资产、设备资产、系统、应用与人员状况，做到数据可知、资产可知、服务可知、人员可知、威胁可知、风险可知；基于资产和威胁的实时监测，结合历史安全事件和威胁情报进行威胁预判和防护；建立身份可信、设备可信、网络可信、应用可信、平台可信的信任链，确保企业信息系统网络形成资产清晰、自主可控、安全可信的计算体系。

2. 可管可控

健全企业网络安全管理与内控治理体系，落实网络安全职责，强化网络安全统一监督管理，完善网络安全工作机制；在网络及系统的各个层面，建立安全控制措施，开展全方位安全监测和安全管制，统一汇集全网安全数据、安全告警、安全日志，依托统一平台，实现统一下发安全策略、构建常态化的响应与处置能力。

3. 闭环运营

通过安全运营实现人员、技术、系统的整合，以流程驱动管理思想在执行层面落地。通过安全运营建立"持续预防—持续防御—持续监测—持续响应"的闭环安全运营体系，主动监控和发现新型安全威胁，完善安全防护功能，安全能力持续自我进化，衍生安全智慧。

7.4.2　大型企业网络安全总体架构

网络安全建设总体架构设计应明确网络安全相关任务，以数字化转型的网络安全框架为指导思想，以"安全即服务"为核心理念，以安全管控为导向，以安全技术为支撑，以标准规范为依据，以安全组织为保障，以安全运营为关键，充分发挥"安全即服务"的灵活性、便捷性和高效性，保障企业数字化转型过程中网络安全有序发展，打造具有企业特色的服务型安全保障体系。

如图 7-2 所示，网络安全规划总体框架由五部分构成，即全面覆盖安全管控、组织机构、规范标准、安全技术和安全运营。

1. 强化安全管控能力

完善安全管控机制，优化安全管控方针政策、组织保障，落实安全责任，展开绩效考核，加强督查检查，加强安全协作，开展宣贯教育；明确安全管理任务，落实国家、行业网络安全政策要求，加强对资产、数据、人员的安全管理，强化风险预警及应急处置管理能力。

2. 优化安全组织机构

根据安全保障需求完善机构设置，落实"谁主管谁负责、谁运行谁负责、谁使用谁负责"的原则，完善组织内部网络安全协同工作机制，从企业架构出发，深化开展在企业全业务链条上的网络安全工作；明确分清主次责任，规范协调配合制度的组织形式、范围、工作内容和运行流程等，为建立科学高效的网络安全协调配合机制打好基础。

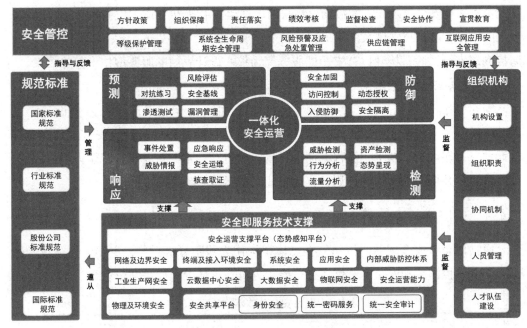

图 7-2　某大型企业网络安全规划总体架构

加强各类人员的背景审查、宣传教育、权限控制、行为审计、异常行为分析等多种措施，防范内部人员、外部人员和供应商（含设备供应商、系统开发商和技术服务商）等人员的网络安全风险。

建设网络安全人才队伍，开展常态化攻防实战演练，全面支撑公司日常网络安全保障工作；加大人才与资金投入力度，积极拓宽交流渠道，创新合作形式，重点加强安全监测预警、安全事件响应等领域的人员能力建设，全面服务于企业网络安全保障工作。

3. 健全安全规范标准

从管理、技术和运营三个维度，对企业网络安全标准规范进行体系化梳理，并对标准间的交叉引用机制进行规范化设计，形成合理、清晰的层级关系，加强标准间的一致性和延续性。

加强国家、行业规范标准的落实，持续完善企业规范标准，不间断地研究国内外先进标准，建立覆盖企业管理标准、技术标准和运营标准的网络安全保障体系；通过定期修订、编写，不断完善企业安全标准；通过不定期的监督检查，落实标准的执行和应用。

4. 提升安全技术能力

严格按照国家及行业网络安全相关政策法规要求，根据国内外网络安全形势变化，基于对标国内外安全相关标准的差距，结合网络安全防护技术发展趋势及未来可能面临的挑战，从安全基础设施、物理安全、主机安全、网络及边界安全、应用安全、数据安全、终端安全以及云、大数据、物联网、移动技术等新技术应用方面持续优化完善现有网络安全防护技术体系，切实满足安全合规性要求，有效防御新型安全攻击，积极防控网络安全风险，构建以"安全即服务"为核心设计思想的服务型技术保障体系。

5. 完善安全运营体系

安全运营从预测、防御、检测、响应等方面进行综合考虑、一体化设计。以PDCA 模型为方法论，持续提升安全运营管理能力的成熟度；应制定安全运营能力提升计划，并在人员、技术、流程方面进行具体的行动；定期对安全运营能力进行评估，找出差距，并持续完善提升计划，驱动企业安全运营体系逐渐成熟。

7.4.3 对标及差距分析

通常以企业安全现状与网络安全总体架构作为差距分析对象，主要从安全技术体系、安全管控体系和安全运营体系进行差距分析，具体内容如表 7-1 所示。

表 7-1　网络安全总体架构差距分析

安全能力体系	安全领域		差距分析方向
安全技术体系	网络及边界安全	网络安全域划分	主要对企业网络安全域划分、安全域间隔离防护、网络攻击面等方面进行对比
		网络边界整合	主要对企业同类型网络边界整合、减少网络互联接口数量、形成统一的安全控制点、是否集中部署网络安全防护措施、是否实现网络安全能力的集中覆盖等方面进行分析对比
		基础安全措施	主要对企业网络中不同业务访问场景，以及相应的安全防护措施形成各边界节点等方面进行分析对比
		网络边界纵深防御	主要对企业各层安全域边界上的网络安全防护措施进行分析对比
		广域网纵深防御	主要对企业广域网区域中心安全防护点、广域网防御纵深进行分析对比
		管理网络建设	主要对企业是否建设独立的管理网络，实现业务平面与管理平面的分离等方面进行分析对比
		安全措施部署方式优化	主要对企业是否实现 SD-NGFW、SD-WAN 等标准化、模块化的网络安全防护集群方式、是否实现网络安全防护能力的弹性扩展和灵活调度编排等方面进行分析对比
	身份安全	统一认证门户	主要对企业是否实现统一认证门户功能进行分析对比
		身份统一管理	主要对企业是否完成对人员数字身份的管理、设备、应用等各类实体数字身份的管理等方面进行分析对比
		访问控制能力	主要对企业是否通过零信任架构，实现动态的、细粒度的访问控制等方面进行分析对比

续表

安全能力体系	安全领域		差距分析方向
安全技术体系	终端及接入环境安全	移动终端应用安全	主要对企业的移动应用、移动服务安全管理、移动终端应用安全体系等方面进行分析对比
		终端行为审计	主要对企业是否通过终端一体化安全管理、防病毒软件需覆盖到每一台终端计算机等方面进行分析对比
		终端防病毒体系	
		终端接入安全	主要对企业是否通过准入控制措施对终端的接入安全等方面进行分析对比
	系统安全		主要对企业是否开展面向资产/漏洞/补丁的系统安全防护专项工作进行分析对比
	应用安全	安全功能设计	主要对企业是否开展应用系统全生命周期的安全管理进行分析对比
		软件开发安全	
		应用架构安全	
	内部威胁防控		主要对企业是否开展内部威胁防控体系建设专项工作进行分析对比
	密码安全		主要对企业是否采用统一密码服务作为安全基础设施等方面进行分析对比
	工业生产网安全		主要对企业是否对工业生产网安全开展了专项治理任务等方面进行分析对比
	云数据中心安全		主要对企业是否开展与云数据中心同步规划、同步建设、同步运营等方面分析对比
	数据安全		主要对企业是否开展数据治理工作等方面分析对比
	物联网安全		主要对企业是否开展物联网专项治理任务等方面分析对比
安全管控体系	等级保护		主要对《信息安全技术　网络安全等级保护基本要求》进行分析对比
	安全制度标准		主要对企业安全标准规范体系，在网络安全各级制度文件中明确管控要求等方面进行分析对比
	安全评估		主要对企业安全评估体系，包括安全风险评估和技术测评等方面进行分析对比
	安全合规审计		主要对企业安全审计体系，包括审计制度、工作机制和安全合规性审计等方面进行分析对比
安全运营体系	安全运行支撑平台（态势感知）		主要对企业的态势感知系统在安全分析、指挥控制、态势呈现等方面进行分析对比
	安全人才队伍建设	安全培训	主要对企业的安全培训，包括意识培训和技能培训等方面进行分析对比
	安全运行		主要对企业安全运行的体系、运行工作是否全面覆盖安全各子领域等方面进行分析对比

7.4.4　网络安全能力建设

1. 完善网络安全基础建设

（1）网络及边界安全。企业网络及边界安全应采取集约化模式，构建企业级的网络纵深防御体系，全面覆盖企业各网络层次。设计标准化、模块化的网络安全防护集群，适配网络各节点的业务连接模式，提供按需灵活编排调度的流量清洗、网络访问控制、流量加解密、网络入侵防范、恶意代码防范、Web安全防护、应用安全代理、数据泄漏检测、全流量检测、攻击诱捕等能力。网络及边界安全架构如图7-3所示。

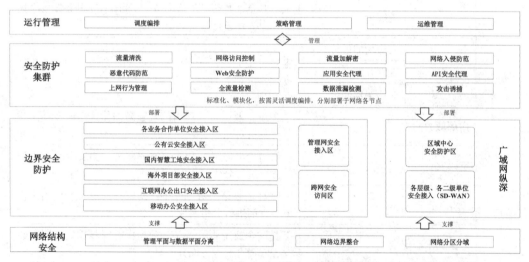

图7-3　某大型企业网络及边界安全架构

（2）身份安全。通过零信任架构的现代身份与细粒度的访问控制管理，聚合人员、设备、程序等主体的数字身份、认证因子等数据和IT服务资源属性、环境属性、数据资源安全属性等数据，结合访问控制策略数据，形成统一身份数据视图。建立面向应用系统的分布式用户访问控制体系，并与应用中台、数据中台以及技术中台等IT服务中的访问控制策略执行点结合，形成数字身份细粒度访问控制的全面覆盖。面向态势感知平台，开放身份与行为数据查询与响应控制接口，实现安全运营协同。新一代身份安全架构如图7-4所示。

（3）终端及接入环境安全。随着企业数字化转型，业务终端类别快速增长，包括PC、云桌面、专用终端、移动终端、国产化终端等；其次是终端资产所属者逐渐变化，越来越多的个人拥有终端、第三方不可管理的终端加入企业环境，所以终端上的安全能力需求不断扩大。因此，需要建设跨数字化终端类别的统一安全管理体系，在终端和接入环境上构建面向终端硬件、操作系统、正版化应用软件、数据资源、用户身份、操作行为和末梢网络的一体化安全技术栈。终端及接入环境安全架构如图7-5所示。

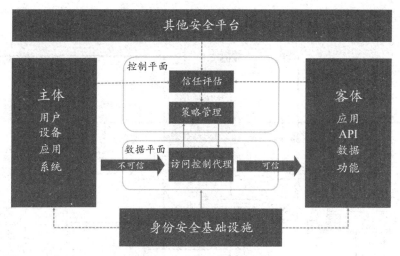

图 7-4 新一代身份安全架构

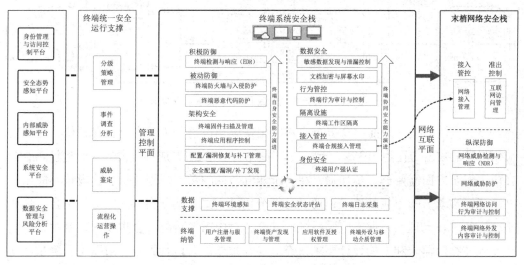

图 7-5 终端及接入环境安全架构

（4）系统安全。企业数字化转型的过程中，存在资产不清、漏洞分布未知、系统未按合规要求进行加固、漏洞修复缓慢等问题，未建立完整的运行闭环流程。还有少部分层级、二级单位采用人工统计手动报告模式，资源消耗大，速度缓慢，缺乏整体风险态势视图，已经无法满足实战化的需求，迫切需要建立面向资产/漏洞/配置/补丁的系统安全防护体系。

因此，需要以聚合 IT 资产和 IT 运维的实战化安全运行为核心，构建企业级系统安全体系，持续监控信息系统的资产状态，分析配置符合性、漏洞状态等信息，基于测试验证结果，判定风险环节措施优先级，提供修复方案。在系统资产管理、配置管理、漏洞管理、补丁管理等方面形成协同有序的一体化运转机制。面向资产/配置/漏洞/补丁的系统安全架构如图 7-6 所示。

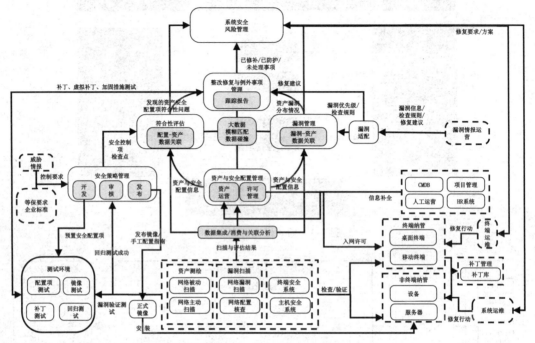

图 7-6 面向资产/配置/漏洞/补丁的系统安全架构

（5）应用安全。当前，众多企业在应用系统建设过程中，安全长期缺位，而针对应用程序的攻击占比为 80% ～ 90%，应用系统自身的漏洞成为攻击的主要途径。企业在应用安全方面需要进一步加强，在"十四五"期间重点规划并加速建设核心应用公共功能，推动 API 市场的建设，通过分层分级的方式，不断完善充实应用中台，形成平台上的闭环治理。为保障应用系统的安全，对内需要将外部合规要求以及内部符合性要求转换为需求和架构设计要求，充分参与重要的阶段性评审，对研发、测试团队进行赋能，并面向业务为应用开发团队提供覆盖全生命周期的安全能力支撑；对外需要将应用安全要求作为供应商准入、采购、考核机制的一部分，确保供应商履行相应的义务。

应用安全应重点围绕软件全生命周期，构建应用安全能力支撑体系；优化应用开发流程，添加需求分析、架构设计、开发、测试、部署和运行环节的软件开发生命周期安全控制机制；依托身份安全、密码体系等安全工程，通过培训增强应用开发团队的安全意识和能力，使安全成为应用技术团队文化的一部分。应用安全能力架构如图 7-7 所示。

（6）内部威胁防控。企业在信息化建设过程中面临业务向云迁移使内部攻击的检测更加困难，数据集中使获取敏感信息的成本大幅降低，数据共享应用的增多使数据更容易离开传统安全边界，内部存在的大量特权用户使得恶意行为检测愈发困难等问题。内部威胁已成为导致网络安全事件的重要原因，影响愈发严重。

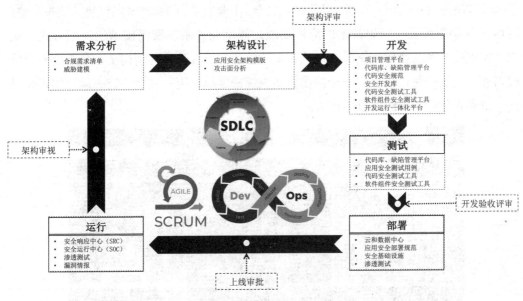

图 7-7　应用安全能力架构

因此，为解决内部威胁问题，需要建设内部威胁感知平台，形成用户行为监测和内部威胁发现能力。从各安全系统导入日志，基于全方位的日志数据和 UEBA 技术进行异常分析。同时制定完善的内部威胁管控制度、明确员工管理和培训机制，提升员工安全意识。内部威胁防控总体架构如图 7-8 所示。

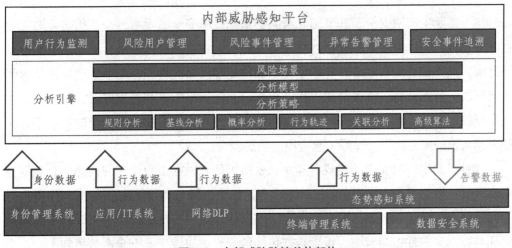

图 7-8　内部威胁防控总体架构

（7）密码服务。企业信息化的发展，需要将密码与信息系统、数据和业务应用紧密结合。密码服务是实现各类安全的基础和重要支撑。密码法的实施为密码技术应用和评估提供了法律依据，为密码使用提出了要求。

因此，需构建企业级密码服务体系，建设密码基础设施平台，形成对密码算法、协议以及软硬件实现的统一部署，以及对云安全、工业安全、物联网密码模块的统一支撑。需加强各业务系统与密码技术的应用集成，规范业务系统密码技术的使用方式和流程，实现业务系统密码应用的合规性、正确性和有效性，完善密钥全生命周期安全管控措施，满足企业密码应用安全需求，实现统一建设、统一安全、统一运维的建设目标。密码服务总体架构如图7-9所示。

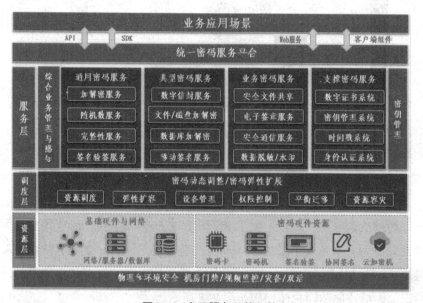

图 7-9　密码服务总体架构

（8）工业生产网安全。随着国家对关键基础设施安全的重视，企业信息化对工业互联网建设，将以加快新一代信息技术与生产制造深度融合为主线，推动装备制造发展升级，加快推进装备制造产业数字化、软件化和网络化转型，工业生产网络从封闭走向开放，智能设备、工业应用、生产数据、系统运维未来与外网联通，将面临巨大安全威胁。因此，在工业生产网逐步走向开放的过程中，需要提升安全防护水平，保障工控系统的安全运行，保障工业应用与数据安全。

针对工业生产网安全的场景，建立综合防护体系。在工业生产网内部，合理划分安全区域，构建工控主机安全防护体系，在工业生产网与 IT 网络边界设置网络隔离与访问控制点，对于远程数据采集和远程运维操作建立身份认证与加密机制，实施身份认证与数据完整性控制措施，保障数据传输的安全，建设工业安全态势感知平台，全面掌握工业生产网的安全态势。工业生产网安全架构如图7-10所示。

2. 加强新技术、新业务网络安全保障

（1）云数据中心安全。众多大型企业信息化建设朝着多地、多云数据中心发展，需要建立一个同时满足传统数据中心安全和云计算安全要求的防护体系，构建云数据中心的安全防护体系，全面覆盖数据中心边界、云边界、应用系统区域、主机、容器等层次，打通控制平面实现安全防护体系和云环境的一体化编排调查，并与云数据中心中的 IT 建设与运维工作实现聚合，保障云数据中心的稳定有序运转。云平台安全架构如图 7-11 所示。

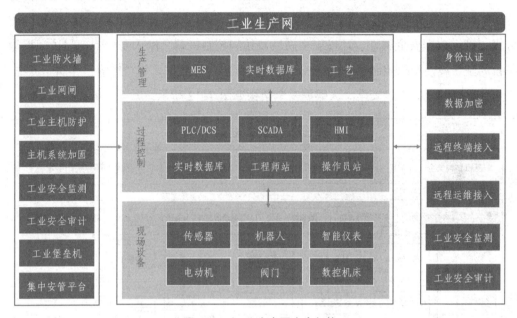

图 7-10　工业生产网安全架构

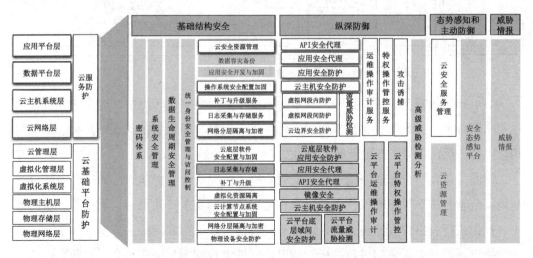

图 7-11　云平台安全架构

（2）数据安全。企业在数字化转型的发展过程中，将按照"大集中、大统一"的信息化建设原则和"端到端"的建设思路，以应用中台、数据中台为支撑，基于一体化技术平台，汇聚各业务系统的数据，构建数据资产运营体系，实现数据化运营。数据集中导致风险集中，数据流转产生更多攻击面。大数据技术采用开放的分布式存储和计算架构，使得大数据环境下的安全边界模糊，数据应用场景和参与角色愈加多样化，传统基于边界的安全防护技术不再适用。

因此，需要基于数据全生命周期及数据应用场景，构建面向大数据应用的数据安全防护体系，开展数据安全治理，建设数据安全治理系统，梳理数据资产，进行分类分级，确定数据安全属性、环境安全属性及访问控制策略，纳入身份管理与访问控制平台的基于属性访问控制体系进行统一管理，保障各类数据采集、传输、存储、运维、使用、共享开放及销毁安全。大数据安全架构如图 7-12 所示。

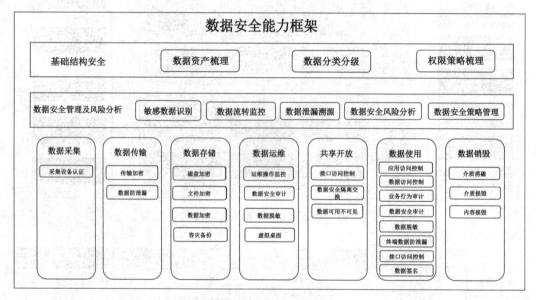

图 7-12 大数据安全架构

（3）物联网安全。随着物联网技术的发展，企业数字化转型中，运营业务板块采用物联网技术，如 ETC、摄像头等设备的入网，但物联网设备的类型碎片化、网络异构化、部署泛在化等特点也带来了新的安全威胁。

因此，需要结合物联网端、边、云的架构，构建安全防护能力。通过建设软件供应链安全管控体系保障软件供应链安全；建设物联网安全接入平台，对接入设备的证书、标识进行身份检查，确保接入设备身份可信；建设物联网统一安全管理平台，对边缘侧上报的日志、数据进行分析；建设物联网大数据威胁分析平台，对物联网威胁进行建模并持续训练，以边云协同的方式持续提升边缘威胁感知能力。物联网安全架构如图 7-13 所示。

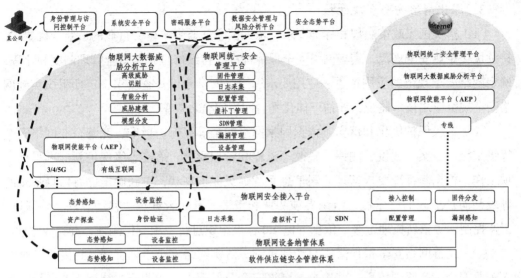

图 7-13 物联网安全架构

（4）5G 安全。随着 5G 技术的发展，万物互联的时代随之而来，5G 技术应用的开展给企业发展注入了新动能，但是也带来了新的安全风险。因此，企业在应用 5G 新技术的同时，需明确 5G 应用应具备的安全能力要求，并提出对应的安全参考架构，如图 7–14 所示。

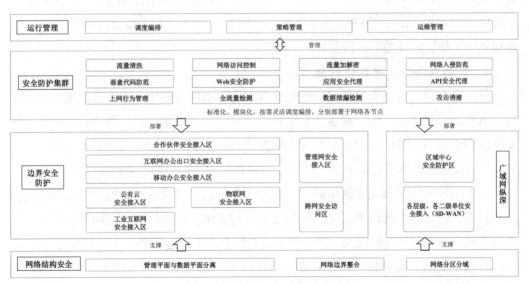

图 7-14 5G 安全架构

5G 安全架构包括终端安全、网络层安全、边缘计算层安全、云计算中心安全、应用安全和数据安全等。

3．深化网络安全合规管控

（1）落实国家政策法规和标准要求。依据国家、监管单位、行业的最新合规要求，持续优化企业安全规范，完善网络安全保障标准；持续修订相关安全管理制度和流程，确定网络安全规范的应用场景、应用要求、网络安全合规督查要求；定期组织实施网络安全规范应用技术监督，评估一体化平台网络安全合规率。

（2）等级保护优化和落实。依据国家网络安全等级保护标准，完善企业网络安全等级定级、备案、建设、测评、整改等流程和管理要求。落实等级保护新标准贯标专项工作，根据新标准要求梳理公司信息系统等级保护现状，重新确定已有信息系统的等级和防护措施的有效性，组织专项测评和备案。针对云计算、移动互联、物联网、工业控制网等重新梳理定级，依据等保 2.0 标准组织进行专项等保测评，并完成整改。

（3）完善网络安全责任落实与考评机制。落实网络安全主体责任，将网络安全纳入企业安全生产管理体系，明确全员网络安全及保密内容和职责，梳理各业务域、各级的安全行为准则及考核要求，并通过安全生产责任书将具体责任明确清晰落实到个人，确保网络安全责任全覆盖。完善网络安全综合评价指标体系，开展常态化的网络安全工作评价与考核，强化通报考核，严格责任追究。

（4）优化网络安全监督管理机制。优化网络安全监督管理组织与职责定义，加强监管人员队伍及支撑能力建设，采用专业第三方审计机构等措施推进监管模式及监管手段创新，加快网络安全通报、风险评测、应急处置、评价考核等监督管理制度的完善，确保各项工作有制可循、依法监督。

4．提高网络安全整体运营能力

（1）完善安全运行支撑平台。企业在数字化转型的过程中，需要建设面向安全实战化运营的态势感知平台，覆盖所有信息资产全面实时安全监测，持续检验整体纵深安全防御机制的有效性、动态分析安全威胁并及时处置相关安全风险，实现安全态势全面分析、逐级钻取事件调查分析、安全溯源和取证。态势感知架构如图 7-15 所示。

（2）加强网络安全人才队伍建设。随着企业信息化建设快速发展，企业业务向数字化转型，随之而来的网络安全风险和隐患日益突出。在网络安全保障工作中，人是极为重要的因素，只有形成人、技术和流程的融合，才能达到实战化的安全运营效果。

因此，要基于安全技术体系和安全管理体系，结合信息化体系和人力资源特点，提高企业网络安全团队，涵盖组织结构、汇报关系、成员构成、岗位设置、职级划分、岗位职责及薪酬体系等方面。根据岗位职责，结合网络安全人才框架能力模型，确定各个岗位的能力要求，综合设计网络安全实训课程体系，按照培训计划开展培训，从而建立一支具有实战化运行能力的团队，安全人才队伍建设示意图如图 7-16 所示。

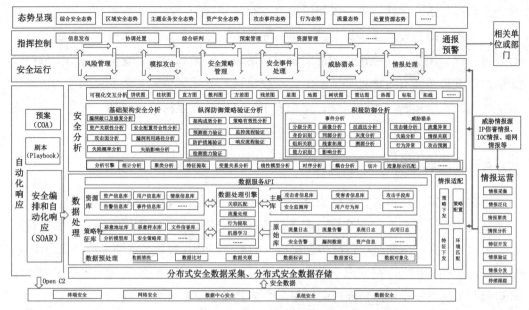

图 7-15　态势感知架构

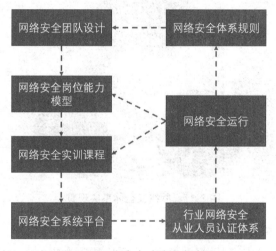

图 7-16　安全人才建设示意图

（3）提升安全运行能力。随着企业信息化不断建设，网络安全需要具备持续检测信息系统的安全状态以及发现问题及时处理的能力，同时部署的众多安全产品需要专业的人员持续管理、维护和优化安全策略，安全告警需要实时分析和处理，安全情报也要及时地分析和适配，发挥安全产品和服务的最大作用。

因此，实战化的安全运行体系是保障业务安全稳定运行的基础，通过安全运行活动将静态的安全产品构筑成为动态的安全防护体系。安全运行体系需涵盖安全运行团队、安全运行流程、安全操作规程、安全运行支撑平台和安全工具等。安全运行团队作为安全运行活动的执行者，需持续提升安全技能和安全经验并与先进的安全技术相匹配，发挥人防与技术融合提升的效果；安全运行流程和安全操作规程是保证安全运行人员合规、快速、准确执行闭环安全运行活动的依据和指导，安全运行团队依照既定的操作规程快速有效地处理安全事务。安全运行支撑平台和安全工具的建设也需要与实战化的安全运行能力相匹配。整个安全运行体系需要持续地评估、优化，提升安全运行体系的成熟度。

7.4.5 网络安全体系实现路径

企业网络安全体系的实现路径分为四个阶段：首先，持续加强网络安全基础建设，补齐安全短板；其次，以安全运行服务持续输出安全能力，实现网络安全的服务化转型；再次，加强网络安全运行与信息化运行的紧密聚合；最后，逐渐形成"面向成效、事件闭环、循环提升"的安全运行服务化体系，逐步实现"可知可信、可管可控、闭环运营"的网络安全总体目标。网络安全体系实现路径如图 7-17 所示。

图 7-17　网络安全体系实现路径

1. 持续加强网络安全基础建设

持续加强企业网络安全基础建设，以体系化的安全规划为牵引，通过科学、高质量的安全建设项目进一步补齐短板，夯实网络安全基础；以整体化、集中化、规模化的方式规划建设"安全基础设施"，确保信息化系统建立在安全"底座"之上，形成具备"精细化安全管控、体系化安全防御、实战化安全运行"的动态网络安全防御体系。

2. 以安全运行服务持续输出安全能力

以安全运行服务持续输出安全能力，实现企业网络安全的服务化转型，对共性的网络安全能力采用集中化、平台化方式统一建设，形成网络安全基础设施，同时开展日常化、制度化、规程化和可持续的实战化网络安全运行，并以标准目录定义和运行服务形式向信息化环境及信息化运维与开发等工作输出安全能力。

3. 加强网络安全运行与信息化运行的聚合

在信息化的工作流程中，以强管控方式进行安全控制，并通过"调用"安全运行服务来落实安全管控，加强网络安全运行与信息化运行的紧密聚合，从而消除以往信息化工作与网络安全防护工作存在的零散、割裂等弊病，通过多方协同实现对安全隐患和安全事件的闭环处理，从而使企业的安全运行能力内生于信息化环境，形成内生安全。

4. 逐渐形成安全运行服务化体系

逐渐形成安全运行服务化体系，面向威胁入侵、漏洞及配置缺陷、安全策略优化、威胁对抗、响应处置等工作，与信息化团队紧密结合，建立以数据驱动流程的标准化、服务化的网络安全模式，持续开展网络安全运行，实现网络安全防御体系循环提升，逐步提高企业网络安全工作成熟度，实现从网络安全运行向网络安全运营的蜕变。

第8章 数字化迁移规划

8.1 数字化迁移的平台化导向法则

以数字化平台作为企业发展战略，实施数字化迁移，是企业数字化转型的核心，如阿里巴巴集团（以下简称阿里）业务中台和 IT 中台的建立是阿里成功的关键一步，苏宁线下线上两个平台共享采销，支撑"苏宁电器"转型"苏宁云商"，等等。

8.1.1 阿里平台化数字转型案例

阿里首席执行官张勇多次表示，阿里永远是一家技术驱动、使商业有所不同、创造商业新赛道的数字经济体。阿里已经形成了一个横跨商业、金融、物流、云计算多个领域的独特的数字经济体，已经成为数字技术在中国过去十年巨大发展的典型代表。面向未来，这样一个庞大的经济体依然有无尽的想象力。如今大家想到更多的是互联网对经济和消费的影响，面向未来的 10～20 年，数字技术和它所承载的新一代互联网，会对政治、经济、商业、人文、民生等产生全方位的影响。

业务和 IT 中台的建立成为阿里成功的关键一步，其价值不是解决眼前的问题，而是应对未来更快的业务创新、更低成本的业务探索，图 8-1 展示了阿里中台对公司战略、业务以及人才体系的发展影响。中台是面向互联网企业新一代 IT 架构的体系化建设，包括业务架构、组织架构和人员绩效多方面因素。

阿里在 2005 年左右就开始建设的共享服务中心，后来逐步演变为中台功能。阿里中台实质是共享服务理念和企业级互联网架构的结合，与传统的中台概念还有很大区别。中台其实很久以前在 IT 规划和设计中就存在，特别是服务业和金融企业的 IT 系统都有比较明确的前台（销售和客户服务功能）、中台（风险和管理）和后台（后台业务操作）的划分。但阿里中台的创新之处在于以下三点。

（1）把中台从传统的仅仅是 IT 系统划分的概念，扩展到组织和业务单元的范畴，建立了独立的中台业务单元，统一负责中台的业务运营和系统建设。

（2）从客户体验角度开发中台功能，实现端到端的客户流程，而不是仅仅满足内部流程和功能的需要。

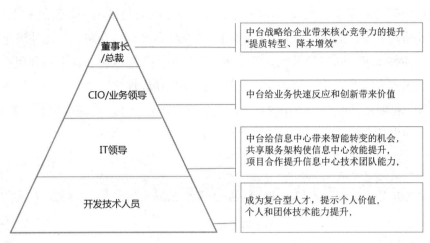

图 8-1　阿里中台对公司发展的影响

（3）完全使用互联网开源技术和开发方式建设中台，消除了跨业务部门的烟囱式系统，分布式架构满足了阿里的指数型爆发式业务增长。

现在阿里业务中台打造的案例，已经成为业务运营和 IT 建设的最佳案例，无论互联网企业还是传统企业都在效仿。但是阿里中台的建设也具有其生长环境和特定的条件，生搬硬套是不行的。总结阿里中台架构的适应条件，有如下三个方面。

（1）阿里属于科技公司，具有强大的自主开发能力。从底层的基础技术平台到业务应用系统，都自主研发，掌握核心技术。由于阿里采用嵌入式微服务集成，不需要第三方集成平台。但对于很多技术能力不足的企业，购买了很多商业产品软件，多个供应商之间的异构系统很难集成和打通，无法形成统一架构和技术规范的中台。

（2）阿里历史遗留系统和数据少，可以很快地切换到新的中台。但传统企业有十几年甚至几十年的系统和数据的积淀，牵一发动全身，需要逐步地解耦和梳理现有系统，发展适合自身情况的演化路径。

（3）强大的组织、文化和人才的软性能力的支撑。阿里是领导力和执行力很强的企业，汇集了全国互联网技术的顶级人才，充满了创新和快速迭代的氛围，是一般企业难以复制的。

初步分析了阿里中台的特点和搭建的必要条件后，下面进一步深入剖析其发展过程和系统架构。只有在充分理解的基础上，才能够站在巨人的肩膀上，实现本企业跨越式的数字化转型。

阿里集团从 2015 年年底开始启动中台战略，计划三年构建符合 DT（数据技术）时代的"大中台、小前台"组织机制和业务机制。作为前台的一线业务会更敏捷、更快速地适应瞬息万变的市场，而中台将集合整个集团的运营数据能力、产品技术能力，对各前台业务形成强力支撑。其实 2008 年的阿里和很多传统企业一样，也存在"烟囱式"系统架构。淘宝、天猫、1688 三个电商体系都有自己的一套系统和支持人员，系统重复建设和维护的成本很高。IT 部门一直处于业务支持角色，被动地满足业务部门提出的各种需求，同时数据也分散在多个系统里，标准不统一，很难利用。中台转型对于阿里也有很大风险，好比"给飞行中的飞机换发动机"。阿里 2009 年成立了共享事业部，将前台各业务线公用的业务沉淀，建立了用户中心、商品中心、交易中心、评价中心等十几个业务支持中心，如图 8-2 所示。

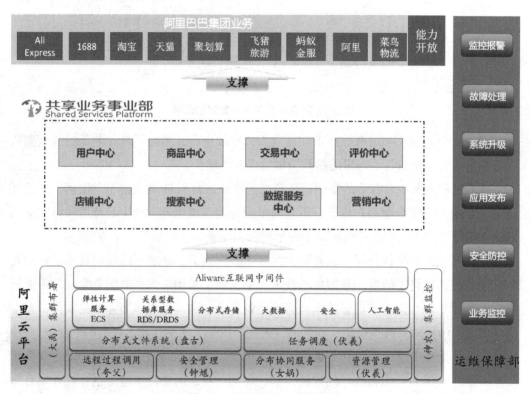

图 8-2　阿里集团 IT 中台架构

阿里共享服务中心包括以下四种。

（1）用户中心（UIC）。阿里集团统一的用户体系，统一了各个业务线分散的用户体系，提供统一的用户数据、存储和服务接口。用户中心构建了整个阿里统一的用户体系，统一的服务接口既简化了上层业务的使用，又方便了下游对用户的大数据分析。

（2）商品中心（IC）。淘宝有十几亿的商品，数据量大，数据架构复杂。商品中心功能有商品创建和描述、商品多渠道发布、商品日常管理、商品巡检和审核、支持日常运营、营销活动的商品数据分析、商品评价管理，各个业务线都可以用商品中心快速建立销售商品体系。

（3）交易中心（TC）。交易中心是电商交易业务领域的服务中心，包含交易相关的服务信息，如购物车、交易流程、订单管理、支持、结算、营销等。初期，淘宝的交易中心聚合了很多相关的业务服务，后来随着业务的发展，交易中心有了相应的调整，比如后来拆分出了营销中心。

（4）店铺中心（SC）。店铺中心承担了卖家店铺管理、店铺装修、店铺生命周期管理、店铺日常管理等业务，在店铺体系向外开放后，发展成全新的店铺装修服务商生态体系。

中台战略采用分阶段实施的方法，在第一阶段的四个中心建设完成后，后续又搭建了物理中心、营销中心、数据服务中心等。首先从用户中心建设开始，因为客户是被上层业务调用最频繁的服务，最大效率节省开发和维护成本的同时，也最能验证服务化后和系统解耦后给业务快速响应带来的效果。而且用户中心相比于商品中心、交易中心，业务复杂程度和重要性较低，可以测试新架构性能，降低项目风险。各个中心上线时，都成立了专门负责该中心运营的团队，显著提升了对业务需求的响应效率。系统在实现解耦后，服务的稳定性和可扩展性都得到了极大的提高。淘宝平台每天发生的服务调用有几千亿次，也能够保证客户 200 ～ 300ms 的页面反应速度。

共享服务体系对于大数据体系建设也十分关键。共享业务事业部成立后，阿里开始打造大数据平台，基于共享业务事业部各服务中心的数据，快速构建了早期的淘宝指数平台，可以从各个维度（用户、区域、行业等）展现各种业务指数，为集团和商家的业务决策和营销策略提供了有力的支持。

共享中台极大提升了业务灵活性，打造了业务创新的平台。创新业务可以通过对现有客户中心、商品中心、交易中心等服务的重复利用，快速和低成本地搭建新的前端业务。比如阿里团购平台——聚划算，十几个人的团队仅用了一个半月就成功上线，完成了其他公司数百人团队、数个月的工作量，没有共享中台长期的业务和服务沉淀是不可能完成的。

阿里中台在业务不断发展的过程中演进和磨合，其架构既体现了电商的业务特色，又包含了完整的技术支持体系。由于其灵活支持和快速响应能力，成为互联网架构的优秀实践案例和设计标杆。其他企业可以参考和借鉴阿里的架构，但也必须考虑不同行业和业务、组织形态的特点进行客户化后使用。

8.1.2　苏宁平台化数字转型案例

苏宁业务规模高速增长，已覆盖零售、金融、文创、体育、物流等多个业态。在2017 年大促销期间，苏宁易购业务实现了销售额 7s 破亿的记录，2018 年 4s 破亿、50s 破 10 亿，"双 11"当天销售额超过 200 亿。苏宁将信息化视为企业神经系统，集数据、语音、视频、监控于一体的信息网络系统，有效支撑了全国三百多个城市、数千个店面及物流、售后、客服终端运作和十多万人的一体化管理。信息化连锁平台与电子商务平台实现了充分的"融合"，不再割裂线上与线下，门店和其员工也融入电商运营。线下线上两个平台共享采购，又共同销售，传统的"苏宁电器"成功转型为"苏宁云商"，具体表现在以下几个方面。

（1）线上业务使货架无限延伸。由于卖场成本和场地的限制因素，利用线上便利的商品展示和渠道优势，可以发挥长尾市场的优势。线上长尾需求和单品销量不高的产品，可以媲美甚至超出主流产品的市场份额，给苏宁的销售额带来指数级的增长。

（2）通过资源的共享，把传统成本中心改造成新的利润中心。苏宁在二三线城市庞大的实体店体系，变型成为更多品牌的展示和广告宣传地，这不仅能带来新的利润而且促进品牌的多元化、规模化，降低了平均广告成本。

（3）线下的实体店在具备仓库的同时还拥有了体验功能。很多消费者还是倾向具有实体体验功能的商家，而苏宁的大规模实体店让其拥有京东、天猫等纯线上的传统B2C电商所不具备的巨大优势。

（4）数字化的物流业务又能充分发挥"零库存"优势。苏宁易购拥有快递业务经营权，投资200亿建立自己的物流体系，大大降低了库存积压，进一步降低成本。

同时，苏宁在全球有5个研发基地、10大核心数据中心、4000+系统、10000+名IT开发人员。

如图8-3所示，零售新模式对苏宁中台的压力主要集中在多渠道拓展带来的流量、业务的复杂度以及促销节奏的变化。零售的核心竞争力是销售渠道的拓展能力和供应链的保障能力。一个负责开疆扩土、一个负责保障供给，中台恰是这两端的枢纽。中台需要应对渠道变化、供应链保障能力的要求，中台的"承载渠道、输出供应链"核心职能更加凸显。

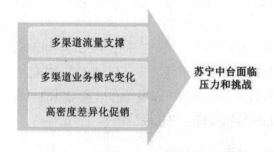

图 8-3　零售新模式对苏宁中台的挑战

苏宁多元化拓展自建渠道，除了满足自身需要，也逐步把渠道优势向外部商家开放，为商家赋能。线上渠道有苏宁易购、苏宁拼购、苏宁小店、苏宁红孩子等；线下渠道有苏宁门店、苏宁超市、苏鲜生、苏宁小店、苏宁红孩子、苏宁极物等。

苏宁合作渠道拓展采用"强强联手、为渠道赋能"的策略，目前外部渠道的合作正在迅猛发展，线上合作渠道有天猫、达令家、当当等，线下渠道有大润发、欧尚、卜蜂莲花等。新渠道带来的流量非常明显，对中台提出更强的渠道承载能力和供应链输出能力。

促销活动也是业务重要来源，需要能够灵活变化，完成快速引流、锁定用户达成交易、满足用户高频的购买体验、使线上和线下充分互动的功能。未来大型促销频度会越来越高，促销节日也会越来越多，需要更有能力的中台保障频繁多样的促销活动。苏宁通过在服务能力、监控能力、问题响应能力三个方面的核心能力建设，支持了渠道扩展、频繁促销、"双 11"大促等的业务发展需要。

经验、资源以及合作伙伴网络是传统零售行业涉足电商时代的巨大优势。苏宁通过其经营了近二十年的供应商规模成本优势，电商直销渠道使其拥有价格优势，其拥有的庞大线下营销网络以及渠道反而成为推动电商的独特竞争力。这是阿里构建大零售生态最想要利用的资源，也是阿里入股苏宁的主要原因。

8.1.3　通用电气平台化数字转型案例

韦尔奇在通用电气（GE）任期的 20 年创造了通用电气史上从未有过的辉煌，但 2008 年经济危机重挫 GE 金融等核心业务，当时的 CEO 伊梅尔特开始放弃韦尔奇的战略，从组织文化、业务结构、工作方式等多方面学习和借鉴硅谷创业企业，并从 2013 年正式开始向"数字化制造业"进军，斥巨资开发基于云的智能制造软件平台——Predix，这家工业界的百年老店，2020 年福布斯全球品牌价值 100 强排名第 20 位。

GE 管理者看到了数字时代平台经济的发展潜力，很多传统企业，如制造业、航空、电力、石油等产业的企业，基础设施成本很高，如果通过智能制造技术帮助他们节约大量资金，就可以收取高额的回报。GE 看似是很有前途的工业 4.0 商业模式，但是其经营业绩惨淡，上百亿美金的投入，全集团的推进，每年的收入不到十亿美金，最终 GE 不得不出售糟糕的数字工业资产，CEO 伊梅尔特也被迫离职，GE 数字化梦想已经破灭。

当今商业应用场景下，传统的大企业在成本和速度方面的劣势尽显无疑，以往的优势反而成为新时代的弱势。相反，很多互联网创新企业能够在扁平、共享、开放的环境下快速崛起。正确的战略，未必都能够实现。路径依赖和固有基因是失败的根源，GE 自我革新的精神和勇气值得我们学习，也成为数字化转型的前车之鉴。

数字化转型失败往往不是技术层面的原因，技术仅仅是工具和手段，关键的因素仍然是战略规划和运营模式的转变。不要为了数字化转型而转型，商业的根本还是要洞察未来行业的发展趋势，建立创新且有生命力的商业模式。即使有正确的战略和目标，如何在组织架构、业务流程、实施推广等方面落地，也需要企业架构方法论的指导，通过业务架构和 IT 架构的"双轮驱动"，才能达到预期的战略目标。

8.2　数字化迁移的信息化优先法则

从 PC 互联网时代到移动互联网时代，再到未来的数字化时代，企业在不断面临新商业模式、新技术、全球化的挑战。在移动互联和数字化经济体系中生存和发展，企业必须建立三个方面的核心能力，即差异化、反应能力、运营效率，如图 8-4 所示。

图 8-4　当今企业需要的竞争力

差异化：开创新的业务模式和商业价值，旧的模式将会被快速地颠覆。

反应能力：企业必须有敏锐的市场洞察力，并且能够对市场机会、客户需求和竞争对手做出快速反应。

运营效率：高效率和低成本是企业永恒的追求，只有应用新的技术和创新，才能实现持续优化。

8.2.1　企业信息化的压舱建设

企业数字化首先必须完成必然的企业信息化进程，企业建立了财务系统、客户关系系统、供应链系统、办公系统、ERP 系统等，大规模提升了企业的运营效率并降低了成本。以下为信息化建设的原则。

（1）以企业内部的需求为主，目的是提高企业内部运营的效率，但还不是"以客户为中心"。

（2）以内部流程优化和局部自动化为主，但还没有互联网化和平台化。

（3）能够提供数据分析和决策支持，但还需要人工决策而不是人工智能决策。

信息化的普及造就了 IBM、惠普、微软、Oracle、SAP 等行业巨头，它们为企业提供软件和硬件服务并获得了商业成功。但未来的数字化时代将出现一批新的行业领导者，将会是谷歌、亚马逊、阿里、百度、腾讯、华为这样的创新型公司。

信息化时代的主要理念和技术包括信息化使用的硬件和软件系统大部分都需要外

国企业提供。国内企业只能满足中小企业和低端的一些信息化需求，对信息化要求高的银行、保险、石油石化、航空等大型企业都采购了 IBM、Oracle、HP、EMC、微软等外国公司的技术和服务。国内欣思博等本土咨询公司帮助了很多大型企业规划和设计了企业业务架构和 IT 架构。国内的 IT 公司基本只能做底层的代码开发和实施工作，整体的设计思路和架构还依赖上述的跨国公司。

信息化技术更关注企业内部生产效率和管理效率的提升，但数字化时代更注重对客户的洞察和贴心的服务体验。随着中国互联网特别是移动互联网的爆发式发展，新时代四大发明"电商、高铁、电子支付、共享单车"的出现，使中国在互联网商业模式和技术应用方面已经追上了发达国家。阿里、腾讯、百度、京东等互联网巨头已经不满足自己快速的发展，而是通过平台赋能和技术输出，建立更高维度的生态体系。作为互联网行业最佳实践的缔造者和创新者，它们开始帮助中国传统企业实现数字化转型，成为技术服务行业新的挑战者。

信息化和数字化时代的对比如表 8-1 所示。

表 8-1　信息化和数字化时代的对比

	信息化时代	数字化时代
时间	国外：20 世纪六七十年代开始 国内：20 世纪 80 年代开始至今	国内外：21 世纪一二十年代
理念	以满足企业管理功能需求为主，提高运营效率	"以客户为中心"，优化客户体验和历程，全业务数字化
应用技术	硬件：大型机、小型机、网络设备 软件：业务系统、财务系统、ERP、办公软件等	云计算（SaaS、PaaS、IaaS）、互联网、大数据、AI、IOT、5G 等
领先服务商	IBM、Oracle、EMC、惠普、微软等	阿里、华为、腾讯、京东、微软、谷歌、亚马逊

8.2.2　数字化转型的乘船出海

当今企业的外部环境在迅速互联网化和数字化，倒逼企业不得不转型，否则会因为无法与外部的行业生态对接、无法满足生活习惯转变的客户而遭到淘汰。传统企业商业模式更加关注成本、质量，而新的商业模式下更加关心的是个性化的用户体验和服务、时效性和便利性。所有的新产品或商业模式基本都是围绕这些方面展开创新。

企业数字化的一个重要能力就是连接能力：连接你的客户，连接你的外部生态，形成一个生态共同体和协同体。数字化能够实现"万物的连接"和"世界的数字化"。对物理世界的完全数字化模拟和仿生被称为数字孪生（digital twin）。数字孪生是充分利用物理模型、传感器识别、运行历史等数据，集成多学科、多物理量、多尺度、多概率的仿真过程，在数字虚拟空间中完成映射，从而反映相对应实体的现实行为和全生命周期过程，能实现从产品设计、生产计划到制造执行的全过程数字化，将产品创新、制造效率和运行水平提升至一个新的高度。

数字化的本质是打破物理世界中所受空间和时间上的约束，通过数字化平台跨越过去、现在并预测未来，足不出户就能掌握企业产品和服务的一切情况。就好比一天24小时，每秒都给企业照全身 CT 片和血液化验，并实时进行自动体检和未来疾病的预测，一旦发现问题及时诊断和治疗。数字孪生集成了物联网、5G、大数据、AI、云计算等最新技术，实现了基于数据的、自动化的智能决策。很多大型企业都会使用数字孪生，并成为核心竞争力。数字孪生如图 8-5 所示。

图 8-5　数字孪生示意图

过去二三十年的信息化可以看作是企业内部流程的数字化，为很多企业打下了很好的基础，但是距未来全面的数字化还有很长的路要走。数字化绝不仅仅是技术的升级，而是企业业务和技术全面的转型。IDC 认为数字化转型分为五个重要维度，即领导力转型、全方位体验转型、运营模式转型、信息与数据转型、工作资源转型。

各个企业将会以数字化转型为核心重塑组织架构，管理层将发挥他们在数字化时代的新作用，成为企业数字化转型的主导；利用互联网平台对产品研发、设计进行广泛的客户意见采集，并且将数字化技术与产品融合，在产品智能化的基础上，提升客户使用体验与服务质量，增加售后服务市场收入，实现产品服务化创新；数字化技术的发展将促进全面的运营模式转型，打通产品研发与产品生产，乃至最终用户的闭环，并且实现可视化的管理和物流；利用物联网技术与基于大数据分析的场景感知升级、改造运营流程与模式，通过信息技术与运营技术的集成提升企业的运营效率与响应时间；通过供应链、工厂运营、产品与生命周期间的集成以获得新的商业价值；通过智能制造、物联网、机器人以及 3D 打印等新兴技术与生产的结合，提升生产效率，降低生产成本。

如图 8-6 所示，数字化不是仅对现有业务流程的 IT 化，而是对流程简化、客户体验和交互的互联网化，具体体现在数字化客户、数字化洞察、数字化 IT 和运营、数字化文化和人才、数字化组织和治理等方面。

图 8-6　数字化转型框架

欣思博等咨询公司调查表明，80% ~ 90% 的企业都急需数字化、智能化转型，但是有能力完成转型的企业只有 10%。大部分企业还在探索数字化转型的方法和寻找切入点。数字化转型 IT 的主要工作有：计算能力的云化；系统功能的服务化；业务流程的平台化。最佳的方法是先设计企业整体架构数字化，厘清未来转型的目标和路径，再通过新技术的引入和快速迭代逐步建立数字化能力和团队。

数字化由"业务"与"IT"两部分组成。无论在信息化时代还是数字化时代，系统方法论都是企业转型最佳的方法论。只有从业务、IT 两个方面全面规划和设计，协调演进才能实现企业战略目标。

8.2.3　信息化是数字化的前置

在已有一定 IT 基础的情况下如何持续开展建设？这时候需谨慎行事，切忌"饮鸩止渴"，勿盲目上线"改造"项目，形成新烟囱，并增加系统间接口的复杂度；勿要"形而上学"，不要盲目仓促采用新信息技术，应从业务本质着手解决问题；谨慎对待"推倒从来"，充分"利旧"，尽量保护组织现有资产；从业务流程框架梳理入手，厘清工作单元间的贡献关系，进行"主数据"梳理，而不要急于进行点对点接口开发，解决应用间信息互通的燃眉之急。

特别是不要迷信"专家权威"和"最佳实践"，应以企业架构为中心构建一体化解决方案，专家是提供理论、方法、工具等的能手，最佳实践仅有参考价值，企业必须要发现、培养、重用能提出正确的问题，抓住变革主逻辑，能够对内部单位、专家、合作方工作提出明确要求并进行质量控制的核心骨干，没有自主团队的数字化风险很大。而且，找到合适的系统化的方法比依靠"复合型人才"现实得多，建立体制比"运动式"的项目重要得多。

简单来说，经过系统化顶层设计的数字化，有利于数字化自身的降本增效、科学有序，并要做到"不唯书、不唯他、不唯洋、不唯上、只唯实"。

8.3 数字化迁移的综合分析

8.3.1 数字化迁移的参考框架

中关村信息技术和实体经济融合发展联盟牵头编制了 T/AIITRE 10001–2020《数字化转型 参考架构》、T/AIITRE 10002–2020《数字化转型 价值效益参考模型》、T/AITRE 20001–2020《数字化转型 新型能力体系建设指南》等。这些标准共同构成一组密切相关的数字化转型系列标准，为企业数字化转型提供指引与参考。

其中 T/AIITRE 10001–2020《数字化转型 参考架构》给出了数字化转型的总体架构。本节将引用该标准的内容及一部分国资委网站对于该标准的解读。

如图 8-7 所示，数字化转型参考架构的总体框架包括五个视角、五个过程和五个发展阶段。

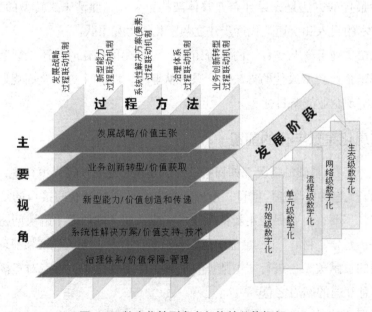

图 8-7 数字化转型参考架构的总体框架

五个视角：给出数字化转型的任务体系，包括发展战略、新型能力、系统性解决方案、治理体系和业务创新转型。

五个过程：提出数字化转型的方法体系，针对数字化转型的五个视角，分别给出其对应的过程联动方法机制，并构建相关方法机制之间的相互作用关系。

五个发展阶段：明确数字化转型的路径体系，将数字化转型分为初始级数字化阶段、单元级数字化阶段、流程级数字化阶段、网络级数字化阶段和生态级数字化阶段。

发展战略视角提出新的价值主张。根据价值主张新要求，新型能力视角打造支持价值创造和传递的新型能力（体系）；系统性解决方案视角创新价值支持的要素实现体系，形成支持新型能力打造、推动业务创新转型的系统性解决方案；治理体系视角变革价值保障的治理机制和管理模式，构建支持新型能力打造、推动业务创新转型的治理体系；根据价值主张新要求，基于打造的新型能力（体系）、形成的系统性解决方案和构建的治理体系，业务创新转型视角形成支持最终价值获取的业务新模式和新业态，具体过程如图 8-8 所示。

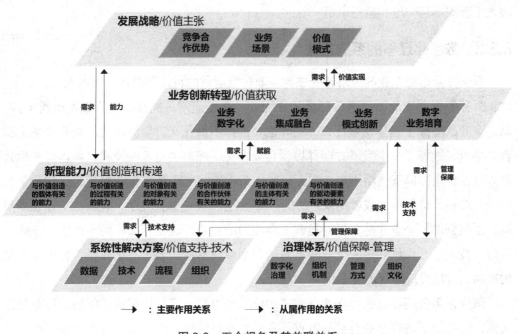

图 8-8　五个视角及其关联关系

许多企业在做数字化转型工作时，忽视与战略的对接，战略恰是数字化的源头，值得重视。

8.3.2　数字化迁移的战略引领

战略指导执行，数字化转型必定也是通过战略牵引的，通过数字化战略明确转型的业务目标和成果是很重要的。每个企业都具有不同领域和优先级的变革目标，但确认共同努力的目标是成功的第一步。

转型聚焦：只有聚焦才能高效转型，数字化转型的焦点应该是建立以客户为中心的业务体系，聚焦提高客户的体验，并根据客户需求变化持续反应。

资源投入：没有投入就没有产出，准备专门的投资用于数字化转型，对于支持商业模式创新，以及流程、产品和服务的优化是必不可少的，新技术的研发和引入也需要人力和资金支持。

现在流行一些比较有价值的观点：交易生产数据，数据成就平台，平台成就生态，生态成就生态型企业；"要么创造生态，要么融入生态"成为新的行业游戏规则；生态优势不再是零和博弈，它强调的是共赢、共生、共融；生态优势不再追求"为我所有"，而是"为我所用"。

每一个做数字化建设或做数字化转型的企业肯定不会忽略其所在的产业、生态等环境因素，大都有一颗奔着搭建生态而去的雄心，但自行搭建一个生态体系或者尽快融入生态圈不是一蹴而就的事情。

8.3.3　数字化迁移的系统方法

系统方法是把企业的战略转变成为企业日常运营的目标和形式，明确人员、资金、IT、服务等企业资源如何进行部署和分配。一个企业不可能在所有方面都做得最好。制定企业战略除了选择要做什么，同时也要选择不做什么，很多成功的企业就是根据自身特点，选择了一个发展方向并做到行业领先。战略决定业务模式，所以业务模式设计时需要明确以下战略决策：需要开展什么业务？产品/服务的市场定位，比如是提供最高端还是最低价，或者是最可靠的产品/服务？企业如何竞争，是低成本还是高质量，还是创新？企业战略目标对运营平台能力的要求，具备什么样的生产能力、硬件设施、技术、合作伙伴等？企业战略对运营平台灵活性的要求，比如是否提供客户化的产品，市场反应速度需要多快？

国内很多公司还没有建立业务模式的体系和方法，盲目地采纳了所谓的行业最佳实践，但是却不适合企业自身的特点。有些企业虽然通过流程改造等方法做了局部的优化，但是没有开展支持企业战略的全面的业务模式优化和创新。很多企业试图在各个方面都做到最好，但却分散了精力，没有自身的特点，行业同质化严重。业务战略其实不只是决定什么要做到最好，也要决定什么不用做到最好，而是通过系统方法，能够清晰地反映企业战略方向和决策。

系统方法就是使"大象跳舞"的方法，使企业的各领域形成一个有机整体，成为这些领域的"黏合剂"。当企业面临的内外部环境发生变化时，系统方法可以帮助企业分析影响，采取适当行动进行应对，帮助企业建立快速响应变化的能力。简单总结系统方法是：系统的描述、分析、改变企业的结构和组成，从而达到实现企业目标的方法。

工业界常用的系统方法有企业架构（TOGAF、FEA、DoDAF 等）、卓越绩效模式、精益体系等。尽管这些经过检验的方法内容有差异，但其核心逻辑均一样，那就是企业/组织是一个整体，各单位之间通过联系相互影响。为了贴近工业界的使用习惯，下面将采用企业架构这个名称来等同于系统方法。

The Open Group 组织对企业架构的定义：企业架构是企业组件的结构、组件之间的关系，以及制约组件设计和随时间演进的原则和指南，即"企业架构＝企业组件＋组件之间的关系＋原则和指南"。这个定义很能体现"演进"（evolution）的思想。组件、组件间的关系是基本元素，这些基本元素依照既定原则和指南发生交互。随着场景的变化和时间的推移，元素及元素间的关系依照规则有序地演变进化。从定义来看，企业架构是动态的事物，实际上，企业架构可以使各项工作快捷地获得相关工作的成果，并为其他相关工作进行有效支持，能够帮助企业将复杂的组织和工作变得"简化、有序、高效、自行演进"。

企业架构上衔接战略，下连接数字化实施。其中，业务架构描述企业战略、运营模式、能力、流程、组织、绩效、治理间的结构和交互关系，这是整个企业架构的基础。

其中，业务模式是企业战略转化为实际日常运营的必经之路，好比是一个基础平台，是企业相对稳定的核心。企业在业务架构上建立的流程和业务功能能够满足市场、客户不断变化的需求，做到差异化竞争。业务模式定义了企业如何创造价值，企业内外部的协作关系，描述了企业如何满足客户需求，进行市场竞争，与合作伙伴合作，建立运营体系，考核绩效等。业务模式是战略决定企业各组成部分如何运转的工具，建立了企业战略与日常运营之间的关联关系。宏观层面的企业战略需要通过业务模式进行分解，使战略范畴落实到战术范畴。通过运营对战略的支持，才能够达到企业预先设定的业务目标。

假设企业的战略目标是降低运营成本 20%，实现该战略目标则要对现有的业务模式进行改造。比如可以采用线上自助服务，缩减客服人员 40%；或者改造现有业务处理流程，取消 20% 业务价值低的环节等方案。日常运作的组织、流程、IT 系统都应该是在业务模式先导下运转的，如果没有业务模式而直接组织和建立企业的日常运营，就会出现运营与战略脱节、各个业务环节缺乏统一协调等问题。其实所有企业都存在业务模式，有的企业是先设计后实施的架构，还有很多是没有全局设计，随业务发展不断自然演化的架构。当企业发展到一定规模后，专业设计的架构会提高企业的效率和竞争能力，避免出现企业管理中顾此失彼的问题。

业务的开展依赖数字系统的支持，而数字系统的需求也来自业务。如何使业务与IT的关系协调一致一直是企业管理者关注的问题。只有根据业务模式设计IT架构才能使企业的战略目标和业务模式、流程落地。业务与IT之间只有相互支持时才能带来最大的收效。对多家企业研究的结果表明，单独IT架构的优化可以为企业带来2%的业务增长，单独业务架构的优化可以带来8%的增长，如果业务和IT可以相互支持，企业达到总体优化时可以带来20%的增长。

8.3.4　数字化迁移的文化塑造

企业成长到一定规模，面对问题时需要多个专业团队一起解决。人员由于专业背景不同、视角各异等，对问题的认知、表达方式和与之对应的解决方案会有天然差异，有些项目还需要外部咨询公司或者IT厂商参与。从以往实践来看，管理咨询公司和IT实施厂商各有所长，企业只能将业务咨询和数字化开发工作拆开进行，经常遭遇管理咨询项目成"虎头蛇尾"、数字化项目成"无源之水"的情况，这个风险是不能忽视的。相关项目需要注意如下问题：项目组如何有效沟通？各专业人士如何发挥所长？成果如何沉淀？如何发挥组织合力？

而企业架构方法可以使项目组在同一个语义、语境下协同开展跨领域，能在同一个事情上进行有效沟通，做到用"相同的方法""相同的语义环境"，讨论"同一个问题"，形成"同一个结论"，使用"统一过程"，协作落实变革工作。变革工作的难点不在于理论、方法、工具、模板等，而在于"多边沟通达成一致且用标准化方式进行表达"的过程，简单来说在于"统一思路、统一行动"。

现代企业的数字系统已经成为核心竞争力，以企业架构为依据，从全局上指导、把控各个数字系统的设计方案，能够保证整体工程建设统一、规范、有序地开展。项目组内部共用同一过程，可以保障行为和内容的一致性。跨领域团队沟通如图8-9所示。各单位理解各自职责、工作、贡献；各单元可以利用别的单元已有成果；各单元的工作可以支持其他单元；各工作有序进行、个人与团队有效协作；各单元协调简洁高效，尽量避免冲突；让复杂工作简化、有序、可控、高效；使企业依赖流程、协作及即有资源、能力，而非"牛人"与"英雄"。

跨领域沟通相关方

1. 针对规则和目标，相关方原则：
　(1) 规则的设计者，一定要包括其主要执行者；
　(2) 规则的所有者（负责规则升级工作的发起），最好是执行者之一；
　(3) 相关行政部门是规则的管理者、审计者、指导者、被知会者；
　(4) 目标责任方及相关方…

2. 针对事件，相关方原则：
　(1) 事件受影响者；
　(2) 规则相关方…

> 针对问题，
> 查验管理资产库。

"民主集中制"：民主型组织
+ "统一表达" ：语言、术语、陈述方式
+ "统一行动" ：拟定方案和计划…
= "统一思路、统一行动"

图 8-9　跨领域团队沟通

8.3.5　数字化迁移的资产演化

这里的资产是一个广义概念，不仅包括看得见的有形资产（IT 设备、生产设备等）和看不见的无形资产（软件、知识产权、土地所有权等）等传统意义上的资产，还包括环境、战略、业务、流程、组织、数据、应用、IT 等领域的元素，以及这些元素之间的关联等。简言之，只要能为企业带来增值效用的事物都可称为资产。

企业资产库本质上是企业架构中相关信息的另一个表现形式。资产库中存放资产描述、资产间关系等"结构化"的信息。企业资产库可以帮助企业减少或消除重复项目、降低成本、提高可靠性、增加灵活性，将企业从一个繁杂的、职能部门各自为政的、低效的状态迁移到一个更加有序的、流程化的、高效的状态，深度挖掘业务流程和 IT 系统的潜力。企业资产库也是一个动态的事物，实际情况发生变化时要进行更新。企业架构决定企业资产库的内容，企业资产库为辅助企业架构的落地工作而生。

在企业数字化/信息化实践中，若有资产库的支持，相关工作将会变得简单、快捷而有效。比如，企业要对某项关键流程进行变更，通过企业资产库，可以很快地发现谁是流程所有者、流程是哪些部门执行的、运行在哪些应用系统的哪些功能模块中、跑了哪些数据、会对主数据带来哪些影响等；再比如，产品编号长度不够用时，通过查询资产库，马上就会知道，该主数据被哪些应用系统引用了、相关数据表名、在什么数据库中、数据库管理员是谁等。简单来说，有了企业资产库，企业可以很清楚自己的家底，任何变化都能有的放矢，且可以帮助进行代价评估等。

资产库主要用于查询、提供有用决策信息，而关于相关变更是否要被执行，是否符合策略、标准和要求等评估工作，则还是要听从企业架构的指导。

资产库的作用如此特殊，所以在本模型中，资产库与其他所有部分直接由双向箭头连接。一方面记录其他部分的更新信息，另一方面为其他方面进行变更提供参考和

支持。

企业资产库管理维护流程使企业资产库治理工作顺利开展，保持企业资产库的准确、及时和完整。

8.3.6　数字化迁移的项目管理

企业数字化建设是系统工程，必须要用项目管理有效开展项目建设落地。

项目管理含在战略实施中，关系到战略落地是否能够成功。项目管理工作应涵盖全部管理类项目与数字化项目。管理类项目是内部管理职能的落地，数字化项目主要是业务数字化的落地，要保持两类项目的对齐。依据企业架构设计，在战略实施环节会识别出多个项目、项目集、项目组合等，并通过这些项目的实施最终实现企业战略的落地；最下层是日常运营。

8.3.7　数字化迁移的风险分析

领先的公司已经把商业活动的每一个环节都建立在数据收集、分析和行动的能力之上，企业商业的本质依然是"低成本、高效率"的运营以及正确的决策。企业必须以事实数据为基础，分析和优化各个运营环节，这种以基于数据的决策和优化的工作方式，其基础就是企业运营的数字化。数字化企业的比较优势已经很明显，比如新零售对传统零售的冲击就是很好的证明。不仅是在零售业，在银行、保险、物流等行业更是依赖于基于数据的分析和创新。对于具有远大愿景、希望发展壮大的企业，进行数字化转型是必然的选择。

1．深入了解自身业务情况的需要

只有把大部分业务活动和流程数字化后，才能使企业真正了解自己的运营。

比如阿里 2014 年开发的"业务校验保障平台"（BCP），对各个业务单元的交易进行业务和逻辑校验，发现与业务规则不一致的订单。仅 2014 年"双 11"一天，就发现了 10 万个问题交易，不仅可以及时解决客户问题、提升客户体验，也为企业减少了损失，节约了运营成本。这就是业务全面数字化的威力。很多企业的业务数据和财务数据经常会出现偏差，但对于数字化程度差的企业，常常无法解释其发生的原因，手工调查则会浪费大量的人力物力。

2．快速业务创新能力的需要

当今竞争环境需要传统企业也具备和互联网公司一样的快速业务创新能力。旧的信息化建设取得了很好的效果，但是未来的竞争无法预测，需要快速迭代的能力，旧的发展方式已经不能满足互联网时代的速度。很多企业业务部门都面临类似的问题：IT 部门的开发周期太长，系统开发好了，市场和热点已经过去了。应用系统支持总是落后于市场的节奏，总是很被动。传统信息化建设的周期长、成本高的问题阻碍了创新的实施。

3. 建立大数据资产的需要

如果没有数字化，就没有大数据的采集和分析使用。未来商业的创新和运营效率的提升都是建立在对数据的深入分析和挖掘的基础上的，没有数据的企业必将失去竞争能力。

4. 共享、开放的业务平台建设的需要

互联网是一个多方合作和共享的平台，互联网生态中拥有众多线上客户和流量。传统企业业务拓展的重要手段就是和互联网生态体系合作，实现系统和平台的对接，这就需要企业业务的全面数字化和互联网化。

5. 建立行业生态体系的需要

未来的竞争已经从单个企业间的竞争发展转变为生态平台之间的竞争。企业需要沉淀核心竞争力，输出企业的数据和服务能力，把行业内的上下游和跨行业的合作方都吸引到自己的平台上。所有的参与者都发挥自己的创造力和价值，进而融合发展和创新。企业的 IT 不再是单纯的成本中心，而是成为企业生态系统的搭建和运营者。

但正如企业信息化建设中众多失败案例一样，在数字化的道路上也存在很大的风险。从通用电气等商业巨头，到中小企业的很多数字化转型的案例分析可以总结出数字化转型失败的主要原因。

一是战略和业务目标陈旧。传统企业战略模式更加关注成本、质量等，而新的商业模式下更加关心的是个性化、用户体验、服务、时效性和便利性，所有新的产品或商业模式基本都是围绕上面的内容展开，而这些举措的本质又是进一步打破原来产品或服务所受到的空间和时间上的制约。

二是客户需求把握和体验友好性不足。电商平台、O2O 线上线下、VR 虚拟体验、上门服装定制、到家服务等，最终目的都是为最终客户提供更好的用户体验，提升服务的时效性和个性化，最大限度地减少中间渠道。企业数字化一个重要能力就是连接能力，连接企业的客户，连接企业的外围生态，形成一个生态共同体和协同体。

三是文化和人才的不足。欣思博咨询一项研究发现，对于传统企业数字化而言，文化和人才的缺失是最大挑战之一。要通往数字化的成功之路，需要提前制定转型战略，初步创建试点项目，梳理需要建立的数字化能力，成为大数据分析领域的专家，建立一套转型和进化的方法。要培养数字文化，必须吸引和培养数字化人才。在数字化时代，无论是传统企业还是互联网公司，都缺乏数字化人才，发现、招募并留存数字人才就成了企业转型战略的重中之重。

8.4　数字化迁移的典型企业案例

8.4.1　案例企业背景分析

"十四五"期间,互联网、大数据、云计算、5G、BIM技术,都在不断地冲击着所在行业,以新一代信息技术为代表的科技革命正不断催生产业变革,对建筑企业在自主创新、智慧建造、绿色经济、产融结合、数字化发展等方面提出了新的发展要求。基于数字化,所在行业将在体验、效率、成本三个方面构建新的商业模式,其商业模式将趋于产品化、数字化、社交化;所在行业的组织模式将进行变革,公司平台化、项目产品化、员工创客化趋势将更加明显,标准化、数据化、模块化、云化等将推动IT信息化进行重构。

"十四五"期间,随着国企、国资改革步伐的加快,通过改革获得更高质量的发展将成为重点内容。案例企业面临着加快完善中国特色现代企业制度,健全以监管资本为主的国有资产监管体制,深化企业混合所有制改革,加大创新投入,深化公司治理结构、产权等方面的改革等任务,需要按照国资监管信息化的有关要求,深入推进案例企业监管信息化建设,从整体运营层面实现对各级法人和管理实体的在线监管,推动国有资产监管实现制度完备、标准统一、管理规范、实时在线、精准有力,确保国资监管到位,促进国有资产安全,防止国有资产流失。

8.4.2　滚动建设指导原则

1. 坚持"业务驱动、标准先行"的原则开展建设

充分挖掘和梳理业务痛点,围绕案例企业经营发展战略,结合国资国企改革要求,以标准规范为基础,以业务战略需求为驱动,推动标准规范在数据、系统、安全、接口等建设过程中的落地,优先解决经营管理、生产管理等涉及全局的紧迫性应用系统建设问题。

2. 坚持"全面协同、持续提升"的原则开展建设

推进BIM、云计算、人工智能、物联网等信息技术与经营生产业务的结合,建立"管理与生产之间""总部与子公司之间"纵向协同以及"设计与施工之间""各分子公司之间""不同专业之间"横向协同,推进"人、资、经济"等集中管控,打通端到端的流程,推进信息化与主营业务的有效融合。

3. 坚持"全面互联、智慧应用"的原则开展建设

瞄准行业数字化转型需求,以产业互联网为方向,以一体化技术平台为支撑,构

建以数据流通为重点的网络互联互通体系，搭建云服务设施及数字化应用体系，推进业务数字化、企业数字化与产业数字化，全面支撑智慧工地、智慧交通、智慧市场、智慧制造等应用。

4. 坚持"安全可靠、自主可控"的原则开展建设

全面落实网络安全责任制，深入推进等级保护制度，加强网络安全管理体系和技术体系建设，构建零信任机制和动态纵深综合防御体系，落实"三化六防"要求；进一步推进软件正版化要求，开展服务器、终端、中间件、数据库、应用系统等国产替代工作，提升自主可控能力。

8.4.3　建设优先级建议

结合所在行业数字化转型及国资国企改革需求，基于梳理分析的信息化建设原则，从全局影响性、需求紧迫性、战略前瞻性、业务支撑性等方面提出如表 8-2 所示项目优先级建议。

表 8-2　案例企业信息化项目优先级建议

序　号	类　别	项 目 名 称	优先级建议
1	基础设施	云数据中心建设（含网络建设）	★★★★
2		互联网出口统一收拢	★★★★★
3		灾备中心建设	★★★★
4		企业上云实施	★★★
5	数据中台	数据集成交换平台建设	★★★★★
6		数据共享中心建设	★★★★★
7		数据管理平台建设	★★★★★
8		大数据处理分析平台建设	★★★
9	技术平台	一体化技术平台数据组件完善	★★★★
10		一体化技术平台功能组件完善	★★★
11		各单位系统与一体化平台集成	★★★
12	管理信息化	人力资源业务系统完善	★★★★★
13		财务管理业务系统完善	★★★★★
14		经济管理业务系统深化建设	★★★★★
15		国资在线监管平台建设	★★★★★
16		安全生产管理系统建设	★★★
17		金融管理系统建设	★★
18		投资业务管理系统建设	★★
19		物贸管理系统建设	★★

续表

序号	类别	项目名称	优先级建议
20	管理信息化	监管平台与其他系统集成	★★★★★
21		其他应用系统之间的集成实施	★★★★★
22		统一企业门户系统建设	★★★★
23	业务数字化	业务标识及统一编码系统建设	★★★★
24		勘察设计协同工作平台建设	★★★★★
25		工程项目管理系统建设	★★★★★
26	企业数字化	智慧工地监管平台建设	★★★
27		智慧交通管控平台建设	★★★
28		智慧制造管理平台建设	★★★
29		智慧企业运行平台（或综合决策分析平台）	★★★
30	产业数字化	供应链管理系统建设	★★★
31		电子商务系统建设	★★
32		智慧建筑平台建设（数字产业链）	★★
33	网络安全	应用系统等级保护测评及网络安全加固	★★★★★
34		网络及边界安全专项建设	★★★★★
35		云平台安全防护建设	★★★★
36		身份安全（零信任）建设	★★★★
37		统一密码服务平台建设	★★
38		终端安全建设	★★★★★
39		面向资产/漏洞/配置/补丁的系统安全建设	★★★
40		应用开发安全建设	★★★
41		内部威胁防控体系建设	★★★
42		数据安全建设	★★★
43		工控网安全试点示范项目建设	★★
44		移动办公安全建设	★★★★★
45		5G 安全试点项目建设	★★
46		物联网安全试点项目建设	★★
47		综合信息安全监控平台（四期）建设	★★★★★
48		网络安全运行体系建设	★★★★★
49	治理体系	网信管理制度完善	★★★★
50		业务、技术、数据、应用等基础性标准体系建设	★★★★★
51		网络安全、架构、运维等扩展性标准体系建设	★★
52		IT 组织架构优化与调整	★★★★
53		架构管控流程设计	★★★
54		新技术应用与预研	★

（注：标★的数量越多，代表优先级程度越高）

8.4.4　五年实施路线

根据所在行业数字化转型发展需求及国资国企改革形势，结合案例企业"十四五"业务发展目标，按照系统工程的思想分阶段、分步骤推进信息化建设实施，按照夯实基础、完善平台建设、深化集成应用、推进数字化转型的路线实施推进。结合制定的项目优先级建设建议，以下为 2021—2025 年实施计划的安排。

1. 2021—2022 年

（1）基础设施方面：梳理案例企业现有网络，开展企业内网建设和互联网出口改造，建设统一云管平台，初步实现现有资源的统一纳管。制定数据备份中心使用规范，完成数据备份恢复选型。

（2）数据中台方面：结合数字化转型及监管信息化建设要求，推进完善数据集成交换平台、数据管理平台、主数据库、业务数据库、元数据库等建设，开展国资监管相关业务数据采集服务建设，实现国资委采集交换平台与案例企业集成平台的对接及数据自动获取，推进人员、机构、项目、银行账户、供应商等主数据共享服务在其他应用系统中的应用。

（3）技术平台方面：结合主数据梳理及主数据标准建设，进一步丰富一体化平台中主数据服务组件建设，推进一体化技术平台与数据中台的集成；围绕"人、机构、项目"主线，开展业务流程梳理，结合业务系统建设，开展共性业务功能梳理。

（4）管理信息化方面：完善人力资源业务系统中薪酬、社保、培训等功能，完善财务管理系统报表、统计分析等功能，统筹完成物资采购管理系统及设备管理系统建设；完成金融管理系统、投资业务管理系统、物贸管理系统等系统建设实施；按照国资数据综合管理及自动采集要求，推进国资监管平台与人力资源、财务管理、经济管理等业务系统的集成。

（5）业务数字化方面：开展业务标识及统一编码系统建设，推进勘察、设计、监理、总承包、咨询、经营管理、项目管理等业务统一编码；加快勘察设计数字化平台建设及工程项目管理系统建设，加快 BIM 研究、工程 BIM 建模以及 BIM 在建筑设计、施工等领域的应用。

（6）企业数字化方面：开展工地、交通、制造等领域的数字化应用场景梳理与分析，建设和推广应用智慧工地平台、智慧交通平台、智慧制造平台、智慧企业运行平台、智慧市场平台。研究开展数据计算、运转流程、数据分析等模型建设，构建面向人事、项目、投资、财务、风控、物资、勘察、设计、施工等业务领域的指标体系。

（7）产业数字化方面：以数据流通及产业链发展为重点，梳理分析案例企业建筑产业链上下游的物资、产品、客户、供应商、合作伙伴、市场等诸多资源要素，开展供应链管理系统、电子商务系统、智慧建筑平台（数字运营平台）等方案设计。

（8）网络安全方面：完成在建及新建系统的等级保护备案、测评及网络安全加固；完成广域网中心网络安全防护（含 SD–WAN 网络安全）及网络安全统一归口管理（含国资委网络安全监管平台）建设；与云数据中心同步开展云网络安全和大数据网络安全建设；开展身份网络安全（零信任）和密码网络安全基础网络安全设施建设；开展终端及接入环境网络安全、面向资产/漏洞/配置/补丁的系统网络安全建设，完善现有网络安全防御条件建设，提升网络安全运行能力，初步构建动态的、纵深的、协同的防御体系，具备应对重点风险的能力。

（9）治理体系方面：完善网信管理制度，优化 IT 组织架构，制订数据、技术、应用、业务标准体系；开展新技术应用及预研。

2．2023—2024 年

（1）基础设施方面：统一云资源平台，实现对数据生产中心和数据备份中心基础设施资源的统一纳管；开展案例企业管理中心、生产中心与备份中心之间网络建设、案例企业广域网及海外网建设；开展数据备份恢复演练，配合规章制定在案例企业内部进行推广；针对案例企业业务部门及下属二三级单位的业务系统迁移生产中心，制定业务系统迁移上云规范和方案。

（2）数据中台方面：基于数据管理平台开展元数据管理、主数据管理、数据质量管理、集成监控等工作，推进主数据及业务数据治理；完成大数据处理分析系统建设；进一步丰富数据采集及存储服务，基于数据共享中心中的主数据库、业务数据库、主题数据库等，整合非结构化文件、流媒体数据、日志数据等，初步建设案例企业数据湖。

（3）技术平台方面：推进一体化技术平台在系统内各单位的深入应用以及与各单位业务系统的集成；完善一体化技术平台中共性业务功能组件，提供共性业务功能服务，支持其他系统对业务功能调用。

（4）管理信息化方面：完成安全生产系统、企业统一门户系统等建设，开展经济管理业务系统、人力资源管理系统、财务管理系统之间以及与其他管理应用系统之间的集成；推进基于统一门户的统一认证、集中展现和综合管控，基于大数据处理平台开展对结构化管理数据的挖掘分析，支撑管理决策应用。

（5）业务数字化方面：基于统一编码、标准、流程等，加速推进工程现场业务数字化，开展 BIM、工程项目管理系统、勘察设计数字化平台、智慧施工平台等之间的集成，推进设计施工一体化、多专业协同、跨单位协同等应用，打通端到端的流程，将工程项目预算、合同、成本、绩效等要素与勘察设计施工等作业进度进行有效衔接，实现精细化管理。

（6）企业数字化方面：结合新技术进展，进一步完善和推广智慧企业运营平台、智慧交通平台、智慧制造平台、智慧工地平台，完善企业数据资产管理，推进智慧企业运营平台与智慧工地、智慧制造、智慧交通等平台的集成应用，推进企业数字化与工程业务数字化集成，深化人力资源、财务管理、经济管理等核心系统与工程项目管理、勘察设计数字化及 BIM 的集成，构建面向企业内部的互联互通的数据体系。

（7）产业数字化方面：建设供应链管理系统、电子商务系统、智慧建筑产业平台等系统，推进与外部政府服务平台、银行、第三方物流等系统集成，推动供需两端对接和资源流通。

（8）网络安全方面：开展综合信息安全监控平台态势感知建设，实现网络安全数据分析、态势可视化系统的能力，集成威胁情报、自动化响应（SOAR）具备快速分析网络安全威胁、处置网络安全事件的能力；开展网络管理平面建设，实现数据平面与管理平面分离；开展应用开发网络安全专项建设、内部威胁防控体系建设，围绕数据、系统、应用等网络安全防护需求，结合统一密码服务，完成零信任网络安全防护机制，完善基础设施、终端、数据、平台、应用等各层面的网络安全防护，同时进一步提升整体网络安全运行能力；形成积极主动的防御能力，面对突发威胁能快速触发响应措施，迅速、弹性恢复业务运转。

（9）治理体系方面：制定网络安全、架构、运维等扩展性标准体系，完善标准体系；开展架构管控，推进架构治理。

3．2024—2025 年

（1）基础设施方面：开展案例企业云数据中心资源运营活动，保障云数据中心的价值可衡量；完成业务部门及下属二三级单位的业务系统迁移上云。

（2）数据中台方面：深化数据采集、存储与管理服务，加强数据治理，丰富数据湖；完善主数据、业务数据等数据服务，初步建立完善的数据资产管理体系。

（3）技术平台方面：结合人力资源、财务管理等管理信息化及智慧工地、智慧制造等数字化平台建设，进一步丰富完善数据组件和业务功能组件，初步建立完善的技术平台体系。

（4）管理信息化方面：进一步加强数据集成与共享，深化管理应用系统之间的集成，将管理延伸到生产作业，深化精细化管理，构建"横向到边、纵向到底"的信息化管控体系。

（5）业务数字化方面：深化以 BIM 为中心、以项目为主线的数字化协同建设，推进 BIM 在建筑规划、咨询、设计、施工、总承包、工程项目等业务中的应用。

（6）企业数字化方面：以智慧工地、智慧交通、智慧市场、智慧制造、智慧企业等平台为基础开展数字化运营与管理，初步构建数字化运营体系，推动企业经营方式转变、组织模式变革、服务方式改进和生产模式革新，进一步为企业降本增效。

（7）产业数字化方面：以供应链管理、电子商务、智慧建筑产业平台等数字化平台为载体，围绕数据互联互通和价值交换，推进以数据为重点的连接、沟通、互动与交易，初步构建产业数字化体系和生态体系，实现深度合作和数字赋能。

（8）网络安全方面：开展物联网、工业控制网络安全试点项目；完成网络安全基础设施、终端、数据、平台、应用等各层面的网络安全防护；健全网络安全组织，建立层级化的日常工作、协同响应、应急处置机制，对任务事件、告警事件、情报预警、威胁线索等各方面形成管理闭环，使网络安全深度融入信息化，形成内生网络安全，保障数字化业务发展。

第9章 数字化架构管控

数字化架框管控是建立健全管控组织、明晰管控职责、制定管理原则、执行管控流程、管理架构资产，通过机制长效保障数字化各项目在实施过程中落地。数字化转型跨越多个业务部门和系统，统筹架构治理和项目群管理必不可少。需要加强项目间协调和共享，从而降低成本和衔接问题，并确保项目与战略重点保持一致。典型数字化架框管控体系包括数字化治理、组织机制、管理方式、组织文化以及与之对应的联动机制（流程），帮助组织建立相匹配的治理体系并推进管理模式持续变革，以提供管理保障。

9.1 架构管控体系的目标

架构管控体系是企业为提高数字化建设价值、降低数字化建设风险而建立的架构一致性管理机制。客观规律表明，数字化规划愿景的落地必须利用治理体系护航，打造强有力的治理体系管控能力。国家电网公司、中国铁建等数字化先进的企业普遍认为数字化架构管控是数字化发展到统筹管理、提供高品质数字化服务和阶段的客观需求。

对于企业，解决问题的核心工作思路是利用治理体系逐步在企业全集团内实行架构一致性管理。治理体系的核心是必须在企业全系统内的数字化过程中形成统一领导、统一评价的数字化管控能力，体系化地指导数字化相关业务事项的运转，使数字化管理体系有效运转。

建立企业数字化建设的治理体系机制，有利于对企业全系统数字化建设进行统一的集中管控，是立足数字化建设内容多样性和探索集中管控统一性的唯一出路，有利于提升全局数字化水平，杜绝单项业务、单个系统、单个项目散乱设计与重复建设。治理体系的工作目标可以总结为三个方面。

（1）逐步形成跨业务的集团全局视图，能够从集团全局关注、协调各业务职能部门的数字化、数字化需求，构建协同共享的业务支撑系统。

（2）逐步形成跨领域的集团全局视图，能够在业务、应用、数据、技术、网络安全五个领域之间建立耦合关系，改变原有建设模式。

（3）逐步形成跨单位的全局视图，能够统一企业集团的共性建设和各专分单位的专业建设，合理控制数字化建设成本。

在"十四五"时期，企业数字化管控要依托架构设计，将治理体系融入数字化项目的生命周期管理，把握建设方向，提高总体质量。架构管控体系的工作定位如图9-1所示。

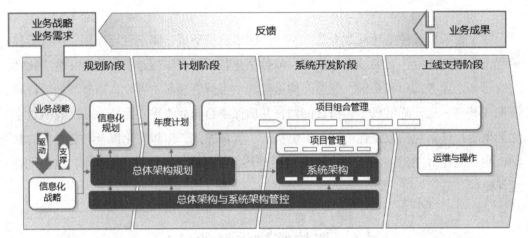

图 9-1　架构管控体系定位示意图

9.2　架构管控体系的构成

全面开展架构管控工作，包括业务、应用、数据、技术、网络安全五个领域的架构资产设计和维护，以及依托总体架构对数字化项目开展架构遵从管控。企业数字化治理体系方案应包括四个方面的工作内容，如图9-2所示。

（1）建立架构管控机制，建立总体架构原则体系，明确总体架构决策指标。

（2）执行架构合规评审，评审所有上报的总体架构决策事项，在企业集团要求对所有项目进行架构合规评审，对集团和专分公司的重点项目进行架构合规评审。

（3）在企业数字化项目管理中开展项目架构管控，由项目组根据一般企业全局发布的总体架构决策事项清单进行架构合规自查，并上报进行架构合规评审。

（4）持续完善总体架构领域，根据业务发展和数字化提升持续改进业务架构、数据架构、应用架构、技术架构、以及网络安全等总体架构设计内容。

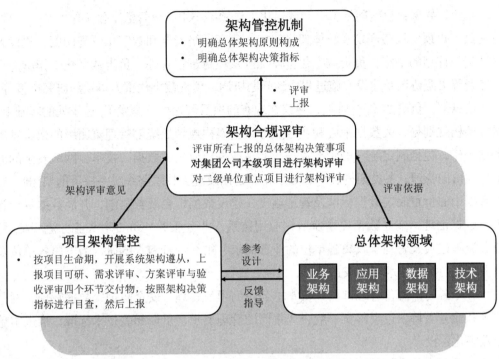

图 9-2　企业数字化治理体系方案

9.3　架构管控的组织建设

架构管控体系组织包括企业领导层、信息部、分专公司信息化管理部门、项目部四个层次，如图 9-3 所示。

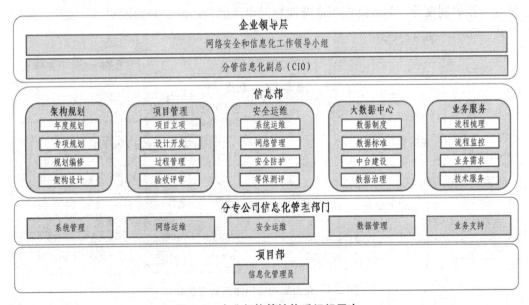

图 9-3　企业架构管控体系组织层次

　　企业领导层：包括网络安全和数字化工作领导小组、分管数字化工作的副总经理，负责数字化顶层战略规划及总体架构审定，负责网络安全和数字化管理制度、建设方案及工作计划的审定，负责数字化整体推进及项目过程管理，负责数字化工作所需人员经费等资源协调及建设实施过程中的问题协调，负责数字化重大事项的研究决策等。

　　信息部：负责 IT 综合管控，建议在现有的项目管理处（开发）、运维处的基础上，增设架构规划处、大数据中心和业务服务处。架构规划处统筹管理集团级的架构管理各项工作，包括制定统一的管控流程，实现业务、应用、数据、技术、网络安全的五层架构协同管理，各类架构资产和数字化项目以及重大技术路线统一决策的架构管理。大数据中心负责制定数据标准及管理制度，建设数据中台及数据湖，开展数据资产管理及数据治理，建立数据模型及数据应用体系。业务服务处负责牵头业务流程梳理、业务流程建模及管理，收集各单位的业务需求并组织进行需求调研，为下属各单位及各业务部门提供技术服务或指导。

　　分专公司信息化管理部门：负责本公司的项目管理、安全防护、数据管理、网络运维和业务支持，负责落实一般企业集团的管理要求，贯彻相关技术标准，推进本单位数字化建设。

　　项目部：负责智慧现场项目现场的数字化管理，包括项目管理员、数字化专员、网络安全专员等，确保项目现场智慧平台的应用、安全和有效管控。

9.4　架构管控的制度建设

　　架构管控制度主要分为规划类制度、项目管理类制度、运维与信息安全类制度、绩效考核类制度等，制度既要考虑全面性又要考虑普适性，分阶段制定、实施、监督考核，如图 9-4 所示。

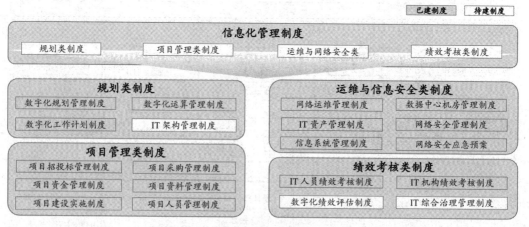

图 9-4　企业架构管控体系制度建设

规划类制度：主要包括数字化规划管理制度、数字化预算管理制度、数字化工作计划制度、IT 架构管理制度等。

运维与信息安全类制度：包括网络运维管理制度、数据中心机房管理制度、IT 资产管理制度、网络安全管理制度、信息系统管理制度、网络安全应急预案等。

项目管理类制度：包括项目招投标管理制度、项目采购管理制度、项目资金管理制度、项目资料管理制度、项目建设实施制度、项目人员管理制度等。

绩效考核类制度：包括 IT 人员绩效考核制度、IT 机构绩效考核制度、数字化绩效评估制度、IT 综合治理管理制度等。

9.5　架构管控的标准建设

从标准体系的分析视角看，治理标准由核心标准和扩展标准两个部分组成，核心标准包括业务标准、技术标准、数据标准和应用标准，扩展标准包括架构标准、安全标准和运维标准等，如图 9-5 所示。

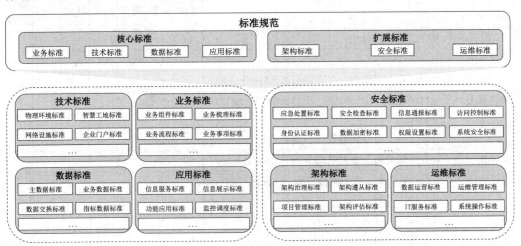

图 9-5　企业架构管控标准建设

技术标准：包括物理环境标准、智慧工地标准、网络设施标准、企业门户标准、集成接口标准、系统建设标准等。

业务标准：包括业务组件标准、业务梳理标准、业务流程标准、业务事项标准、流程建模标准、流程管控标准等。

数据标准：包括元数据标准、主数据标准、业务数据标准、主题数据标准、指标数据标准、数据交换标准、数据建模标准等。

应用标准：包括信息服务标准、信息展示标准、功能应用标准、监控调度标准等。

安全标准：包括应急处置标准、安全检查标准、信息通报标准、访问控制标准、身份认证标准、数据加密标准、权限设置标准等。

架构标准：包括架构治理标准、架构遵从标准、项目管理标准、架构评估标准、架构设计标准、架构实施标准等。

运维标准：包括数据运营标准、运维管理标准、IT服务标准、系统操作标准等。

9.6　架构管控的能力建设

基于企业架构管控体系需求，企业集团层面统一开展架构宣贯及培训，提升企业架构管理能力。按照架构管理的工作要求，区分不同职能定位，按职能序列规划出符合公司数字化不同需求的架构技能。如表 9-1 所示，在总体架构、系统架构层面建立通用能力、项目群及项目管理、业务能力和方法、业务及应用架构能力、IT技术能力等。

表 9-1　架构管控体系技能表

企业架构技能框架		总体架构层面					系统架构层面	
		总体	业务	应用	数据	技术	系统	项目经理
通用能力	领导能力、IT治理	√						√
	团队合作	√	√	√	√	√	√	√
	沟通技巧、书面表达、逻辑分析/结构化分析	√	√	√	√	√	√	√
项目群及项目管理	项目群管理、项目管理、干系人管理、项目风险管理	√						√
业务能力和方法	战略规划、业务转型管理、变革管理	√	√					
	业务场景分析、业务效应分析、企业文化分析	√						√
	组织架构分析、业务流程分析、流程绩效分析、业务功能分析	√		√			√	
业务及应用架构能力	组织设计、业务流程设计	√	√					
	业务建模、角色设计	√		√			√	
	遗留系统分析	√		√				
	应用功能/接口设计、系统集成	√		√	√	√	√	
IT技术能力	数据建模/设计/分析、数据交互/共享	√		√	√		√	
	应用开发方法和工具	√					√	
	IT基础设施、硬件/软件	√					√	
	软件工程、信息安全、门户/界面、图形与图像	√					√	√

针对治理体系模式和架构管理组织，同时参考业界企业治理体系最佳实践经验，总结一般企业在企业治理体系方面应具备的管控能力，作为企业架构的业务事项。治理体系能力表如表 9-2 所示，包括架构资产维护、架构遵从管控和架构人才队伍建设方面。

表 9-2 治理体系能力表

业务事项名称	管控能力
架构资产维护	总体架构蓝图的维护 治理体系资产的维护 各架构演进路线的维护
架构遵从管控	各架构演进路线遵从审查 系统架构遵从审查
架构人才队伍建设	针对各经营层和各职能部门负责人，以及各信息系统建设项目组，开展企业架构的宣贯及培训

按照集团数字化平台管理工作思路，明确企业架构管理各项业务事项下的管控策略，划分一般企业集团层次与专分公司的治理体系的职责界面，具体如表 9-3 所示。

表 9-3 业务事项下的管控策略

业务事项	管控策略	企业集团层级	专分公司
架构资产维护	负责型	负责总体架构蓝图及相关治理体系资产的维护	依据总体架构蓝图开展本单位架构演进线修编；负责本部门、本单位架构现状的维护
架构遵从管控	审批型（架构演进路线遵从）	负责审查各架构演进路线	负责向企业条码架构管理处提交本单位架构演进路线
	负责型（系统架构遵从）	负责集团统一建设的数字化项目系统架构的遵从审查	配合企业集团对数字化项目在本单位的推广应用进行系统架构的遵从审查
架构人才队伍建设	负责型	负责组织开展企业架构培训	配合企业集团，抽调骨干精英，参与企业架构培训

9.7 架构资产的迭代维护

企业总部开展总体架构蓝图及治理体系资产的维护；各专分公司对本单位架构现状进行维护，并依据总体架构蓝图开展本单位架构演进路线维护，如图 9-6 所示。

架构治理工具包括架构资产全景展示、架构资产管理以及架构治理工作相关流程、团队、标准管理。

（1）设计目标。治理设计成果需要落实到架构治理工作中才能运转起来。未来企业架构设计出来的模型也需要在集中架构治理工作中管理，实现可视化让相关角色使用后，才能不断完善与迭代更新，最终推动传统企业架构发展。

架构资产管理工具设计主要包括两个方面的任务，如图 9-7 所示，一是建成公司企业架构设计及展示的统一基础平台，构建公司架构资产集中管理；二是实现业务、应用、数据、技术等架构管理流程平台化。

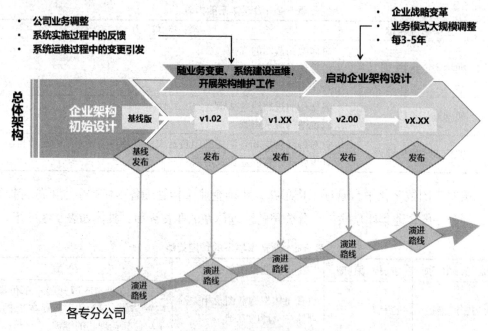

图 9-6　架构资产维护（总体架构蓝图及演进路线）

图 9-7　架构资产平台

（2）设计功能。从功能角度，架构治理工具主要包含两部分：一是架构资产管理模块，主要包括架构全景展示、企业级架构管理、系统级架构管理等功能；二是架构治理，主要涉及架构流程管理、架构团队管理、标准管理等内容，其中标准包括业务架构标准、数据架构标准、应用架构标准和技术架构标准等内容，应与技术部现有标准互相引用与参考。

9.8　架构实施的遵从管控

通过演进路线遵从、系统架构遵从，如图 9-8 所示，确保专分公司架构遵从设计及各数字化项目系统架构设计符合总体架构蓝图规范，建立规划计划、科研立项、业务模型设计、系统设计、开发实施、运行维护全周期的系统架构遵从统筹。

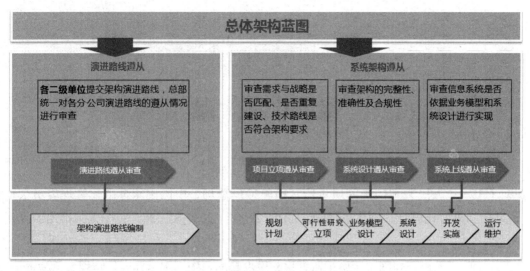

图 9-8　总体架构蓝图及遵从管控

参 考 文 献

[1] 中华人民共和国国家质量监督检验检疫总局，中国国家标准化管理委员会. 信息化和工业化融合管理体系 要求：GB/T 23001—2017[S]. 北京：中国标准出版社，2017.

[2] 中华人民共和国国家质量监督检验检疫总局，中国国家标准化管理委员会. 信息化和工业化融合管理体系实施指南：GB/T 23002—2017[S]. 北京：中国标准出版社，2017.

[3] 周剑. 信息化和工业化融合：方法与实践 [M]. 北京：电子工业出版社，2019.

[4] 中关村信息技术和实体经济融合发展联盟. 数字化转型 参考架构：T/AIITRE 10001—2020[S]. 北京：清华大学出版社，2020.

[5] 中关村信息技术和实体经济融合发展联盟. 数字化转型 价值效益参考模型：T/AIITRE 10002—2020[S]. 北京：清华大学出版社，2020.

[6] 中关村信息技术和实体经济融合发展联盟. 数字化转型 新型能力体系建设指南：T/AIITRE 20001—2020[S]. 北京：清华大学出版社，2020.

[7] 北京国信数字化转型技术研究院. 信息化和工业化融合管理体系 评定分级指南：T/AIITRE 20002—2020[S]. 北京：清华大学出版社，2020.

[8] 中国信息通信研究院. 企业 IT 数字化能力和运营效果成熟度模型（IOMM）[S]. 2021.

[9] 国际开放群组 The Open Group. TOGAF 标准 9.2[S]. 2019.

[10] ITU-T，Internet of things and smart cities and communities – Evaluation and assessment.

[11] ITU-T，Methodology for building digital capabilities during enterprises' digital transformation.

[12] 国家发展改革委，中央网信办. 关于推进"上云用数赋智"行动 培育新经济发展实施方案 [EB/OL]. [2020–04–07]. http://www.gov.cn/zhengce/zhengceku/2020–04/10/

content_5501163.htm.

[13] 安筱鹏. 重构：数字化转型的逻辑 [M]. 北京：电子工业出版社，2019.

[14] 沙莎. 赢在当下：解锁大规模数字化转型 [M]. 上海：上海交通大学出版社，2020.

[15] 顾颐，等. 决战数字化运营：策略与实战 [M]. 北京：电子工业出版社，2018.

[16] 朱岩，赵红燕，郑杰. 智慧医疗：医疗行业的数字化转型和价值再造 [M]. 北京：知识产权出版社，2020.

[17] 中田敦. 变革：制造业巨头 GE 的数字化转型之路 [M]. 李气成，康英楠，译. 北京：机械工业出版社，2018.

[18] 周剑，等. 数字化转型架构与方法 [M]. 北京：清华大学出版社，2020.